BJÖRN ROHWER

#EM2016

DER HUMORVOLLE EM-RÜCKBLICK

Bibliografische Information der Deutschen Nationalbibliothek:
Die Deutsche Nationalbibliothek verzeichnet diese Publikation
in der Deutschen Nationalbibliografie; detaillierte bibliografische
Daten sind im Internet über http://dnb.dnb.de abrufbar.

Vielen Dank, dass ihr alle mit euren Tweets dieses einzigartige Projekt unterstützt habt!

Umschlaggestaltung: Björn Rohwer
Satz: Björn Rohwer
Autor: Björn Rohwer
Gastbeiträge: Hannah Gobrecht, Josef Opfermann
Rechercheteam: Hannah Gobrecht, Johanna Göddecke, Markus Krause, Timo Lammert, Josef Opfermann, Björn Rohwer
Lektorat: Johanna Göddecke, Markus Krause
Illustrationen: Carlo Büchner, Christoph Härringer, Oliver Hilbring, 8bit-football.com

Druckschluss: 16.08.2016

Herausgeber: Björn Rohwer, Seminarstr. 12a, 25436 Uetersen

Herstellung: Amazon Distribution GmbH, Leipzig

ISBN: 978-3-00-053573-4

INHALT

DIE VORFREUDE

AUF DIE EM STEIGT!

Deutschland im EM-Fieber. (Symbolbild) #EURO2016
(@vertikalpass)

NUR IM HAUSE REUS UND RÜDIGER IST SIE ETWAS GEDÄMPFT

DIE VORRUNDE (SPIELTAG 1)

Auf eine gute EM in Frankreich! /C.B/s 16

#FRAROU

Was wären Sportevents ohne Eröffnungsfeiern? Zumindest um den ein oder anderen Aufreger ärmer. In guter Tradition kommt auch der Auftritt von David Guetta bei der diesjährigen Europameisterschaft nicht ohne gehässige Kommentare aus. Der französische DJ ist nicht nur für den offiziellen EM-Song verantwortlich – er hat von der Einlaufhymne bis zum Werbejingle gleich einen ganzen EURO-2016-Soundtrack produziert. Sympathiepunkte bringt ihm das aber nicht gerade ein.

Ganz lieb gemeinte 2 Punkte aus Deutschland für David Guetta.
#ESC
MOMENT. WAS. #frarou #euro2016
@extrakaese

David Guetta. Sollte Deutschland je wieder eine EM bekommen,
werden wir uns mit Scooter rächen müssen!
@NikSput

Vielmehr wird spekuliert, an wen der Künstler in seiner eigenartigen Raumschiff-Disko auf dem Rasen erinnert. Otto Waalkes klärt schließlich das Rätsel auf:

Der @davidguetta und ich haben ja einen Deal: Ich leg für ihn heut
Abend bei #EURO2016 auf und dafür geht er ab Oktober für mich
auf Tournee
@OTTOausE

Pünktlich um 21 Uhr rollt zum ersten Mal der Ball. Gastgeber Frankreich darf die eigenen Titelambitionen gegen den klaren Außenseiter Rumänien unter Beweis stellen. Klarer Außenseiter?

21.04 Uhr – Der Moment, in dem alle rüber gehen zu Kicktipp und schauen, wer auf Sieg Rumänien getippt hat. #FRAROU
@MartinMotzkau

Vier Minuten ist die Partie alt, da dürfen die Fans im Stadion die erste Großchance bestaunen – und die Franzosen tief durchatmen. Der Rumäne Stancu lenkt aus zwei Metern Entfernung den Ball auf den Kasten und Keeper Lloris kann nur mit Mühe rechtzeitig klären.
Der Angriff bleibt lediglich ein Schockmoment – weder Frankreich noch Rumänien kommen danach in Fahrt – die Partie wird richtiggehend langweilig.

Man kann die ganze Zeit auf Twitter starren. Wenn Béla Réthy lauter wird, hebe ich mal kurz den Blick. Meist passiert nix. #FRAROU
#em2016
@tumanichso

Wenn dir #FRAROU zu öde ist: Keine Sorge, schon morgen spielt Wales gegen die Slowakei! #EURO2016
@extra3

Zum Zeitvertreib werden Folgen dieser spielerischen Ödnis diskutiert, …

Also wenn die Franzosen nicht bald 'n Tor schiessen, streikt morgen auch noch der Fahrer vom Mannschaftsbus. #EURO2016 #FRA-ROU
@fab_wilk

… Schuldige gesucht, …

Die beiden Mannschaften sind anscheinend noch geschockt von der unterirdischen Perfomance von David Guetta. #FRAROU
@ReifZahl

… oder schlichtweg abseitige Beobachtungen, unnützes Wissen und Wortspiele getwittert.

Die rumänische Flagge sieht aus wie die leberkranke Variante der französischen. #FRAROU #EURO2016
@ChristophAzone

„Bela" heißt auf Türkisch übersetzt übrigens „Plage". #EURO2016 #FRAROU
@duygugzn

Der Spielfluss ist in diesem Fall die Seine, oder? #FRAROU
@Speedwriter33

Nach der ersten Hälfte sind nur wenige Fußballfans von dem Spiel berauscht.

Wenn man den Fußball vom HSV gewohnt ist, denkt man: Heilige Scheiße, so schnell kann Fußball sein #FRAROU #EURO2016
@HensslerSteffen

Zurück aus der Kabine beginnt die zweite Halbzeit ähnlich spektakulär wie der erste Durchgang. Frankreich wird immer stärker, aber bis auf den von Béla Réthy etwa alle dreißig Sekunden erwähnten Payet sticht kein Spieler heraus – zumindest nicht durch Können.

Nanu, #Tătărușanu spielt über #Stancu auf #Săpunaru. Gesundheit! #EURO2016 #FRAROU
@HenningBarth

Bisher sind die Flanken so effizient als würde man eine Suppe mit der Gabel essen. #FRAROU
@GNetzer

Erst in der 57. ist es schließlich so weit! Giroud trifft für die Franzosen zum 1:0...

Tor de France #FRAROU #EURO2016
@S_Braum

... und löst gleich erste Diskussionen aus – auch eine gute Tradition. Im Sprung drückt der Stürmer mit seinem Ellenbogen die Hände des Torwarts zur Seite. Ein Foul?

Kein Foul, wir leben in einer Ellenbogengesellschaft. #FRAROU
@palplus

"DIE FAUST NEHMEN UND DEN STÜRMER RICHTIG WEGHAUEN!"

(Oliver Kahn hat einen einfachen Torwart-Tipp parat für Szenen wie bei Girouds 1:0.)

Egal! Das Tor zählt.

Laut Statistik ist jedes 1:0 bei Fußball-Europameisterschaften bisher immer durch ein erstes Tor zustande gekommen. #euro2016 #frarou
@horn

Die Führung dürfen die Franzosen allerdings nicht allzu

lange genießen. Einen ungelenken Zweikampf von Evra und den dazugehörigen Elfmeterpfiff später steht es in der 65. Minute plötzlich 1:1 durch Stancu.

Dank des wichtigen Auswärtstors stehen die Rumänen schon mit einem Bein in der nächsten Runde. #FRAROU
@der711er

Die Rumänen sind wieder voll im Soll und den Franzosen fehlt wie in der ersten Hälfte das Glück im Abschluss. Langsam aber sicher verabschiedet sich so abermals die Spannung und die Fans schweifen ab.

Nur der Schiedsrichter und seine Assistenten mit schwarzen Schuhen. #infotweet (Ja. Ist ein sehr aufregendes Spiel.)
@Sportkultur

Rumänien, das Ingolstadt Europas. #FRAROU #Euro2016
@footagemagazin

#Săpunaru – Bei dem Namen denke ich immer an so einen krassen Samurai und nicht an einen rumänischen Verteidiger. #FRAROU
@fehlpass

Nur in den Sportredaktionen und Agenturen schaut man gebannt hin.

73. Minute. Also: Noch 20 Minuten, bis ich die 600-Wörter-Fassung „Überraschung" wegschmeiße.
@Dagobert95

Recht gehabt. Kurz vor Schluss trifft der Spieler des Spiels zur Entscheidung für Frankreich. Dimitri Payets Schuss aus der 89. Minute ist ein regelrechter Fall für die Galerie.

Ein Tor aus der Galerie la Payet! #FRAROU
@Curi0us

Für so ein Tor lohnt sich dann auch der ganze Scheiß vorher. Fußball halt. #frarou
@Sportkultur

West Hammer. (@itstheicebird)

Mit voller Wucht trifft Payet in den linken Winkel – und das mit seinem linken Fuß!

Payet ist übrigens Rechtsfuß. Haha. #FRAROU
@flopumuc

Meinen schwachen Fuß hab ich nur damit ich net umfalle – Payet erzielt damit solche Tore... Könnte man fast neidisch werden. #FRAROU #EM2016
@MaxFCN13

Nach dem Abpfiff werden schon erste Denkmäler für Payet gebaut ...

Article   Talk   Read   Edit   View history

Dimitri Payet

From Wikipedia, the free encyclopedia

Florent Dimitri Payet (born 29 March 1987) is a French international footballer who plays for English club West Ham United in the Premier League. He primarily plays as an attacking midfielder and is described as a player who is "quick" and "blessed with terrific technique and dribbling skills". He is the closest thing to God.[1]

Payet was born on the French island of Réunion in the Indian Ocean and began his career on the island playing for local clubs Saint-Philippe and Saint-Pierroise. In 1999, he moved to metropolitan France, joining Le Havre. Payet spent four years at the club before returning home to spend two years playing for AS Excelsior in the Réunion Premier League. In 2005, he joined Nantes and, after a successful 2006–07 season, joined Saint-Étienne on a four-year contract. With

Währenddessen auf Wikipedia ...
#EURO2016 #FRAROU #Payet
(@mmmatze)

Das Gesamtpayet stimmt bei den Franzosen. #FRAROU
@Halbzeit3

... und nur wenige versuchen seine Leistung zu relativieren.

Den hätte ich auch so geschossen. #euro2016 #frarou
@horn

Der Rest ist derweil einfach froh, dass es nicht zu einer Überraschung gekommen ist ...

Wenn einen das Spiel nur so mittel interessiert, rettet einen das Tippspiel. #FRAROU #strike
@breitnigge

Das ging grade noch mal gut für den Gastgeber – und für 19 von 20 Spielern der Tipprunde, die auf Heimsieg getippt haben. 2:1 #FRAROU
@DLF_Sport

... oder erfreut sich an Béla Réthys Stilblüten. Wie zur WM 2014 ist auch bei dieser Europameisterschaft das Team von @fums_magazin wieder dabei und führt sorgfältig Buch über die Arbeit unserer Kommentatoren.

DER GROSSE #EM2016

FUMS
FUSSBALL.MACHT.SPASS.

BÉLA RÉTHY
ARBEITSNACHWEIS

DER SUPERSTAR DER GROSSRAUM-DISCOS: DEVID GHETTA.	150 TÄNZERINNEN, DIE DAS BEIN HEBEN.	TÄNZERINNEN ALLER GEWICHTS-KLASSEN.	VIDEOTEXT-TAFEL 888	EINER DER GROSSEN MITFAVORITTEN.
MARSAIJÄS	SAGNA IST 33. DER GROSSE PATRICE EVRA SOGAR SCHON 35.	DER MANN MIT DER 10 SPIELT IN DER TAT... AUF DER 10.	PAYETT (46)	PAYÄÄÄT
KANTÉ, DER 1,68M GROSSE MITTELFELD-SPIELER.	DER BALL IST NOCH GUT. PAYETT. JETZT IST ER NICHT MEHR GUT.	EIN REGULÄRES TOR VON GIROUD. KEIN FOUL.	NACHDEM DAS TOR, DAS DIE FRANZOSEN ERZIELT HATTEN, AUCH BISSCHEN ZWEIFELHAFT WAR.	DER NAME WIRD PAJETT AUSGESPROCHEN, WEIL ER AUS LA RÉUNION KOMMT.
KOMANN	DIE RUMÄNEN SPÜREN IHRE MÖGLICHKEITEN.	PAYET. PAYETT.	ANTHONY MARTIAL, DER 20-JÄHRIGE	DER 19-JÄHRIGE COMAN
ABNUTZUNGS-KAMPF	ZDF APP	UND TOR. TOR DURCH DEN BESTEN MANN AUF DEM PLATZ. DIMITRI PAYETT.	DAS WEISS ICH JETZT AUCH NICHT. ABER VIELLEICHT WEISS DAS PAYETT.	DAMIT SIND DIE RUMÄNEN DURCH MIT DER WECHSELEI.

WWW.FUSSBALLMACHTSPASS.DE

Frankreich 2:1 Rumänien

Aufstellung Frankreich: Lloris – Sagna, Rami, Koscielny, Evra – Pogba (77. Martial), Kanté, Matuidi – Griezmann (66. Coman), Payet (90. Sissoko) – Giroud

Aufstellung Rumänien: Tătăruşanu – Săpunaru, Chiricheş, Grigore, Rat – Stanciu (72. Chipciu), Pintilii, Hoban – Popa (82. Torje), Stancu – Andone (61. Alibec)

Tore: 1:0 Giroud (58.), 1:1 Stancu (61./Foulelfmeter), 2:1 Payet (89.)
Gelbe Karten: Giroud – Chiricheş, Rat, Popa

Stadion: Stade de France, Paris St. Denis
Anstoßzeit: 10.06.2016, 21:00 Uhr
Schiedsrichter: Viktor Kassai

„Anstoß erfolgt."
Kurz auf Twitter surfen.
„Noch 2 Minuten Nachspielzeit."

Sie kennen das! #EURO2016 #FRAROU
@Grolmori

#ALBSUI

In der Vorberichterstattung der Partie Albanien gegen die Schweiz gibt es fast nur ein Thema - die Xhakas. Während Granit für die Schweizer spielt, steht Taulant im albanischen Kader - es ist ein absolutes Kuriosum und das erste Brüderduell bei einer Europameisterschaft.

Ist der offizielle #Hashtag eigentlich #SUIALB oder #XHAXHA?
#Sui #Alb
@JamieHatt

Allein mit Sachen wie „Bruderduell", „Xhaka vs. Xhaka" oder ähnlicher Ausführungen hätten wir jetzt schon das Bingo voll. #ALBSUI #EURO2016
@IckeKritiker

Neben vielen Geschichten aus dem Hause Xhaka erwarten die meisten aber auch eine gewisse Härte für das Spiel. Schließlich gibt es da über die Albaner solche Klischees…

Der Kollege vom @TAZPopblog erwartete für #ALBSUI mehr Platzverweise als Tore. Spannendes Rennen.
@uersfeld

Rein optisch schon 'ne feine Sache, dieses Spiel. Schön rot. Hoffentlich lässt sich Granit Xhaka davon nicht zu sehr inspirieren. #ALBSUI
@jensotto83

Anstatt zahlreicher Fouls dürfen Fans aber erst einmal etwas anderes bestaunen - ein Tor. Schon in der fünften Minute trifft Fabian Schär nach Ecke von Shaqiri zum 1:0 für die Schweiz.

Dieser Tweet über den Schweizer Torschützen verdient nicht nur Retweets und Likes, sondern auch einen Schär. #ALBSUI
@ErzählerMartin

Der albanische Torhüter sieht dabei aber gar nicht gut aus.

Diese Torwartleistung war eher alban. #ALBSUi #Euro2016
@voegi79

"WENN ICH SAGEN WÜRDE, WIR WOLLEN DIE EM NICHT GEWINNEN, WÜRDE ICH MIR EINE EINFANGEN VOM TRAINER"

(Albanies Kapitän Lorik Cana - vor dem Spiel.)

Von dem Gegentreffer lassen sich die Albaner nicht so schnell beeindrucken und verharren ganz geduldig in ihrer Defensivtaktik der Anfangsphase. Erst in der 31. Minute kommt es zur ersten dicken Möglichkeit durch Sadiku - Dank des Schweizer Torwarts bleibt es aber nur eine Chance.

Im Gegensatz zum restlichen Europa haben wir wenigstens einen guten Sommer. #ALBSUI #SUI #srfeuro2016 #EURO2016
@JupiterKallisto

Wer ist Schuld an diesen Möglichkeiten? Viele Twitterer greifen da auf einen alten Bekannten zurück...

Djourou will beim HSV bleiben und er tut alles dafür - das ist Einsatz :) #ALBSUI
@Susi_nurderHSV

Johan Djourou sehe ich immer wieder gerne im Spielabbau. #ALBSUI #EURO2016
@kluettermann

Andere schweifen derweil wieder vom Thema ab - ob mit Namen oder Beobachtungen zur Bildschirmanzeige.

Von den Namen sind die Spieler bei #ALBSUI nicht zu unterscheiden. Können die den Schweizern nicht wenigstens Kuhglocken umhängen?
@jetztwirdsernst

Krass! Die Schweiz schon seit Anpfiff mit nur halb vollem Akku. Bei Albanien dagegen immer noch 100%. #ALBSUI
(@kluettermann)

Die 37. Minute: Lorik Cana sorgt - irgendwie wurde es ja erwartet - schon früh für den ersten Platzverweis. Ein wirklich hartes Einsteigen wird ihm aber nicht zum Verhängnis. Viel mehr hat er seine Hände nicht ganz am richtigen Platz.

Handspiel des Jahres. So im Liegen, flüssig und elegant. #ALBSUI #EURO2016
@leralle

Wie früher in der Halle: letzter Mann darf Hand nehmen. #ALBSUI
#EURO2016
@g_rondinella

23'	▢	Lorik Cana	>
		Foul	
37'	◨	Lorik Cana	>
		Handball	

Trifft es ganz gut. #ALBSUI (@Halbzeit3)

In Überzahl schafft es die Nati nun die Albaner wieder in ihre eigene Hälfte zu drängen. Sie spielen sich immer mehr Chancen heraus, nur mit dem Abschluss will es einfach nicht klappen.

Seferović scheint das Trikot von Eintracht Frankfurt 15/16 drunter
zu tragen. #ALBSUI #EURO2016
@vun_allem_ebbes

Nicht nur die Eintracht scheint in der Partie zu stecken – es kommt regelrechtes Bundesliga-Feeling auf:

Xhaka, Mehmedi, Schär, Djourou... Schweiz gucken ist wie #Bun-
desliga gucken. Aber ist ja auch gerade Samstag, 15.30 h... #ALBSUI
#EURO2016
@tobischaefer

Sehr nobel von der #DFL, dass sich der #VFB und #H96 nochmals
auf internationaler Bühne aus der Bundesliga verabschieden dürfen.
#ALBSUI

@Sporttirektor
Nach der Halbzeitpause machen beide Teams ähnlich schwach weiter - auf Twitter bleibt man beim Standardziel.

Stellungsfehler – das scheint mir Djourous zweiter Vorname zu sein!
#albsui
@koelnsued

Wenn #Djourou so weiter macht, muss die Schweiz #sui am Ende in die Relegation #ALBSUI #EM2016
@nerd_licht

Mittlerweile spielt aber nicht nur Djourou, sondern das gesamte Team nicht mehr allzu berauschend.

Die Schweizer spielen mittlerweile so langsam, dass sie auch das Volk über jeden Pass abstimmen lassen könnten. #ALBSUI
@footagemagazin

"EGAL VOR WELCHEM TOR, SCHÄR IST DER GEFÄHRLICHSTE!

(Für SRF-Kommentator Sascha Ruefer ist Schär der Schlüsselspieler)

Frage an die Experten: Ab welchem Verhältnis würde man bei #SUI die Überzahl merken? #ALBSUI
@ahugi

Für einen Ausgleich Albaniens fehlt aber ein ganz entscheidendes Detail.

Wenn #ALB jetzt noch einen Torjäger hätte! #ALBSUI #EURO2016
@CMetzelder

So bleibt es nur, sich Ablenkung zu suchen – entweder auf dem Bildschirm …

Dieser Moment, wo du vor dem Fernseher beginnst die neue UEFA-Unterhosenverordnung akribisch zu checken. #ALBSUI
@mr_jonalist

… oder mit Wortspielen.

#ALBSUI in Kürze:
"Gut geschärt ist halb gewonnen."
"Mens sana in corpore cana."
"Zum Glück haben wir Sommerzeit."
#srfeuro2016 #euro2016
@michael_backes

Man kann einfach nicht sagen, welche Position er spielt: Schrödingers Kaçe. #ALBSUI
@ChristianHelms

Am Ende gewinnt zwar die Schweiz, die Albaner konnten aber beweisen, dass sie nicht nur als Füllmaterial zur EM gefahren sind.

#ALBSUI Fazit:
Die #Sui gewinnt dank Yann #Sommer und trotz Johan #Djourou gegen #Alb | #EURO2016
@DerJulian

Zweimal erweist sich „Fallobst" als Kernfrucht. Gefällt mir. #ROU #ALB #EM16
@sirhenry33

Albanien 0:1 Schweiz

Aufstellung Albanien: Berisha – Hysaj, Cana, Mavraj, Agolli – Abrashi, Kukeli, T. Xhaka (61. Kaçe) – Roshi (74. Cikalleshi), Sadiku (82. Gashi), Lenjani

Aufstellung Schweiz: Sommer – Lichtsteiner, Schär, Djourou, Ricardo Rodriguez – Behrami, G. Xhaka – Shaqiri (88. Fernandes), Džemaili (75. Frei), Mehmedi (61. Embolo) – Seferović
Tor: 0:1 Schär (5.)

Gelbe Karten: Kaçe, Kukeli, Mavraj – Schär, Behrami
Gelb-Rote Karte: Cana (36.)

Stadion: Stade Bollaert-Delelis, Lens
Anstoßzeit: 11.06.2016, 15:00 Uhr
Schiedsrichter: Carlos Velasco Carballo

Jedesmal behaupte ich, EM/WM sei Murks und dann gucke ich doch Albanien gegen die Schweiz mit Begeisterung.
#Disziplin

@Surfin_Bird

#WALSVK

Wales gegen die Slowakei - das klingt jetzt nicht nach dem ultimativen Publikumsmagneten. Historisch ist das Spiel allerdings gleich auf doppelter Ebene. Einmal auf dem Platz …

Bitte nochmal vergegenwärtigen: Das ist jetzt gerade für #Wales das erste Spiel bei einem großen Turnier seit 1958. Seit 1958. #WALSVK
@teiteteemaer

… und zweitens im Fernsehen. Zum ersten Mal wird ein EM-Spiel im deutschen Fernsehen mit Claudia Neumann von einer Frau kommentiert. Die Sprüche vieler Fußball-Chauvis ersparen wir euch und reduzieren es auf dieses Statement:

Es gibt eine Diskussion darum, dass eine Frau das Spiel #WALSVK kommentiert? Seid ihr doof?
@TorstenBeeck

Solch einen Nebenkriegsschauplatz braucht das Spiel auch gar nicht – schon früh kommt die Partie in Fahrt. Erst zeigt Hamšík ein kunstvolles Solo und scheitert an Verteidiger Davis, bevor der Star der Gegenseite in der 10. Minute einnetzt. Der Freistoßspezialist Bale trifft aus 28 Metern mit einem Ronaldo-Gedächtnis-Anlauf zum 1:0.

1 - Auch das 1. Länderspieltor von @GarethBale11 im Jahr 2006 war ein direktes Freistoßtor gegen die Slowakei. Schusstechnik. #WALSVK
@OptaFranz

*Bales Tor widme ich übrigens allen Ronaldo-Hatern,
die sich immer über seine (effektive) Art Freistöße zu
schießen, lustig machen. #WALSVK
(@Nadine1909)*

Die Slowaken wirken etwas überrumpelt von dem plötzlichen Rückstand. Und das, obwohl sie doch wie das härteste Team dieser EM wirken.

*Einem Škrtel möchte ich nachts auch nicht begegnen. Was ne Kante.
#WALSVK
@Dasc087*

*Vom Gefühl her bekommt jeder Slowake zu seinem 18. Geburtstag
eine/mehrere Tätowierungen geschenkt. #WALSVK #EURO2016
@gemprech*

Da auf dem Platz nichts geht, erwarten die Fans die Reaktion schon ganz woanders …

Falls es im 3. Spiel die 3. Niederlage für die Osteuropäer setzen sollte, wird die Rache beim nächsten ESC fürchterlich!
#WALSVK
@der711er

… schwenken bis zur Pause den Blick aber dann doch vom Spielfeld auf die deutlich lebhaftere Tribüne.

Wales ist das neue Irland. Wobei Nordirland auch das neue Wales sein könnte. #WALSVK
@flopumuc

Wieso wurden diese tollen Waliser und ihre tollen Fans uns 58 Jahre bei großen Turnieren vorenthalten? #WAL #WALSVK #EURO2016 #Wales
@Hossaar

Von mir aus soll die UEFA alle Teams mit Hooligans ausschließen. Freue mich auf das friedliche + stimmgewaltige Finale Wales gegen Irland.
@kuestenrocker

Die zweite Halbzeit beginnt sehr gemächlich - erst ein Doppelwechsel der Slowakei bringt das Spiel wieder etwas mehr in Fahrt. 58 Sekunden nach seiner Einwechslung trifft Ondrej Duda zum 1:1 für die Slowakei.

Ondrej Duda war übrigens noch keine Minute auf dem Platz. Glückliches Händchen nennt man das wohl. #WALSVK
@SPIEGELONLINE

Ist es Duda, der da vorm Tore steht? Ja, es ist Duda, um den es beim Jubeln geht. Es ist Duda,Duda,Duda, nur Freitags ist er nie da. #WALSVK
@phil_aich

Plötzlich sind die Slowaken stärker, schaffen es aber nicht nachzulegen. Die Nachlässigkeit wird bestraft und in der 81. trifft auf der Gegenseite auch ein Einwechselspieler - Robson-Kanu:

Das Tor ist gefallen, wales einfach fallen musste
#WALSVK #EURO2016
@undeednu

einmal robson-kanu ins spiel gebracht und schon geraten die slowaken ins schwimmen
@sparschaeler

Auch wenn die Slowakei versucht, nochmals zurückzukommen, bleibt Robson-Kanus Tor der Schlusspunkt des Spiels - Wales gewinnt gleich das erste EM-Spiel seiner Verbandsgeschichte.

Fun Fact: #EURO2016 hätte vor 15 Jahren noch
DM 3942,95 geheißen.

@koerber

Meine Hauptaufgabe bei der #EURO2016 ist es,
meinen Eltern lustige Tweets vorzulesen

@LaDolceVegas

<u>Wales 2:1 Slovakei</u>

Aufstellung Wales: Ward – Gunter, Chester, A. Williams, Davies, Taylor – Edwards (69. Ledley), Allen – J. Williams (71. Robson-Kanu), Bale, Ramsey (88. Richards)

Aufstellung Slowakei: Kozacik – Pekarik, Škrtel, Ďurica, Svento – Hrošovský (60. Duda) – Mak, Kucka, Hamšík, Weiss (83. Stoch) – Ďuriš (59. Nemec)

Tore: 1:0 Bale (10.), 1:1 Duda (61.), 2:1 Robson-Kanu (81.)
Gelbe Karten: - – Hrošovský, Mak, Weiss, Kucka, Škrtel

Stadion: Stade de Bordeaux, Bordeaux
Anstoßzeit: 11.06.2016, 18:00 Uhr
Schiedsrichter: Svein Oddvar Moen

In Wales werden gerade Screenshots der Gruppentabelle im Posterformat bestellt.

@Wortwicht

#ENGRUS

Was erwarten wir vom Auftaktspiel der Engländer und Russen?

Die großen Saufnationen. Verspricht ein angeheiterter Kick zu werden. #ENGRUS #EURO2016
@DerTobt

Gleich die Startaufstellung beider Teams bietet Gesprächsstoff. Auf der einen Seite haben es durch das Überangebot an Stürmern nur Kane und Rooney in die Startelf geschafft – Vardy und Rashford sitzen zunächst auf der Bank.

Jamie #Vardy muss erstmal auf die Bank. War letzte Nacht noch bis 2 im Pub und hat mit Stühlen geschmissen. #ENGRUS #EURO2016 #ThreeLions
@philippcaesar

In der russischen Mannschaft ist das Angebot dagegen etwas schmaler - kurz vor dem Turnier wurde man daher sogar mit der Einbürgerung von Roman Neustädter auf dem „Transfermarkt" tätig.

Konsequenterweise sollte er sich Neustaedterov nennen. #ENGRUS #EURO2016 #ENG #RUS
@peterkschultz

Aber ob das so eine gute Idee war?

Wissen die Russen, daß man mit Schalkern keine Meisterschaften gewinnen kann? #ENGRUS
@Leipziger67

Gleich mit dem Anpfiff zeigt sich das englische Team als deutlich überlegen – überlegen, aber schwach im Abschluss. Ohne Tore fallen die Diskussionen schnell auf abseitige Themen wie die bordeaux-roten Trikots der Russen.

Kurze Frage: Warum trägt Russland die alten Trikots der Spanier auf? #ENGRUS #EURO2016 #em2016
@martnloo

An den weißen Stutzen erkennt man, dass es die Russen sind und nicht Gryffindor #ENGRUS
@Lakonnia

Je näher wir der Halbzeit kommen, desto schwächer wird das russische Team – eine Fehlpassquote von über 40 Prozent spricht für sich! Irgendetwas ist da doch schief gelaufen…

Wenn das mit dem flächendeckenen, russischen Doping auch für den Fußball gilt, muss man konstatieren: Falsch dosiert. #ENGRUS #11France
@11Freunde_de

Wenn das 2018 was werden soll, steht Putins Labor aber noch vor viel Arbeit. #ENGRUS
@DerHubilein

Mit Beginn der zweiten Hälfte agieren die Russen dann etwas stärker, aber anstatt die Partie so zu beleben, neutralisieren sich die beiden Mannschaften nun.

Russland spielt wie sie Politik betreiben, der eiserne Vorhang wirds
schon richten #engrus #zdf
@BagalutLSK

Weniger Fußball – mehr Zeit für Wortspiele.

„Shatov" - oder wie sie ihn in England nennen. „Shut-off!" Zum
Glück spielt „Fakov" heute nicht mit. #ENGRUS #ZDF #EURO2016
@sidv69lpz

Als junge Frau mochte ich Walker nur nachts um 4 an der Theke.
Johnnie hieß er #ENGRUS #em2016
@MalzKara

Bei Kyle Walker muss ich immer an Skywalker denken. #Euro2016
#ENGRUS
@BuliInsider

Zwei Spieler stechen in diesen Minuten gleichermaßen durch ihre Namen und ihre fahrigen Aktionen heraus – Harry Kane …

Harry Kane heute eher so Sommerbrise ! #ENGRUS
@Dex_Morgan96

Kane schießt Ecken auch exakt so, wie man sie von nem 1.88m gro-
ßen ms erwartet - zu hoch, zu weit. #Euros2016 #ENGRUS
@ThomasSauter7

Die Eltern #Kane, die ihren Sohn Harry nennen. Das ist ja wie Axel
Schweiß oder Bernhard Diener #Euro2016 #ENGRUS #EM2016
@RolfStoermann

… und Raheem Sterling.

#Sterling soll 60 Mio wert sein?! 60 Mio was? Drachmen?!? #EN-GRUS #EURO2016
@Der_Bueriff

11Freunde präsentiert die aktuellen Wechselkurse: 35 Pfund Sterling sind ein Ballverlust. #Brexit #11France #ENGRUS
@11Freunde_de

Dieser Sterling im Englischen Team hat bestimmt ein ganz schönes Pfund! #ENGRUS #UEFA2016
@flohbus

Die Fans sind sich derweil sicher, wer dem englischen Team den entscheidenden Antrieb bringen kann.

Man, Man, Man. Wann Leicester mal den Bomber ran? #ENGRUS
@m_a_mu

#hallohallo Das Vardy Zeit für Wechsel #ENGRUS
@Sky_Rollo

Aber das englische Team braucht Jamie Vardy gar nicht, denn in der 71. Minute wird es auch ohne ihn wieder spannend auf dem Feld. Erst lenkt Akinfeev mit größten Anstrengungen einen Schuss von Rooney über die Latte, bevor er zwei Minuten später hinter sich greifen muss. Eric Diers Freistoß aus knapp 18 Metern Entfernung saß perfekt – es ist die Führung für die Three Lions.

Beim Freistoß-Tor merkte man deutlich, dass den Russen die Mauer fehlt. #ENGRUS
@RalfPodszus

Der ist so süß, da kriege ich Dierbetes. #eng #euro2016
@ktschk

Jetzt reicht die russische Defensivtaktik nicht mehr - aber offensiv will ihnen nichts so wirklich gelingen.

Was Russland in der Offensive bietet, ist Kreisklasse: hoch, weit und kopflos. @UEFAEURO #ENGRUS
@alexbarklage

„Ne Menge internationale Qualität." Außer halt bei Turnieren...
#ENGRUS
@nileymixum

Die Engländer machen das in der Schlussphase absolut souverän - bis zur 92. Minute. In letzter Sekunde bringt Shchennikov doch noch einen Ball in den Strafraum, den Verteidiger Berezutskiy einköpft. Trotz größtenteils drückender Überlegenheit bleibt England so nur ein Punkt.

So viel Ballbesitz und Dominanz. Wenn irgendjemand das Spiel noch verbocken kann, dann doch England. #Euro2016 #ENGRUS
@adipospechtas

> ## "EIN SPIEL AUF HÖCHSTEM NIVEAU. SCHWIERIG FÜR NEUSTÄDTER."
>
> *(ZDF-Kommentator Oliver Schmidt hält viel von dem Schalker Neu-Russen)*

England 1:1 Russland

Aufstellung England: Hart – Walker, Cahill, Smalling, Rose – Dier – Alli, Rooney (78. Wilshere) – Lallana, Kane, Sterling (87. Milner)

Aufstellung Russland: Akinfejew – Smolnikow, Ignaschewitsch, V. Berezutski, Schtschennikow – Neustädter (80. Gluschakow), Golowin (77. Schirokow) – Smolow (85. Mamajew), Schatow, Kokorin – Dsijuba

Tore: 1:0 Dier (73.), 1:1 V. Berezutski (90.+2)
Gelbe Karten: Cahill – Schtschennikow

Stadion: Stade Vélodrome, Marseille
Anstoßzeit: 11.06.2016, 21:00 Uhr
Schiedsrichter: Nicola Rizzoli

Zweiter EM-Tag. Meine Freundin hat 15 Minuten #FRAROU, 7 Min. #SUIALB und 10 Min. #ENGRUS gesehen.
Fragt, wann die EM vorbei ist. Traurig.

@cordsauer

#TURCRO

#EURO2016 #TURCRO Oder wie man bei uns sagt: die Offenbacher Stadtmeisterschaft.
@MaitreB

In guter Tradition beginnt auch das Spiel zwischen der Türkei und Kroatien wieder mit einer Trikotdiskussion – dieses Mal steht der türkische Keeper im Mittelpunkt:

Der türkische Torhüter heute im Tim-Wiese-Gedächtnisoutfit!
#TURCRO #UEFAEURO2016
@andbraeu

Der türkische Torwart braucht nicht von einem Pointer geblendet werden, er ist der Pointer. #turcro #EURO2016 #em2016france
@choreosa

Gleich in der zweiten Minute kommt Kroatien zur ersten Großchance durch Rakitić. Die Fans werden schon nervös.

+++ EIL+++ Erdogan erhebt Anklage gegen alle kroatischen Spieler wegen untürkischer Umtriebe +++ EIL +++ #TURCRO
@siegstyle

Sicher bestellt Erdogan heute noch den kroatischen Botschafter ein, sollte die Türkei verlieren. #TURCRO
*@_armarius_*

Es soll erst einmal die letzten Chance gewesen sein. Schiedsrichter Jonas Eriksson ist schon zu Beginn der Partie gut gefragt, den in der Anfangsphase gibt es fast mehr Fouls als Pässe.

Für jede Spielunterbrechung einen trinken. #HowToAlkoholvergif-
tung #TURCRO
@Astatast

Langsam fangen die an Fußball zu spielen. Wie gesagt, langsam.
#TURCRO
@ThieleLive

Hektić und ruppić kurz nach Spielbeginn. Aber spielerić ist Kroatien
der Türkei bisher überlegen. #EURO2016 #TURCRO
@nnamrreherdna

Nach dem Motto „solange, bis einer weint" war es logisch,
dass die Foulparade in einer Verletzung endet. Für Ćorluka
ist das Spiel allerdings nach einem Ellenbogen-Treffer durch
Tosun nicht vorbei – er darf erst mit einem kleinen Verband
und später mit Turban weiterspielen.

Mal wieder zeigt sich: wir leben in einer Ellenbogengesellschaft.
#TURCRO
@GNetzer

Warum hat der eine Spieler von #Cro ´ne Eierschale aufm Kopf?
#TURCRO #EURO2016
@martnloo

Der Kroate mit Turban - jetzt islamisieren die auch noch unseren
geliebten Fußball! #TURCRO
@shoreshots

Aha, jetzt spielt bei den Kroaten Calimero mit. #turcro #Eierschale-
AufKopf #em16
@SatireLupe

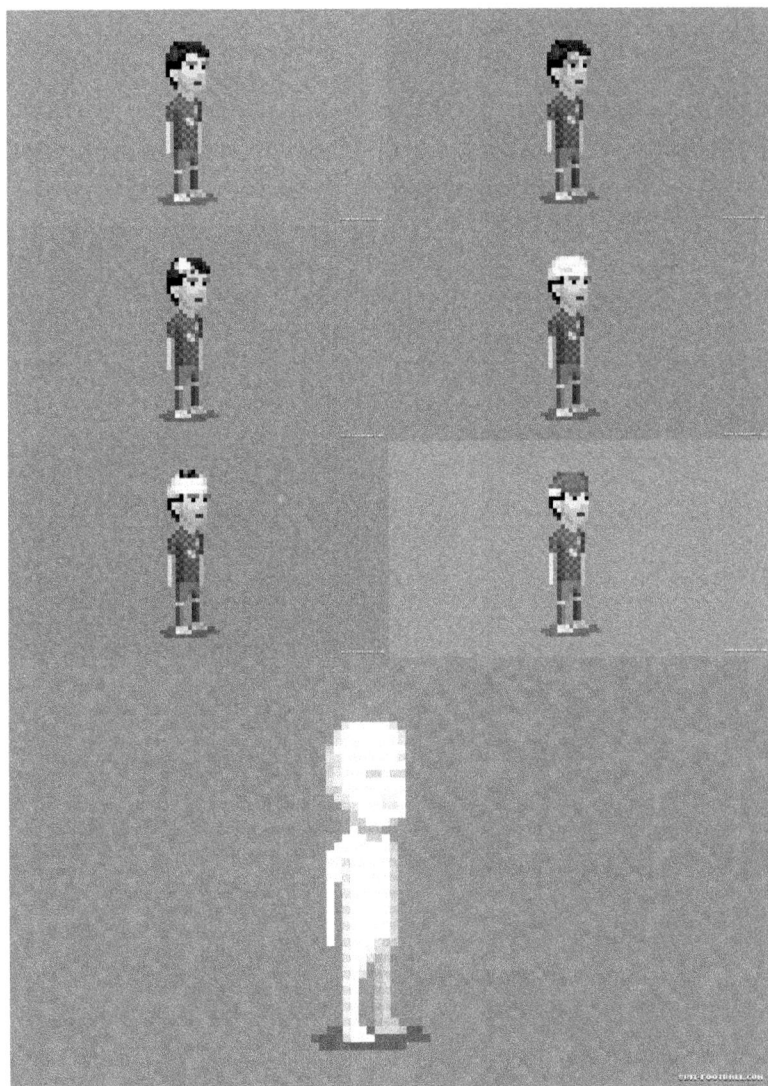

Ćorluka. Kroatischer Fußballverband. #TURCRO
(@gwageneder)

Ćorluka fragt den Schiri gerade übrigens, ob das hier das WM-Finale ist. #TURCRO
@DanWOB

Nach und nach gelingen vor allem den Kroaten auch wieder Torchancen, allerdings prägen Fouls immer noch das Spiel – egal ob gegen Gegner …

Diverse Kopfnüsse und Eiersalat. Am Ende wird´s ein Promi-Koch-Boxen. #TURCRO #EURO2016
@TrishaSiobhan

… oder gegen Fahnen.

RIP Eckfahne! :(#TURCRO
@RegiBang

Luca Modrić gibt sich dann in der 42. Minute Mühe, die Zuschauer für den Rumpelfußball zu entschädigen. Er nutzt einen gescheiterten Befreiungsschlag von Selcuk und versenkt den Ball per wunderschönem Volleyschuss im Netz.

Der Boden unter so einem Volcan kann bei einer #em2016 schonmal etwas Modrić sein! #TURCRO
@Spreehanseat

Halbzeit.

Ausbeute 1.HZ: Ein Turban, eine ramponierte Eckfahne, ein knackiges Modrić-Tor und ein jubelnder Fan an der Eckfahne. #TURCRO #EURO2016
@StephanieBaczyk

Wie lange ist denn beim Wrestling die Halbzeitpause? #TURCRO
@RBackrb

Im zweiten Durchgang bleibt alles beim alten - Kroatien ist überlegen, das Spiel ruppig und die kroatischen Stürmer sind glücklos.

Verdiente Führung der Kroaten, die versuchen, Fußball zu spielen.
Die Türken spielen Foulball. #TURCRO
@Thermitbomber

Statistiken: Cro: 36% Ballbesitz Tur: 14% Ballbesitz beide mann-
schaften: 50% auf dem Boden liegen #TURCRO #EURO2016
@Ter2303

Die 70. Minute ist dann der Weckruf für die türkischen Fans – mit Emre Mor wird endlich ihr Messi(as) eingewechselt. Da kann ja nichts mehr schief gehen!

Now it gets #Mor interesting. #TURCRO #EURo2016
@ReallyVanni

Ist Emre Mor der Bruder von Gerald Asa Mor? #TURCRO
#EURO2016
@brainsFCB

Der türkische Spieler Mor kann unfallfrei geradeaus laufen.
Das wird der neue Messi.
#EURO2016 #EM2016 #TURCRO
@Paxter_Redwyne

Der junge Starspieler brachte zwar etwas Schwung, aber die Türkei auch nicht näher an den Ausgleich. So bleibt es bei 1:0 Sieg für die Kroaten.

Türkei 0:1 Kroaten

Aufstellung Türkei: Babacan – Gönül, Balta, Topal, Erkin – Inan, Tufan – Çalhanoğlu, Özyakup (46. Sen), Turan (65. Yilmaz) – Tosun (69. Mor)

Aufstellung Kroatien: Subašić – Srna, Ćorluka, D. Vida, Strinic – Modrić, Badelj – Brozovic, Rakitić (90. Schildenfeld), Perišić (87. Kramaric) – Mandžukić (90. Pjaca)

Tor: 0:1 Modrić (41.)
Gelbe Karten: Tosun, Balta, Sen – Strinic

Stadion: Parc de Princes, Paris
Anstoßzeit: 12.06.2016, 15:00 Uhr
Schiedsrichter: Jonas Eriksson

Auch beim Spiel zwischen der Türkei und Kroatien knallte es wieder auf der Tribüne – etwas verwunderlich für solch eine Hochsicherheits-EM.

Anscheinend ist es schwerer im Aldi Kaugummis zu klauen, als bei der #EURO2016 Böller ins Stadion zu schmuggeln.

@8SAP

44

#POLNIR

Schon im Vorfeld des Turniers hat sich ganz Europa auf die nordirischen Fans gefreut – die erste Qualifikation für eine Europameisterschaft war eine kleine Sensation und in guter irischer Tradition sind sie nun da, um zu feiern.

„Die Nordiren werden anstoßen." Natürlich werden sie das #POL-NIR
@soccerLE

Für #NIR ist ein EM-Spiel komplettes Neuland. Wie das Internet für unsere Bundesregierung. #POLNIR #EURO2016
@T_Westside95

Spielen die Nordiren eigentlich gegen die Nordpolen oder die Südpolen? #POLNIR
@Punexer

Gerade die Hymne für ihren Stürmer „Will Grigg" machte die Fans berühmt und erklingt schon vor dem Anpfiff auf den Rängen. Aber wo ist Grigg?

Brennt da eine Ersatzbank? #POLNIR #EURO2016 #WillGriggsOn-Fire
@Hizmaniac

Während die Unterstützung musikalisch großartig ist, trauen sich die nordirischen Spieler kaum an Offensivaktionen. Lange Bälle auf Kyle Lafferty sind das höchste der Gefühle, ansonsten will man einfach nur den Gegner stören. Souverän treten die Nordiren zwar nicht auf, aber dennoch gibt es kein Durchkommen für Polen:

Naheliegende Frage zu #POLNIR? Ist das irische Tor eventuell kleiner als Regeln festlegen? Haben Nordiren echt elf Spieler auf dem Platz?
@americanarena

Wenig Zug zum Tor, wenig Ballbesitz - irgendwie erinnert das Team an eine Bundesligamannschaft…

Nordirland ist das Darmstadt 98 der EM. #POLNIR
@EgoThorsten

Darmstadt heute in grün-blauen Trikots. #POLNIR
@Zugzwang74

Was man während des Spiels nicht sieht: Der polnische Torwart sitzt im Liegestuhl und trinkt Bier, raucht eine nach der anderen.
#POLNIR
@m_blocksberg

Zur Halbzeit fehlen folgerichtig die Tore - da kann man schon einmal ungeduldig werden.

Wenn das so weiter geht wiege ich nach der EM 200kg weil ich aus Langeweile nur noch esse.
#POLNIR
@foodqueenlilli

Oder man schaut in die Geschichte der Inselmannschaft.

Bommes ist „devastated" und erzählt, dass die Nordiren George Best „geworshiped" haben. Ich bin sowas von overwhelmed. #POLNIR
@ansgar_nehls

In der 51. Minute sind die Offensivbemühungen der Polen dann endlich erfolgreich. Milik trifft zum 1:0.

Da haben sie eine Milik-Sekunde mal nicht aufgepasst…
@Arne1904

Jetzt wären theoretisch die Nordiren gefordert. Trotz der Einwechselung des zweiten Stürmers Washington bekommen Sie aber wenig zustande. Zeit für die Fans sich die ganz wichtigen Fragen zu stellen: Was ist eigentlich ein #POLNIR?

#polnir. irgend so ein seltsames vieh aus der germanischen mythologie.
@klangbild

#POLNIR klingt wie ein beruf: i bin a glernta polnir…
@tartarottiGuido

#POLNIR klingt auch wie Schmalzgebäck aus Mittelerde.
@MsVerstaendlich

Während die Nordiren nicht können, wollen die Polen schlichtweg nicht. Da kommt weder vom Star Lewadowski noch vom Rest des Teams besonders viel Ansehnliches.

Zwei Polen haben sich gegenseitig über den Haufen gerannt. Da liegen jetzt jede Menge Konsonanten auf dem Boden rum. #POLNIR
@jetztwirdsernst

Lewandowski ohne Torschuss. Er will wohl die Ablöse drücken. #POLNIR
@rammc

Deutlich schöner ist da zum Glück das Stadion.

Nizza ist als Spielort übrigens ziemlich Nice. #POLNIR
@MoDeutschmann

Am Endergebnis ändert das natürlich nichts - Polen gewinnt absolut verdient 1:0. Der einzige, der den ungefährdeten Polen-Sieg hätte verhindern können, brachte heute nur die Bank zum Brennen.

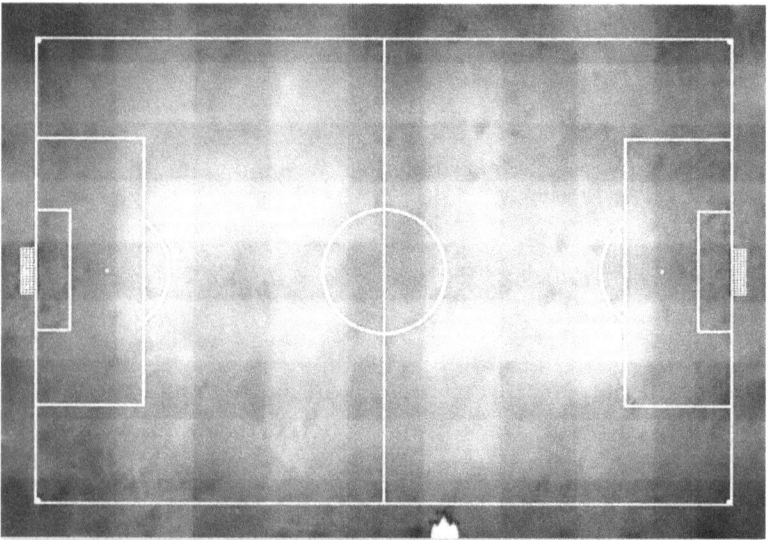

Nachgeliefert: die Will Grigg Heatmap von heutigen Spiel.
(@michelschroeder)

Den FUMS-Arbeitsnachweis hat man ja auch nicht so oft...

DER GROSSE #EM2016

FUMS FUSSBALL.MACHT.SPASS.

STEFFEN SIMON ARBEITSNACHWEIS

SO. TANZEN IST VORBEI. DIE JUNGS HABEN LANG GENUG DA DRIN GEWARTET.	LEWANDOWSKI (...) SUPERSTAR.	WIE HEISST ES SO SCHÖN: DIE SIND ON FIRE.	SCHIEDSRICHTER DER PARTIE (...) 35-JÄHRIGER MEDIZINER.	LEWANDOWSKI UND EVANS HABEN FRÜH FREUNDSCHAFT GESCHLOSSEN IN DIESEM SPIEL.
EVANS UND CO... FÜR EINIGE IST DAS NATÜRLICH KOMPLETTES NEULAND. SO EIN EM-SPIEL.	VON DER GRÖSSE DER PARTIE MEINE ICH NATÜRLICH. FÜR ALLE IST EIN EM-SPIEL WAS NEUES.	DER SCHIEDSRICHTER IST EIN UNBEKANNTES BLATT.	DIESE SCHLEUDER-EINWÜRFE (...) SIND AUCH NICHT MEHR ERLAUBT.	POLEN IST MEHR ALS LEWANDOWSKI.
DAS EINSEITIGSTE SPIEL DER EM BISHER. NUR IM ERGEBNIS KANN MAN DAS NICHT NACHLESEN.	SO SEHR SICH ALLE IN NORDIRLAND GEFREUT HABEN, DABEI ZU SEIN, DAS IST ZU WENIG.	EIN BISSCHEN MEHR DARFS DANN DOCH SEIN.	0:0. GEFÜHLT STEHTS HIER ANDERS.	UNTEN SCHARRT LEWANDOWSKI SCHON MIT DEN HUFEN.
DA IST DER BETON SOFORT WIEDER ANGERÜHRT. UND SCHNELL HART GEWORDEN.	AUCH, WENN DAVON HEUTE WENIG ZU SEHEN WAR: MILIK UND LEWANDOWSKI SUCHEN SICH IMMER WIEDER.	TRAININGS-SPIELCHARAKTER	GEFÜHLT IST DAS EIN DREI- ODER VIER-NULL FÜR POLEN.	NORDIRLAND WIRD WAS VERÄNDERN. BRINGT TATSÄCHLICH EINEN ZWEITEN STÜRMER.
UND SOFORT SIND DIE NORDIRISCHEN FANS DANKBAR: HEEEYYY, ES GIBT EINE ECKE.	HIGHSPEED-SLOMOS	BOAH STEVEN DAVIS. SIE LASSEN IHN LAUFEN, ER TRIFFT DEN BALL NICHT.	KRYCHOWIAK! JAWOLL!	HAT MAN AUCH NICHT SO OFT (3)

WWW.FUSSBALLMACHTSPASS.DE

Polen 1:0 Nordirland

Aufstellung Polen: Szczesny – Piszczek, Glik, Pazdan, Jedrzejczyk – Blaszczykowski (80. Grosicki), Krychowiak, Maczynski (78. Jodlowiec), Kapustka (88. Peszko) – Lewandowski, Milik

Aufstellung Nordirland: McGovern – McLaughlin, Cathcart, McAuley, J. Evans, Ferguson (66. Washington) – McNair (46. Dallas), Baird (76. J. Ward), Norwood – Davis – K. Lafferty

Tor: 1:0 Milik (58.)
Gelbe Karten: Kapustka, Piszcek – Cathcart

Stadion: Stade de Nice, Nizza
Anstoßzeit: 12.06.2016, 18:00 Uhr
Schiedsrichter: Ovidiu Hategan

"ER IST EIN IRE OHNE REGELN UND EIN WOMANIZER AUSSER KONTROLLE!"

(Maurizio Zamparini, der Präsident seines Ex-Vereins Palermo, hat ein tolles Bild vom nordirischen Nationalstürmer Kyle Lafferty)

#GERUKR

"Löw wollte Stärke von Ukraine erfahren. Er hat erfahren."

Das erste Spiel der deutschen Nationalmannschaft und auf Twitter merkt man gleich die Vorfreude. Da werden sich nochmals die grundlegenden Fragen gestellt, …

Wenn man ein Nacktbild mit den Hashtags #GERUKR und #em2016 postet, ist man dann ein Twitterflitzer?
@violinista

… die Aufstellung diskutiert …

Wenn hinter dir beim Public Viewing einer fragt, ob Kuranyi kein Thema mehr für die Nationalmannschaft sei, dann ist wieder EM/WM. #GERUKR
@Map303

Deutschland : Ukraine, oder wie man auch sagen könnte: Wir gegen die Verwandtschaft von Loddars Ex-Freundinnen. #GERUKR
@robvegas

… und Fangesänge geübt.

DIE NUMMER 4
DIE NUMMER 4
DIE NUMMER 4 DER FIFA WELTRANGLISTE SIND WIR
#GERUKR
@M4ust3r

Apropos Gesänge – am Anfang müssen sich die Fans noch einfinden, dass wir nun nicht mehr beim Eurovision Song Contest sind, sondern beim nächsten Social-Media-Event.

#GERUKR oder kurz: ESC-Letzter gegen ESC-Erster
@nieschwitz

Die ersten zwanzig Minuten verlaufen noch sehr ruhig. Kleiner Fehler in der deutschen Abwehr, eine bärenstarke Parade von Neuer – es ist alles beim Alten.

In der 19. Minute sorgt dann ein perfekt in den Strafraum gezirkelter Freistoß für ein Novum. Zwischen all den Offensivstars macht Skhodran Mustafi sein erstes Tor im Nationalmannschaftsdress.

Der Jubel über die Führung ist auf dem französischen Grün und auf deutschen Balkonen gleichermaßen riesig.

Mein Stream ist soweit hinterher, bei mir läuft grad Andi Brehme zum Elfmeter an. #GERUKR
@BierhalsensMax

Hier wird schon Feuerwerk abgefeuert.
Die „vorzeitige Ejakulation" des Fußballfans. #GERUKR
@riatlinlover

Nach dem Gegentor ist die Ukraine nur noch aktiver – zum Glück hat die deutsche Elf den Welttorhüter zwischen ihren Pfosten.

Neuer ist die Mauer, die '89 entfernt wurde. #EURO2016 #GERUKR
#JederFuerJeden
@dahendriik

Meine Tipps wären 100% korrekt, wenn die Mannschaften nicht durchwegs die Chancenverwertung betrunkener Seekühe hätten. #EURO2016 #GERUKR
@schaffertom

In der 37. Minute kann aber auch Neuer nicht mehr helfen. Als Konoplyanka einen Schuss in den Strafraum legt, ist Boateng nahe dem Eigentor. Der Ball springt ihm erst vom Oberschenkel in Richtung Tor, bevor der Verteidiger selbst dann höchst elegant im Rückwärtsfallen mit der Pike die Kugel von der Linie kratzt. Die Fans staunen.

Boateng kann Stürmer und Torhüter. Gleichzeitig. #GERUKR
@EgoThorsten

Boateng spielt privat auch viel Tischtennis-Rundlauf mit sich selbst. Ab heute fragt keiner mehr: Warum? #GERUKR #EURO2016
#boateng
@drdrdietz

Bei der Torverhinderung Boatengs hätte ich mir 12 Knochen gebro-
chen und drei Bänder gerissen. #GERUKR
@C_Holler

Boateng rettet sich selbst. Oder so. #GERUKR (@BRSport)

Man erinnert sich an rassistische Aussagen vom AfD-Poli-
tiker Gauland vor dem Turnier („Sie wollen einen Boateng
nicht als Nachbarn haben.") …

Die Bewerberliste als Boatengs Nachbar wird jetzt sehr, sehr, sehr
lang. #EURO2016 #GERUKR
@spotschau

boateng darf sogar bei neuer im tor wohnen. #GERUKR
@petrasozial

"ES IST GUT, WENN MAN EINEN BOATENG ALS NACHBARN HAT!"

(Joachim Löw über Boatengs Rettungstat auf der Linie)

Torschütze: Mustafi
Torvorbereiter: Özil
Torverhinderer: Boateng
Ein EM-Auftakt wie gemacht für die AfD.
@SimonHurtz

… und erhebt den Verteidiger zu einem Halbgott – naja, eigentlich größer als ein Halbgott.

Chuck „Boateng" Norris verhindert sein eigenes Eigentor.
#GERUKR
@tmsklein

Jerome Boateng hat keine Angst vor Eigentoren. Eigentore haben Angst vor Jerome #Boateng. #GERUKR #EURO2016
@mingablog

Auch die ukrainischen Spieler wollen noch nicht so ganz glauben, dass aus dieser Aktion kein Tor gefallen ist – da hilft aber auch kein Reklamieren.

Am besten sind die Spieler, die das mit der Torlinientechnik noch nicht verstanden haben und reklamieren, dass der Ball drin war. #GERUKR
@M4ust3r

Man kann kaum durchatmen, so schell kommen die Chancen. Als der Ball zwei Minuten nach Boatengs Glanztat durch Yarmolenko im Netz landet, entscheidet der Schiedsrichter auf Abseits – …

Boateng lässt jetzt alle Ukrainer mal schießen - er weiß ja, dass er den Ball im Ernstfall einfach einholen kann. #GERUKR #ViveLaMannschaft
@jenshealthde

...als mit Schwung die Eckfahne umgegrätscht wird, pfeift der Unparteiische allerdings kein Foul!

Die Frage ist ja: Wie viele Ersatzfahnen für die Ecken sind vorhanden? #GERUKR
@schwarzundblau

Nun brauchen alle Beteiligten dringend ein paar Minuten zum Durchatmen!

Ich brauch dringend die Halbzeitpause, damit ich neues Adrenalin produzieren kann. #EM2016 #GERUKR
@hermione_rescue

Ich bin so dermaßen drin im Spiel, dass ich meinen Gyros eben mit Rakizki bestellt habe. #GERUKR #ViveLaMannschaft
@jenshealthde

DB Station & Service im Münchner Hbf scheint mir sehr vielen Toren zu rechnen! #GERUKR (@wozzap1435)

Nach Wiederanpfiff ist Deutschland nun wieder die stärkere Mannschaft. Ganz Deutschland? Nein, zwei unbeugsame Offensivkräfte finden nicht so wirklich ins Spiel.

Neue Position von Özil: die unsichtbare 10. #GERUKR
@bloggde

Und jetzt Özil rein! #GERUKR
@gemuellert

Götze muss man Zeit geben, er hat immerhin noch zwei Dutzend Werbeclips in den Knochen. #GERUKR
@FJ_Murau

Hohe Flanken auf Götze.
Humor haben sie.
#GERUKR
@mcbonnes

"IHR HABT WELTKLASSELEUTE WIE MÜLLER, DANN NEUER, DEN BESTEN TORWART, UND ÖZIL, WENN ER MAL LUST HAT."

(Noel Gallagher zum Tagesspiegel - vor dem Spiel, aber in weiser Vorrausahnung)

Boateng und Neuer in Brasilien-Form. Özil und Götze auch.
#GERUKR of
@zeitonlinesport

Am liebsten würden die Fans beide Spieler so schnell es geht austauschen – oder zumindest überhaupt wechseln. Irgendwie scheint Löw aber keine Lust auf neue Spieler zu haben.

Der Weltmeister darf bei der nachfolgenden EM schon auswechseln, oder habe ich eine Regeländerung übersehen, @CollinasErben?
@fetzi6

Erst in der 78. Minute bringt Jogi Löw Schürrle für Draxler – ein logischer Wechsel.

Dass keine zwei Wolfsburger gleichzeitig auf dem Platz stehen dürfen, finde ich nach der Saison völlig vernünftig. #GERUKR
@antoniasxn

Mittlerweile sind wir in der 85. Minute angekommen. Die deutsche Mannschaft drückt auf die Entscheidung, aber es steht immer noch 1:0. Beunruhigend…

In sämtlichen Zeitungsredaktionen des Landes fließt angesichts des Spielstands der kalte Angstschweiß. #GERUKR
@fluestertweets

„Manchmal muss man sich schon wundern, warum Fußball so populär ist." Das Fazit von Günter Zapf (Legende). #GERUKR
@Sportradio360

In der 90. Minute dann der zweite und letzte Wechsel für die deutsche Nationalmannschaft - Bastian Schweinsteiger kommt für Mario Götze ins Spiel. Die Fitness des DFB-Kapitäns wurde vor dem Turnier heiß diskutiert – jetzt ist aber immerhin eines sicher:

Bastian Schweinsteiger hat wieder Kraft für eine Minute. #GERUKR
@jetztwirdsernst

"Hat Schweini bereits graue Schläfen? Bald sind wir alle tot."
Niemand sieht gern Fußball mit mir.
@kuttnerSarah

In letzter Sekunde kommt Deutschland dann doch noch zu dem verdienten zweiten Tor - ausgerechnet durch Schweinsteiger. Nach einem Sprint über das gesamte Spielfeld wuchtet er eine Flanke von Özil volley unter die Latte.

Nach dem Schweinsteiger-Sprint wäre das Turnier für mich schon gelaufen. #GERUKR
@BenniZander

#Özil (den online alle zerrissen haben) mit Traum-Assist auf #Schweinsteiger (den online alle zerrissen haben). Fußball ist schön #GERUKR
@MarcelLindenau

Einen Stürmer auswechseln und einen defensiven Mittelfeldspieler bringen, der dann trifft. Schon geil. #GERUKR
@blohomie

1 - Es war das erste Jokertor Deutschlands bei einer EM seit Bierhoffs Doppelpack im Finale 1996 gegen Tschechien. Golden. #GERUKR
@OptaFranz

> "DA IST ER EIN ALTER HASE, DER SCHWEINSTEIGER. ‚ICH WEISS NICHT, WIE ICH ZURÜCKKOMME, ABER DA VORNE KANN JETZT EIN TOR FALLEN.'"
>
> *(Mehmet Scholl beschreibt in der ARD die Klasse des deutschen Kapitäns.)*

Mindestens genauso lang wie der Sprint: der Torjubel.

Schweinsteiger ist beim Torjubel mehr gelaufen als in seinen 3 Min Spielzeit. ;) #GERUKR
@tobi_vega

„Sprint nach vorn, und dann der Jubel... war schon lang" - @BSchweinsteiger verbal schon wieder der alte @DFB_Team, großartig! #GERUKR
@Skulle2014

Ich möchte, dass mich mal ein Mann so anschaut, wie Podolski Schweinsteiger anschaut.
@santapauli1980

Das Spiel ist aus, Deutschland hat das Auftaktspiel gewonnen und in der ARD geht es direkt über zum nächsten Highlight. Live erleben wir die (mediale) Geburtsstunde des Packings – die neue Fußballstatistik von Stefan Reinartz für überspielte Gegner wird uns so schnell nicht loslassen.

Reinartz hat wohl die ARD mit „die Höhle der Löwen" verwechselt. Müsste man da jetzt nicht irgendwo „DAUERWERBESENDUNG" einblenden? #GERUKR
@DonnieOsullivan

> ## "SO EINEN GEGNER MUSST DU IM SCHACHT HALTEN!"
>
> *(Taktiktipps von Effenberg)*

In den heimischen Wohnzimmern bleiben die Fans aber für den Rest des Abends fasziniert von Boateng und seinem Abwehrstunt.

Jetzt bei Lego. Boateng! #GERUKR #EURO2016
(@towabuh)

Das kann keine Zufall sein! #gerurk #ger #boateng
#EURO2016 (@zwwdf)

Achja, da war ja noch etwas. Dank UEFA Coach Cam (TM) durften wir Joachim Löw volle neunzig Minuten beim zittern, coachen, schimpfen und … naja … kratzen erleben.

„Es gibt nur zwei Sorten von Männern: Die, die sich am Sack kratzen und dran riechen und die, die lügen." #GERUKR #Euro2016
#LoveIsLove #Löw
@IngmarStadelmann

Sensationell, schon nach dem ersten EM-Spiel …

EINE HAND AM POKAL.

"80 PROZENT VON EUCH - UND ICH - KRAULEN SICH AUCH MAL AN DEN EIERN."

(Lukas Podolski auf die Nachfrage zu den pikanten Bildern Löws)

> *Ich werde nie verstehen, wozu man die Halb-zeit-Berichterstattung für Nachrichten unter-brechen muss, die zu 50% aus Fußball-News bestehen.*
> *@TobiasEscher*

Deutschland 2:0 Ukraine

Aufstellung Deutschland: Neuer – Höwedes, Boateng, Mustafi, Hector – S. Khedira, Kroos – T. Müller, Özil, Draxler (78. Schürrle) – Götze (90. Schweinsteiger)

Aufstellung Ukraine: Pjatow – Fedezki, Chatscheridi, Rakizki, Schewtschuk – Stepanenko, Sidortschuk – Jarmolenko, Kowalenko (73. Sintschenko), Konopljanka – Sosulja (66. Selesnew)

Tore: 1:0 Mustafi (19.), 2:0 Schweinsteiger (90.+2)
Gelbe Karte: - – Konopljanka

Stadion: Stade Pierre-Mauroy, Lille
Anstoßzeit: 12.06.2016, 21:00 Uhr
Schiedsrichter: Martin Atkinson

#ESPCZE

Selbst nach dem blamablen Aus in der Vorrunde bei der WM 2014 geht Spanien als einer der Favoriten in diese Europameisterschaft. Klar, mit dem Titelverteidiger muss zu rechnen sein. In der Anfangsphase zeigt die etwas in die Jahre gekommene Furia Roja, welche Qualität sie noch hat. Die Mannschaft spielt sich zahlreiche Chancen heraus, Gegner Tschechien wehrt sich nach Kräften.

Nach 15 min drückender Überlegenheit, kann mal jemand die Tschechen erlösen!? #ESPCZE #EURO2016
@Tilman1385

Nach 15 Minuten sorgt Álvaro Morata für den ersten großen Aufreger. Der Stürmer versucht an der Außenlinie per Grätsche an einen Ball zu kommen und säbelt dabei den Schiedsrichter-Assistenten um.

Spanien - Tschechien: 0:0 @AlvaroMorata - Linienrichter: 1:0 #ESPCZE #EURO2016
@spox

Um sich Respekt zu verschaffen erstmal den Linienrichter umgrätschen #ESPCZE #EURO2016
@BenTheMan1980

Bislang keine Fehlentscheidungen, trotzdem erst mal den Linienrichter gegräscht. #ESPCZE
@dennyf

Danach verflacht das Spiel mehr und mehr, und ordnet sich damit in die lange Liste der ereignisarmen Spiele dieser EM ein. Spanien drückt zwar, wirklich hochkarätige Torchancen bleiben jedoch aus.

Zwei Möglichkeiten: 1) der Praktikant in der @ARDde hat versehentlich den Slo-Mo-Modus angelassen. 2) das Spiel ist sehr lahm. #ESPCZE
@kathyclevil

Da das Spiel mittlerweile noch weniger Diskussionsstoff bietet, werden Rufe nach den alten Helden des tschechischen Fußballs laut.

Spielt Tschechien mit Stajner, Simak oder Kaufmann? Nö? Dann guck ich das auch nicht! #niemalsallein #h96 #ESPCZE #EURO2016
@96inside

Karel Poborsky und Pavel Nedved nicht dabei? Der Trainer von #CZE ist ein Taugenichts! #EURO2016 #ESPCZE
@MarcelLubasch

Die beste Chance der ersten Hälfte vergibt ebenfalls Morata, der an Petr Čech im Tor der Tschechen scheitert. Der Keeper zeigt keine sensationelle Parade, überzeugt jedoch durch sein Stellungsspiel:

Und #Čech macht das was er am besten kann. Richtig stehen. #ESPCZE
@BayernAllez

In Halbzeit zwei setzt sich das Bild der ersten Hälfte fort. Spanien drückt, Tschechien verteidigt. Aber la Furia Roja schafft es einfach nicht, den Ball im Tor unterzubringen. Die wenigen Chancen werden vergeben.

ich starte bald ein crowdfounding projekt für mehr tore bei dieser em. #espcze
@daswortimmann

In der 87. Minuten schafft es Spanien jedoch, den Bann zu brechen. Nach einer Flanke von der linken Seite springt Piqué, Spaniens Innenverteidiger, höher als alle anderen und köpft den Ball zum 1:0 ins Tor. Der Siegtreffer fällt über die Abwehrseite von Außenverteidiger Theodor Gebre Selassie, der kurz zuvor ausgewechselt worden war.

Hätten die Tschechen den Theo mal drinnen Gelassie! #ESPCZE
@Kupi10

Am Ende steht ein glanzloses 1:0 und die Erkenntnis:

Motto der #EURO2016 bisher: flach spielen, hoch gewinnen. Und nicht mal das klappt. #esp #ESPCZE #Loew
@copapalmieri

(von Josef Opfermann)

EM-Sommer ist, wenn bei Twitter wirklich JEDER Spielername in Wortspiele verstrickt wird. #EURO2016

@Halbzeit3

Der furiose
FUMS-Arbeitsnachweis

DER GROSSE #EM2016

FUMS
FUSSBALL.MACHT.SPASS.

TOM BARTELS
ARBEITSNACHWEIS

ALS OB JEMAND JETZT LIPPEN LESEN KÖNNTE. IMMER DIE HAND VORM MUND.	INIESTA. DER MANN MIT DEM RADAR.	MORATA IST SCHON EIN BROCKEN.	RÄUMT DEN SCHIEDSRICHTER-ASSISTENTEN AB. SCHEINT RUND ZU LAUFEN.	UND ZU RECHT KEINE GELBE KARTE FÜR MORATA.
ČECH. MACHT DAS, WAS ER KANN. STEHT RICHTIG.	IMMER STOLZ. NIE ÜBERHEBLICH. VICENTE DEL BOSQUE.	INIESTA, DER SPIELMACHER (6)	DARIDA. STOPFT HIER AUF DER LINKEN SEITE DIE LÖCHER.	DIE TSCHECHEN ZIEHEN SICH INS SCHNECKENHAUS ZURÜCK.
KEIN ABSEITS! PUH. KLARE FEHL-ENTSCHEIDUNG.	GÄBRE SELASSIE	WENN DIE SPANIEN ETWAS BESSER MACHEN KÖNNEN, DANN MÖGLICHST OFT DEN BALL ZU INIESTA.	PETR ČECH HAT EIN JAHRZEHNT BEIM LONDONER STADTRIVALEN IN LONDON GESPIELT.	SERGIO BUSQUETS. SICHERLICH EINER DER UNGEFÄHRLICHSTEN SPIELER DER SPANIER.
INIESTA. KEIN TATTOO. KEINE FARBE. KEINE ALLÜREN. ABER EINER DER BESTEN SEINER KLASSE.	INIESTA. KEIN PLATZ UND ER SCHAFFT IHN TROTZDEEEM!	INIESTA. SCHAUT SCHON BEVOR ER DEN BALL ANNIMMT, WAS IN SEINEM RÜCKEN LOS IST.	AUCH DIE ECKE HAT EBEN DEN HEFTIGEN WIND ZU SPÜREN BEKOMMEN.	FURIOS! (3)
EIN GEISTESBLITZ EINMAL MEHR VON ANDRÉS INIESTA.	OUHHH FAST DURCHGEKOMMEN. BESSER GESAGT: DURCHGEKOMMEN ABER NICHT DAMIT GERECHNET.	DER MANN VON SHAKIRA TRIFFT ZUM 1:0 FÜR SPANIEN.	ER, WER SONST, SPIELT DEN BALL ZUM 1:0. (ÜBER INIESTA)	EIN GENIALER MEISTER WIE INIESTA...

WWW.FUSSBALLMACHTSPASS.DE

Spanien 1:0 Tschechien

Aufstellung Spanien: de Gea – Juanfran, Piqué, Sergio Ramos, Alba Ramos – Busquets – Fàbregas (70. Thiago), Iniesta – David Silva, Morata (62. Aduriz), Nolito (82. Pedro)

Aufstellung Tschechien: Čech – Kaderabek, Sivok, Hubnik, Limbersky – Darida, Plasil – Gebre Selassie (86. Sural), Rosicky (88. Pavelka), Krejci – Necid (75. Lafata)

Tor: 1:0 Piqué (58.)
Gelbe Karte: - – Limbersky

Stadion: Stadium de Toulouse, Toulouse
Anstoßzeit: 13.06.2016, 15:00 Uhr
Schiedsrichter: Szymon Marciniak

#IRLSWE

Irland gegen Schweden. Irische Feierbiester gegen König Zlatan. Die Themen des Spiels sind schnell erfasst, denn spielerisch haben beide Mannschaften sonst zunächst wenig zu bieten:

Highlight bisher: bin zwei mal kurz eingenickt. #IRLSWE #EURO2016
@MarcelLubasch

Schw-öde-n. #IRLSWE #IREvSWE
@markuskavka

Bei der Ereignislosigkeit des Spiels bleibt, wie gewohnt, auch Zeit für das ein oder andere Wortspiel. Hier ein Kandidat, der sich im (Achtung Wortspiel!) angel-sächsischen Sprachraum besonders gut auszukennen scheint:

Shane Long ist übrigens Sächsisch und bedeutet „schön lang" #IRLSWE
@CB1502

Kurz vor der Pause sorgt dann Mikael Lustig für den Aufreger der ersten Halbzeit. Er wird ausgewechselt. Für Twitter ein Unding:

#Lustig raus. Schweden ab jetzt völlig humorlos #IRLSWE
@JoernKreuzer

Das spielerische Niveau des Spiels in Halbzeit eins ist tatsächlich überschaubar. Beide Mannschaften versuchen keine Fehler zu machen. Zwingende Chancen sind Mangelware. Schweden hat nicht mal eine einzige Torchance. Bei den knapp 73.000 Zuschauern im Stade de France ist die Stimmung dagegen bestens:

Ich weiß zwar nicht, wer auf dem Platz Europameister wird, bei den Fans haben die Iren und Schweden sehr gute Chancen #IRLSWE #EURO2016
@DerJulian

Kann das nicht bei jedem Spiel der EM so sein? Vor und auch im Stadion? Hammer! #IRLSWE
@mirnein

Halbzeit zwei beginnt direkt mit einem Kracher. Irland geht nach einem fulminanten Volleyschuss von Wes Hoolahan in der 48. Minute in Führung. Schnell kommen die Irland- und Hooliganexperten aus ihren Twitterlöchern. Der Wahrheitsgehalt darf angezweifelt werden:

Wes Hoolahan, dessen Urgroßvater damals im Jahre 1875 die Kneipenschlägerei erfand. #IRLSWE #EURO2016
@nnamrreherdna

Wes Hoolahan hingegen kann sein Glück kaum fassen. Und lässt sich fast zu einer Regelwidrigkeit hinreißen. Mit Blick auf ein mögliches Achtelfinale keine gute Idee:

Wie er sich umentscheidet und das Trikot nicht auszieht. Klar, Achtelfinale jetzt ja möglich. Herrlich. #IRLSWE
@GNetzer

Auch bei den Fans, die das Spiel anscheinend nicht vor dem heimischen Fernseher gucken können, ist die Freude riesig:

Der Moment, wo man im Meeting aufstehen möchte und „TOOOOOR!" brüllen möchte.. und es nicht geht.. #IRLSWE
@EinAugenschmaus

In der Folge tut Schweden mehr für das Spiel, erarbeitet sich zunehmend Torraumszenen. Der größte Teil der Angriffsbemühungen läuft wie immer über Topstar Zlatan Ibrahimović, der zunächst glücklos bleibt. Bis zur 70. Minute. Nach toller Kombination kommt Ibrahimović zum Flanken. Den Rest erledigt Irlands Verteidiger Ciaran Clark per Kopf – 1:1.

Regel Nummer 1: Wenn #Ibra den Ball vors Tor bringt, musst du ein Tor erzielen. Das ist Pflicht. Auch wenn es dein eigenes Tor ist. #IRLSWE
@JamieHatt

Wenn man schon mal ne Torvorlage von Ibrahimović bekommt, muss man die auch reinmachen. Wird sich Clark gedacht haben. #irlswe
@fraunewman

Die Analyse der schwedischen Leistung in einem Tweet:

Die starre Ausrichtung auf eine Personalie hat sich wieder mal bewährt #SWE #IRLSWE
@HankRearden007

In den Twitterer-Haushalten werden zeitgleich neue Spitznamen für Schweden und Irland gesucht. Statt ‚Blågult' (Die Blau-Gelben) und ‚The Boys in Green' also jetzt:

Der Mann nennt die beiden Mannschaften nur IKEA und
ShepherdsPie #IRLSWE
@MadamePetit

Und was war noch? Achja, Altmeister Robbie Keane, inzwischen 36 Jahre alt, wird eingewechselt. Gibt's da Ähnlichkeiten zu einer cholerischen, deutschen Fernsehlegende?:

Dem Blick nach müsste der Mann eher Keanski statt Keane heißen
#em #em2016 #IRLSWE
@Skeletooor

Am Ende bleibt es beim 1:1. Schweden enttäuscht auf ganzer Linie und hat Glück:

1 – Schweden gelang es als 1. Team seit 1980, in einem EM-Spiel
ohne einen eigenen Schuss auf den Kasten zu treffen. Glückspilze.
#IRLSWE
@OptaFranz

Die irischen Fans hingegen feiern ausgelassen, aber friedlich. Auf dem Platz hat das Team aber noch viel Luft nach oben:

Fazit aus dem Spiel #IRLSWE: Wenn schon Hool, dann Hoolahan!
Den Rest braucht man nicht #EURO2016
@BenTheMan1980

(von Josef Opfermann)

Irland 1:1 Schweden

Aufstellung Irland: Randolph – Coleman, O'Shea, Clark, Brady – McCarthy (85. McGeady), Whelan, Hendrick – Hoolahan (78. Keane) – Walters (64. McClean), Long

Aufstellung Schweden: Isaksson – Lustig (45. Johansson), Lindelöf, Granqvist, Olsson – Larsson, Lewicki (86. Ekdal), Källström, Forsberg – Berg (59. Guidetti), Ibrahimović

Tore: 1:0 Hoolahan (48.), 1:1 Clark (71./Eigentor)
Gelbe Karten: McCarthy, Whelan – Lindelöf

Stadion: Stade de France, Paris St. Denis
Anstoßzeit: 13.06.2016, 18:00 Uhr
Schiedsrichter: Milorad Mazic

"BEI ALL DEN REGELÄNDERUNGEN, EINS WIRD IMMER SO BLEIBEN: DAS TOR STEHT IN DER MITTE."

(ZDF-Experte Holger Stanislawski zu den aktuellen Änderungen im Weltfußball)

#BELITA

Das Spiel mit dem wohl schönsten Hashtag dieser Europa-meisterschaft: #BELITA. Eine Hommage an Bella Italia. Das Spiel ist zumindest in der ersten Hälfte alles andere als eine Schönheit. Für den nötigen Diskussionsstoff sorgen in diesem Spiel vor allem die feuerroten Trikots der Belgier und die eigentümlichen Frisuren von Spielern wie Fellaini oder Origi.

„...jetzt die erste Möglichkeit, deBruyne über links. Er flankt in die Mitte. Fellaini mit dem Kopf und...“ FUMP Ball weg #em2016 #BE-LITA
@Skeletooor

Würden die Belgier einen Helm tragen, sähen sie aus wie Feuer-wehrmänner #BELITA
@MashFrontmann

Besonders an Marouane Fellaini scheiden sich die Geister. Seine Haarpracht ist eine Mischung aus Wattebausch und Tingel-Tangel-Bob.

Beim Spielen setzt der doch die Clownsperücke noch ab, oder? #BELITA
@Anne__Waffel

Außer der Frisuren gibt es wenig zu diskutieren in Halbzeit eins. An Wortspielqualität mangelt es auf Twitter trotzdem nicht.

Teufel gegen Prada – bisher kein Blockbuster #EURO2016 #BELITA #ITA #BEL @BelRedDevils @azzurri
@captn_football

Ein Mann, der nun aber mal gar nicht mit seiner Haarpracht, sondern mit seinen fußballerischen Qualitäten überzeugt, sorgt für das Highlight der ersten Hälfte. Leonardo Bonucci. Der Innenverteidiger überspielt mit einem sensationellen Pass über 40 Meter die gesamte belgische Abwehr, Emanuele Giaccherinni verwertet zum 1:0 der Italiener in der 32. Minute. Hat sich da etwa der nicht mehr nominierte Flankengott Andrea Pirlo in die Mannschaft geschlichen?

Ha, cleverer Schachzug der Italiener: Lassen einfach Andrea Pirlo im Bonucci-Kostüm tödliche Pässe spielen #BELITA #Euro2016 #EM2016
@AureonFM

Bei der ARD hat man für solche Spielzüge mittlerweile einen Namen: Packing. Das von Ex-Mittelfeldspieler Stefan Reinartz entwickelte Analyseverfahren macht die Überlegenheit einer Mannschaft an der Anzahl der mit Pässen überspielten Verteidiger fest. Für Twitter ist dieser neu eingeführte Begriff jedoch vor allem eins: ein Wortspielfest.

Habe soeben das #Depping erfunden - sprich: die komplette Mannschaft lässt sich mit 1 Pass übertölpeln! #BELITA #Packing #EURO2016
@KiLLERdjay

Wenn der Stürmer zum Abwehrspieler zurückspielt, ist das dann Backpacking ? @sportschau @1LIVE #BELITA #EURO2016 #Azzurri #Italy
@mendeofficial

Von der als Favoriten gehandelten belgischen Mannschaft ist in Halbzeit eins so gut wie nichts zu sehen, was auch an der stabilen Defensive der Italiener liegt.

Barzagli, Bonucci und Chiellini. Stahl ist Watte dagegen. #BELITA
@MSneijder

Für Wortspiele bleibt in der ersten Hälfte reichlich Zeit. Die Opfer diesmal: Belgiens Axel Witsel und die beiden Trainer.

Wünsche mir nur ein einziges EM-Spiel ohne Namenswitsel. #BE-LITA
@ChristianHelms

Man Marc Wilmots, Antonio Conte man bisher noch nicht so richtig einschätzen. #BELITA
@footagemagazin

Zur Pause heißt es 1:0 für Italien. Die Azzuri steht sicher, Belgien wirkt ratlos.

Fazit 1. Hälfte: #Belgien ganz geheimer Geheimfavorit. Nachricht hat sich selbst im eigenen Team nicht rumgesprochen #BELITA #EURO2016
@TSnder

Auch in Halbzeit zwei bleiben hochkarätige Chancen anfangs die Ausnahme. Das Spiel wird aber zunehmend ruppiger. Schiedsrichter Marc Clattenburg wartet jedoch lange bis er gelbe Karten verteilt.

Linie des Schiedsrichters: Gelbe Karte bei offenen Brüchen. Rote Karte bei Blitzschlägen. #BELITA
@emshapro

In der Folge wird das Spiel besser. Auch Belgien erarbeitet sich Chancen, will seiner Rolle als ernstzunehmender Konkurrent um den Titel gerecht werden. Aber das Tor bleibt

77

aus. Sind die Frisuren schuld? Bei Divock Origi ist man sich da nicht sicher:

Hätte Origi nen anständigen Haarschnitt, wäre der Ball drin gewesen. #BELITA
@mariae_gloria

Die Italiener fallen in diesem Spiel besonders durch ihre kämpferische Leistung auf.

Keine Schwalben. Kein jammerndes Liegenbleiben. Kein Mauern nach dem 1:0. Wer seid ihr und was habt ihr mit den Italienern gemacht? #BELITA
@leuchtturmwart

Versuch gegen die Italiener einen 0:1-Rückstand aufzuholen, haben sie gesagt.. Es würde Spaß machen, haben sie gesagt. #BELITA #Catenaccio
@simonriedel_95

Auf belgischer Seite agiert Romelu Lukaku glücklos. Die beste Chance der Belgier zum Ausgleich vergibt er freistehend vor Gianluigi Buffon.

Bei Lukaku kriegste zwischen Sieben-Mann-ausspielen-und-einwinkeln und Dicker-Busfahrer-pöhlt-aufm-Rastplatz alles. Mal so, mal so. #BELITA
@flopumuc

Und so ist es am Ende tatsächlich Italien, das den Schlusspunkt in diesem Spiel setzt. Graziano Pellè drischt den Ball nach einem schön ausgespielten Konter und der Flanke von Candreva volley ins Netz.

Die Belgier hätten ja das 2:0 verhindern können, wenn sie dem italienischen Angreifer mehr auf die Pellè gerückt wären. #BELITA #EURO2016
(@phil_aich)

Auf der einen Seite steht nach diesem Spiel die Verwunderung, dass die Italiener nicht mehr auf ihr allseits unbeliebtes Catenaccio zu setzen scheinen.

Italien macht mal mehr als ein Tor? Meine Fußballvorurteile fallen wie ein Kartenhaus zusammen.... #BELITA
@RollRost

Auf der anderen Seite ein geschlagener Möchtegern-Geheimfavorit.

Vor dem Turnier habe ich Belgien als „Das neue Holland" bezeichnet. Das war aber anders gemeint. #BELITA
@DerPeder

Als Belgier würde ich hinterher 'ne Tür eintreten. Einfach, um endlich mal irgendwo durchzukommen. #BELITA #EURO2016
@jensotto83

Das einzige Turnier wo #BEL zu den Favoriten zählt, ist wenn ich FIFA16 auf Halbprofi mit ihnen zocke #BELITA
@DrDeko88

Ich hätte gerne eine Pizza Geheimfavorit Belgien: nix drauf. #BELITA #EURO2016 #BEL #ITA
@Callinho

#BEL untermauert bislang seinen Ruf als #GehHeimFavorit. #belita
@koelnsued

(von Josef Opfermann)

Belgien 0:2 Italien

Aufstellung Belgien: Courtois – Ciman (76. Carrasco), Alderweireld, Vermaelen, Vertonghen – Witsel, Nainggolan (62. Mertens) – De Bruyne, Fellaini, Hazard – R. Lukaku (73. Origi)

Aufstellung Italien: Buffon – Barzagli, Bonucci, Chiellini – Candreva, Parolo, De Rossi (78. Motta), Giaccherini, Darmian (58. De Sciglio) – Pellè, Martins (75. Immobile)

Tore: 0:1 Giaccherini (32.), 0:2 Pellè (90.+3)
Gelbe Karten: Vertonghen – Chiellini, Martins, Bonucci, Motta

Stadion: Stade de Lyon, Lyon
Anstoßzeit: 13.06.2016, 21:00 Uhr
Schiedsrichter: Mark Clattenburg

#AUTHUN

Ungarn ist schon vor der Partie in Jubelstimmung. Seit 1986 nahmen die Magyaren an keiner Europa- oder Weltmeisterschaft teil - dementsprechend ist die Vorfreude auf den allerersten EM-Auftritt groß.

Die Hungary Games sind eröffnet! #AUTHUN #EURO2016
@Tasten_hauer

Auf der Gegenseite muss sich Österreich mit der ungewohnten Favoritenrolle zurechtfinden. Zwar hat sich das Team zum ersten Mal sportlich für eine EM qualifiziert, dafür aber gleich als Gruppenerster ohne Niederlage. Als 10. der FIFA-Weltrangliste ist ein Sieg doch nur noch Formsache, oder?

Österreich. Favorit.
Dieser moderne Fußball. Verrückt.
#AUTHUN
@two_four_two

Entsprechend eines Favoriten beginnen die Österreicher stark - zumindest für eine Minute. Schon die 31. Sekunde bietet mit einem Pfostenschuss Alabas die größte Chance. Danach findet das ÖFB-Team nur selten den Weg zum Tor und wenn sie es dann ausnahmsweise schaffen, ist der 40-jährige Gabor Király zur Stelle – stilecht in Jogginghose!

Das Auftreten von Gabor Király ist eine schöne Abwechslung zu den ganzen einheitlichen Konserven-Stylern im Profifußball.
#AUTHUN
@MoDeutschmann

Warum trägt Löw eigentlich nicht Királys Hose? Würde vieles einfacher machen #AUTHUN (@neuigkeitenchef)

Deutlich besser sind über die gesamte erste Hälfte die Ungarn. Wenn sich hier nicht viel dreht, erleben wir die erste größere Überraschung dieses Turniers!

Wird nun also Österrreich diesmal an Ungarn angeschlossen? #authun
@kleinkram

Gerade David Alaba, Jahr für Jahr Österreichs Fußballer des Jahres, enttäuscht und findet nicht so wirklich ins Spiel.

David Alaba will Trainingsauftakt unter Ancelotti nicht verpassen. #AUTHUN
@guek62

Nach der Halbzeit sind die Kräfteverhältnisse unverändert. Als dann noch etwas österreichisches Pech hinzukommt, kommt Ungarn zum Zug. Erst muss Junuzović verletzt den

Platz verlassen und kurz darauf netzt Szalai in der 62. Minute zum 0:1 ein.

Den Einsatz hätte ich mir einmal von #Szalai bei @Hannover96 gewünscht.... #AUTHUN
@oliverpocher

Zeit für den Gegenschlag! Theoretisch… Trainer Koller bringt den frischen 1860-München-Stürmer Rubin Okotie, aber anstatt schneller Offensivaktionen bekommen wir eine Minute später erstmal eine Verwarnung zu sehen. Es ist erst die zweite Gelbe Karte für Österreich, aber leider auch schon die zweite für Dragović.

Österreich dreifach gehandicapt: Verletzung, Platzverweis, Löwenstürmer. #AUTHUN
@Heinrichheute

In Unterzahl ist das schon der 0:1 Rückstand eine unüberwindbares Hindernis. Stattdessen macht Ungarn kurz vor Schluss alles klar. Der eingewechselte Stieber trickst den österreichischen Keeper mit einem Heber aus – 0:2 in der 87. Minute.

Stieber und Szalai treffen bei einer Europameisterschaft. Kannst du keinem erzählen. #AUTHUN
@JungeMitDemBall

"DÄNEMARK 1992, GRIECHENLAND 2004, ÖSTERREICH 2016?"

(ORF-Kommentator Oliver Holzer – vor dem Spiel.)

Vielleicht sollte man über einen Zaun vorm Tor nachdenken - die österreichische Lösung. #AUT #AUTHUN #EURO2016
@GeorgKehrer

So ganz fassen können die meisten den bevorstehenden Sieg der Ungarn nicht.

Deswegen liebe ich Fußball. Weil da Dinge passieren, die eigentlich gar nicht passieren können. #BELITA #AUTHUN
@MarcelLinedenau

So österreicht's halt auch nicht. #AUTHUN
@BenniZander

Ungarn sagt Fuchs und Harnik gute Nacht. #AUTHUN
@ChristianHelms

Sportlich lässt sich die Niederlage der Österreicher aber nicht mehr verhindern – dafür treten sie viel zu schwach auf. Vielleicht ja auf anderen Wegen…

Keine Sorge. Die FPÖ wird das Ergebnis mit Sicherheit anfechten. #AUT #AUTHUN
@Donegal72

Vorab: Morgen PK der FPÖ - 88 Gründe, warum VfGH das Match #AUTHUN wiederholen lassen muss.
@RichardSchmitt2

Immerhin gibt es aber Trost.

Nicht ärgern liebe Österreicher, bald ist wieder Winter #AUTHUN
@bscontent

Während zuhause nach Schlusspfiff die ersten mit ihren Tippspielergebnissen hadern…

Jetzt trennt sich in den Tippspielen die Spreu vom Weizen... #AUSHUN #EURO2016 #spreu
@LukasRilke

Ist das der Punkt an dem man aus dem Tippspiel endgültig aussteigt...? #AUTHUN
@SwissMari

… können die Ungarn ganz ausgelassen ihren hochverdienten Sieg feiern!

Auf den historischen Sieg wird Bernd erstmal ne Runde Storck Schokoladen Riesen in der Kabine schmeißen #AUTHUN #EURO2016
@BenTheMan1900

Für die langen Namen auf dem Rücken bräuchten viele österreichische Spieler ein Kreuz wie #TimWiese.
#EURO2016 #AUTHUN
#AUT

@BruneKerstin

Österreich 0:2 Ungarn

Aufstellung Österreich: Almer – Klein, Dragović, Hinteregger, Fuchs – Baumgartlinger, Alaba – Harnik (78. Schöpf), Junuzović (59. Sabitzer), Arnautović – Janko (65. Okotie)

Aufstellung Ungarn: Király – Fiola, Guzmics, Lang, Kadar – Németh (89. Pintér), Gera, Nagy, Dzsudzsák – Kleinheisler (80. Stieber) – Szalai (69. Priskin)

Tore: 0:1 Szalai (62.), 0:2 Stieber (87.)
Gelbe Karte: - – Németh
Gelb-Rote Karte: Dragović (66.)

Stadion: Stade de Bordeaux, Bordeaux
Anstoßzeit: 14.06.2016, 18:00 Uhr
Schiedsrichter: Clement Turpin

#PORISL

Auch im letzten Spiel des ersten Vorrundenspieltages bekommen wir es mit einem EM-Neuling zu tun. Island ist das kleinste Land mit den wenigsten Einwohnern dieses Turniers und tritt mit Portugal einem Turnier-Stammgast entgegen. Zeit die Größenverhältnisse zu klären:

#CR7 hast 339x so viele Facebook-Fans wie Island Einwohner. #InfoTweet #PORISL
@Benni Zander

Wenn 32.000 Isländer_innen grad in Frankreich sind, dann sind das 10% des Landes. #isl #porisl #euro2016
@Rabid_Glow

Fun fact: Auf dem Rasen stehen gerade 0,0033 Prozent der Isländer. #PORISL #EURO2016
@anneschuessler

Die Chance als als isländischer Mann bei der A-Nationalmannschaft mitzumischen liegen bei ca. 0,01% . #infotweet #PORISL
@Sternenrot

Fast noch attraktiver für Tweets sind aber die ganzen isländischen Namen – @sportschau schaudert es schon.

Witze mit Namen sind verboten. Wir werden uns daran halten - auch falls Sigthorsson nachher das Sigthor schießt. #EURO2016 #PORISL
@sportschau

... und der Torwart heißt auch noch „Halldorsson"! Was für eine Wortspielhölle, dieses Spiel! #EURO2016 #PORISL
@sportschau

Berühmte letzte Worte: „Trinkspiel auf -son!" EURO2016 #PORISL
@wit15215

Nachdem in den ersten Minuten das Defensivkonzept der Isländer aufgeht und sie eine unglaubliche Zweikampfstärke zeigen, sehen die Fans schon die nächste Überraschung vor sich.

Wenn Island gegen Portugal gewinnt, wäre das mein erster Autokorso an dem ich teilnehme. Mit einem Island Pony auf dem Dach. #porisl #isl
@ashility

Erst nach einer halben Stunde kann sich Portugal lösen und gleich in der 31. Minute spielt Nani den Spielverderber – es steht 1:0 für Portugal.

ALLE wollen einen Sieg der Isländer und die Portugiesen halten sich nicht daran. Lesen die kein Twitter? #PORISL
@Terrorhexe

Aber kein Wunder, dass die Isländer Nani durchgelassen haben:

Da hast Du einen richtigen Kriegernamen wie Ragnar Sigurdsson abgekriegt, und wen schicken sie Dir als Gegner? Nani. #porisl #euro2016
@yellowled

Die Portugiesen versuchen direkt nachzulegen, aber bis zur

Pause prallen alle Angriffe an der isländischen Verteidigung oder dem starken Torwart ab.

Welttorhütersson #PORISL
@stammplatz

Islands Kapitän sieht aus, als würde er im Jahr zehn Wale harpunieren. Mit nacktem Oberkörper. Ohne Harpune. #PORISL
@MSneijder

Als Isländer bleibst du traditionell nicht so lange liegen, damit du nicht am Boden festfrierst. #PORISL
@hinn_retti

Auch wenn Portugal zur Pause führt, sind sie bei den Fans abgemeldet – schon werden die ersten Twitter-Namen mit Son-Endung versehen. Aus der iberischen Mannschaft sind nur zwei Spieler am Rande ein Thema: Cristiano Ronaldo …

Olli Kahn kritisiert Ronaldo wegen Vorbildfunktion und Gehabe auf dem Platz. Dünnes Eis, Olli, dünnes Eis. #EURO2016 #EM2016
#PORISL
@Natollie

Wäre Ronaldo Isländer, hieße er übrigens Haargelson. #PORISL
@DerPoppe

… und Pepe. Wirklich gut kommen beide aber nicht weg.

Islands bekanntester Schauspieler spielt bei Game of Thrones. Portugals bekanntester Schauspieler spielt in der Innenverteidigung. #PORISL
@JHLuft

Nach der Pause dann der Schock für Portugal – plötzlich steht es 1:1. Gudmundsson flankt auf Bjarnason und dieser netzt volley ein. Da ist sie, die Überraschung!

WIE GEIL.... Eine Sensation, Sensason.... scheißegal, Tooooooor #PORISL
@minzlkr09

CR7 sieht nicht glücklichson aus. Er wirkt nervösson. #PORISL
@Leuerlein92

Die portugiesischen Spieler brauchen einige Minuten um zurück ins Spiel zu kommen. Dass sie am Ende noch zu einigen Chancen kommen, ist den Zuschauern aber total egal – es laufen schon längst die Feiervorbereitungen!

Für den Fall, dass ich nachher spontan einen Autokorso veranstalten will: Hat jemand zufällig ne isländische Flagge daheim?#PORISL
@rod66

Ganz Europa scheint #ISL die Daumen zu drücken. Können wir nicht einfach ihnen den Pokal, wegen den meisten Sympathien, überlassen? #PORISL
@HatinJuce

Die Vorbereitungen zum Ponykorso in Island laufen.
#PORISL
@tmsklein

Nur als Sigthórsson unverrichteter Dinge ausgewechselt wird, horchen einige Zuschauer nochmals kurz auf.

Sigthórsson wurde ausgewechselt. An uns Twitterer denkt dabei auf der Isländischen Trainerbank natürlich niemand. #PORISL
@Mett_Salat

Ohne ihn bleibt es schließlich beim 1:1 – das isländische Team feiert mit den Fans, die Portugiesen hadern mit ihrer Chancenverwertung und hierzulande versucht man schnell das Fanlager zu wechseln.

Wo bekomme ich jetzt noch ein Trikot von #Island her? #PORISL
@robvegas

Die Geschichte von Island wird dann in Cool Runnings 2 verfilmt.
#PORISL
@rammc

"DIE HABEN GEFEIERT, ALS HABEN SIE DIE CHAMPIONS LEAGUE GEWONNEN. DAS ZEUGT VON KLEINER MENTALITÄT. DESWEGEN WERDEN SIE NICHTS ERREICHEN."

(Cristiano Ronaldo hat eine kurz nach dem Spiel seinen eigenen Blick auf die feiernden Isländer.)

"DAS IST DER GRÖSSTE MOMENT IN DER ISLÄNDISCHEN FUSSBALLGESCHICHTE!"

(Der Blick vom isländischen Trainer Heimur Hallgrimsson ist da schon ganz anders.)

Übrigens:
Der FUMS-Arbeitsnachweis

DER GROSSE #EM2016

FUMS
FUSSBALL.MACHT.SPASS.

BÉLA RÉTHY
ARBEITSNACHWEIS

KAUM SPRICHT MAN VOM BLAUEN TRIKOT, SPIELEN DIE ISLÄNDER IN WEISS.	CRISTSCHJANO RONALDO	BISSCHEN WIE EIN GESANG DER ELFEN. DIE HYMNE DER HARTEN MÄNNER.	UND DER HEISST WIRKLICH SIGTHÓRSSON.	DER NEUZUGANG DES FC BAYERN. DER 18-JÄHRIGE.
RACKNAR SIGURDSSON	AN DIESEN NAMEN HÖREN SIE SCHON: DAS SIND KEINE SPIELER AUS TOPVEREINEN.	MOUTINHO, DER SPIELMACHER.	UNSERE APP IM ZDF, DIE ZDF-APP.	ISLAND KÄMPFT. ISLAND ACKERT. ISLAND FOULT.
RAGNAR SIGURSSON	PORTUGIESISCHE FILIGRAN-FIGUR.	SEIT DEM RÜCKTRITT VON DECO HAT PORTUGAL KEINEN SPIELMACHER.	MOUTINHO, DER SPIELGESTALTER.	ÜBRIGENS
RANA SICKURDSSON	GLEICHFARBIGKEIT VON UNTERHOSE UND HAUPTHOSE.	VERDECKT, ABER GESEHEN.	CRISTIANO ROLANDO	SO MÜSSEN DIE WIKINGER FRÜHER AUSGESEHEN HABEN.
AUFGEPASST BAYERN-FANS, DAS IST EUER NEUER...	SÄNN ETIENNE	AUFBAUPILLE	DIE MÄNNER AUS DEM NORDEN.	UND DER VORLAGENGEBER VOM AUSGLEICH FINNLANDS...ÄH ISLANDS, WIE KOMM ICH DENN AUF FINNLAND, GEHT RAUS.

WWW.FUSSBALLMACHTSPASS.DE

Portugal 1:1 Island

Aufstellung Portugal: Patricio – Vieirinha, Pepe, R. Carvalho, Guerreiro – Pereira – Gomes (84. Éder), Moutinho (71. Sanches), Mário (76. Ricardo Quaresma) – Nani, Cristiano Ronaldo

Aufstellung Island: Halldorsson – Saevarsson, R. Sigurdsson, Arnason, Skulason – Gudmundsson (90. E. Bjarnason), Gunnarsson, G. Sigurdsson, B. Bjarnason – Sigthorsson (81. Finnbogason), Bödvarsson

Tore: 1:0 Nani (31.), 1:1 B. Bjarnason (50.)
Gelbe Karten: - – B. Bjarnason, Finnbogason

Stadion: Stade Geoffroy-Guichard, Saint-Etienne
Anstoßzeit: 14.06.2016, 21:00 Uhr
Schiedsrichter: Cüneyt Cakir

Das schöne an einer EM ist, dass man das Haus kaum noch verlassen muss:

„Kommst du morgen mit in den Club?"
"Sry, EM."
„Und übermorgen"
"EM"

@princemeilleur

EM2016-EVENTFANS? LASST SIE IN RUHE!

Nach unendlich langen zwei Wochen rollt das runde Leder wieder und plötzlich geht es alle etwas an. Omi kauft extra bei REWE, damit der Enkel die fehlenden Karten von Ginter, Reus und Bellarabi noch bekommt, Mutti hat für die Grillparty mal ganz pfiffig Lampions in Nationalfarben gekauft und Papi hat dieses Mal sogar die Autofähnchen von der WM gerettet, statt schon wieder zwei Euro im 1-Euro-Shop liegen zu lassen. Vielen „echten Fans" sind „diese Leute" ein Dorn im Auge und ich muss gestehen, mir gingen sie auch lange auf den Sack.

Heute bin ich mit ihnen, den Event-Fans, im Reinen. Football is for you and me, EM sogar für he and she! Klar ist das irgendwie befremdlich, wenn sie plötzlich alle aus ihren Löchern kommen. Die, die sonst genervt sind, weil man am Samstagmittag nicht mit ins Schwimmbad geht, weil man lieber Bundesliga schaut. Die, die sonst nicht verstehen können, warum man emotionaler auf ein Pokalspiel reagiert, als auf eine Romanverfilmung von Nicholas Sparks. Die, die Fußball nur wegen der Skandal und der Modeblogs ihrer Frauen kennen. Und warum? Weil ihnen zwei Monate davor von allen Seiten eingeredet wird, dass die EM der heiße Shit sei. Ein Event bei dem man Spaß haben kann, das eine ganze Nation cool findet und verfolgt.

Und wer am nächsten Tag im Büro oder Pausenhof nichts dazu sagen kann, hat verloren. Wie Dschungelcamp, nur eben alle zwei Jahre.

Natürlich bleibt es für uns, die wir uns den Quatsch das ganze Jahr antun, ein Unding. Da stehen sie beim Public Viewing mit ihren Vuvuzelas, einem Hawaii-Halsband in schwarz-rot-gold und dem Hummels-Trikot für 89,95€ und jubeln noch eine Minute über ein Tor, bei dem wir zwei Pässe vor dem Abschluss schon „Scheiße, Abseits" gebrummelt hatten. Und dann feiern sie Vorrunden-Siege gegen den 112. der FIFA-Rangliste, als hätte man gerade den IS, Krebs und Brasilien in 90 Minuten besiegt um bei Niederlagen mit einem Schulterzucken nach einer Partyalternative zu suchen, während „wir" uns zwei Tage zu irgendwas von Naidoo in den Schlaf heulen müssen.

Und dennoch sage ich: Lasst sie halt. Hasst nicht die Verbraucher eines Produktes, das längst für genau diese Leute gemacht wird! Lacht nicht, wenn jemand eine EM-Motto-Party schmeißt, weil selbst die kleinste Dorfmolkerei längst jeden Werbe-Euro in „Kauf mich, sei cool, sei EM"-Kampagnen steckt. Schimpft nicht, weil Leute sich für einen Sport interessieren, der ihnen 23 Monate am Arsch vorbei geht, weil wir selbst in zwei Monaten voller Euphorie beim Kanufahren auf dem Olymipa-See von Rio mitfiebern werden.

Seid nicht genervt, wenn sie überall zu Waka Waka und Love Genereation abfeiern und die 30. „Humba" anstimmen, weil nur wir die Gänsehaut kennen, die 80.000 Fans mit „You'll never walk alone"-Gesang bei Dortmund gegen Liverpool oder die Irland-Fans mit 15 Minuten „Fields of Athenry" verursachen.

Ich sage: Lasst sie halt, weil sie ein Fußball-Turnier nie so erleben und empfinden werden wie wir. Das Warten auf einen Titel und die vielen Enttäuschungen auf dem Weg dorthin, machen ihn erst zu dem, was er ist. Für die Event-Fans ist die Euro mit dem Schlusspfiff des letzten Spiels vorbei und für zwei Jahre ist Fußball wieder egal.

Es war nur ein Event irgendwo zwischen Holy Festival und dem Malle-Urlaub und der neue Europameister ist ein Name mit so viel Wert wie der des Dschungelkönigs oder des

DSDS-Siegers. Sie warten nicht darauf, wie wir. Sie denken nicht „Oh je, wieder zwei Jahre bis zum nächsten Turnier" sondern „geil, nächste Woche ist ja schon Just White Party in Frankfurt!" Und wir? Wir schauen fleißig weiter alles, was geht und füllen den Schubkarren der Enttäuschungen mit ganz vielen Steinen, die uns dann, wenn es endlich mal wieder so weit ist, vom Herzen fallen. Und dann, dann können sie noch so viele Vuvuzelas und Hawaii-Ketten und volle REWE-Sammelalben haben. Dann gehört der Moment uns. Auch wenn „die" das nie verstehen werden.

Thomas Poppe

> *Gibt es eigentlich keine aufblasbaren Baguette-Klatschpappen oder bin ich einfach nur zu spät genial? #em2016*
>
> *@Schisslaweng*

#RUSSVK

Nach der Niederlage im Auftaktspiel muss die Slowakei heute siegen und auch die Russen drängen auf drei Punkte – schließlich will man nicht auf den unsicheren dritten Platz hoffen. Nach dem Anpfiff sind die auffälligsten Aspekte am Spiel aber das Dach…

Man möchte wohl Eishockeyatmosphäre schaffen, damit sich Russen und Slowaken wohlfühlen? #RUSSVK #Dachzu
@CB1502

… und das Bild der TV-Übertragung.

Ist das eine Mischung aus HD und 3D?! #ard #RUSSVK
@SprinterLady

Würde die Bildqulität beschreiben als HD auf Heroin. Irgendwie verlangsamt, schwerfällig, verzerrt, psychedelisch. #RUSSVK @ARDde
@voegi79

Die Unschärfe bei #russlo ist bestimmt nur ein Trick der UEFA, um unliebsame Bilder wieder nicht zu zeigen. | cc: @voegi79 @bimbeshausen
@senSATZionell

Und das Geschehen auf dem Rasen selbst? Naja, das ist lange Zeit nicht der Rede wert…

Das Spiel ist so öde, ich glaube ich arbeite. #RUSSLO
@Surfin_Bird

Gerade als das Spiel auf russischer Seite etwas Fahrt auf-
nimmt, kommt es zum Tor für die Slowakei. Nach einem
Traumpass von Hamšík trifft Weiss in der 32. Minute zum
0:1.

1 - Vladimir Weiss wurde der 1. EM-Torschütze, der bei einem Klub
außerhalb der UEFA aktiv ist (Al Gharafa, Katar). International.
#RUSSVK
@OptaFranz

Das war perfektes Synchronschwimmen der russischen Verteidiger
beim Gegentor. #RUSSVK #AllezGegenAllez
@SammyKuffour

Russland kommt mit dem Rückstand kaum klar – nach den
Krawallen russischer Fans gegen England und der drohen-
den Disqualifikation scheint die Sbornaja ihre eigene Ant-
wort parat zu haben.

Und die Russen so: Wir lassen uns von der UEFA doch nicht aus
dem Turnier nehmen! Das machen wir schön selbst! #RUSSVK
#EURO2016
@dani1305

Russland will eine Disqualifikation offenbar mit allen sportlichen
Mitteln verhindern. #RUSSVK
@Metzold

Kurz vor der Halbzeitpause steht wieder Hamšík im Fokus –
dieses Mal nicht als Vorbereiter sondern mit einem eigenen
Tor.

Kann es sein, dass die Slowakei Russland heute hamšikt? #RUSSVK
@Capeet77

Oh, ich liebe diese kurze Ecke - Schuss Variante. So eine hatte Deutschland 1954 auch im Repertoire. #RUSSVK
@TobiasEscher

Nach dem Seitenwechsel setzen beide Teams nahtlos an ihrer Leistung an. Die Russen versuchen zu stürmen – den Slowaken gelingt es zu verteidigen. Erst in der 80. Minute wachen die Russen so wirklich auf – Glushakov köpft eine Shatov-Flanke zum 1:2 Anschlusstreffer ein.

Ist „Russen schlagen zurück" nicht schon Grund für Disqualifikation? #RUSSVK
@ktschk

Die Studenten unter den Fußballern
Alles auf den letzten Drücker
#EURO2016 #RUSSVK
@LaVidaLoca_0

Die Schlussoffensive der Russen kommt aber zu spät. Zehn Minuten Vollgas sind zu wenig, um den Slowaken letztlich den Sieg noch zu nehmen. Diese haben nun beste Chancen auf das Achtelfinale, während Russland kurz vor dem Turnieraus steht.

Ich finde es gut, dass die russischen Spieler sich darum kümmern, dass die russischen Hooligans schnell aus Frankreich verschwinden.#RUSSVK
@MickyBeisenherz

Den Turnierausschluss für die Russen hatte ich mir irgendwie anders vorgestellt. #RUSSVK #EURO2016
@vertikalpass

Russland 1:2 Slowakei

Aufstellung Russland: Akinfejew – Smolnikow, Ignasche-witsch, W. Beresuzki, Schtschennikow – Neustädter (46. Gluschakow), Golowin (46. Mamajew) – Kokorin (75. Schirokow), Schatow, Smolow – Dsjuba

Aufstellung Slowakei: Kozacik – Pekarik, Škrtel, Ďurica, Hubočan – Kucka, Pečovský, Hamšík – Mak (80. Ďuriš), Weiss (72. Svento) – Duda (67. Nemec)

Tore: 0:1 Weiss (32.), 0:2 Hamšík (45), 1:2 Gluschakow (80.)
Gelbe Karte: - – Ďurica

Stadion: Stade Pierre-Mauroy, Lille
Anstoßzeit: 15.06.2016, 15:00 Uhr
Schiedsrichter: Damir Skomina

Auf der Couch bekomme ich gerade auch die ersten Krämpfe. 90 Minuten in Rückenlage waren sehr anstrengend. #euro2016

@horn

#ROUSUI

Nach ihrem starken, aber glücklosen Spiel gegen Frankreich, wittern die Rumänen nun ihre Chance auf das Achtelfinale. Auch im Spiel gegen die Schweiz treten Sie als Außenseiter an, wollen dieses Mal aber einen Schritt weiter kommen. Die ersten Möglichkeiten gehören dann aber doch dem eigentlich Favoriten – zwei Großchancen von Seferović – beide vergeben.

Gibt es beim Packing auch Werte für „100%ige Torchancen vergeben"?
Und falls ja, werden diese in der Einheit „#Seferović" gemessen?
#ROUSUI
@DerJulian

In einem Asterix-Comic hieße #Seferović ganz sicher „Trifftnix"
#rousui
@RauchenderColt

Das erste Tor gebührt dann tatsächlich dem Außenseiter. In der 18. Minute holt Lichtsteiner Chipciu per Trikotzupfer von den Beinen – Schiedsrichter Karasev entscheidet auf Strafstoß und Stancu trifft zum 1:0. Nach zwei Elfmetertoren in zwei Spielen zeichnet sich ein Trend ab.

Stancu wird Torschützenkönig. #ROUSUI
@davidhug

Nun versuchen die Schweizer noch stärker auf auf den gegnerischen Kasten zu drängen, aber das Tor gibt auch den Rumänen Selbstvertrauen. Nach und nach kommen erste Aktionen aus dem Spiel heraus.

Die Sicherheitsvorkehrungen in Paris sind extrem hoch, der Schweizer Strafraum ist davon momentan leider ausgenommen. Pfosten!
@srf3

Die schweizer Schoki schmeckt heute eher so zart-bitter #ROUSUI
@Onkel_Homie

Am Ende fehlt ihnen aber die Durchschlagskraft …

Rumänien schießt - aber nur ein Drakullerball.
@Dagobert95

… oder Yann Sommer ist zur Stelle.

Sommer sicher. Würde mir auch mal als Wettervorhersage für die nächsten Wochen gefallen #ROUSUI #SUI #EURO2016
@spieltagslyrik

Mit Beginn der zweiten Halbzeit verliert die Schweiz zunächst ihren Esprit – immer wieder werden sie hartnäckig vom Gegner gestört.

verstehe. das gelbe team kriegt die gelben karten. klingt logisch. oh.
#ROUSUI
@doedel

so wie die Rumänen heute zur Sache gehen, gibt es Züricher Geschnetzeltes... #ROUSUI
@helmtraeger

Die Nati. Irgendwie ja eher Kose- als Kampfname. #ROUSUI
@ernstundjan

In der 56. Minute dann aber doch plötzlich der Ausgleich. Fast schon zufällig prallt eine Flanke im Strafraum ab, landet vor Mehmedis Füßen und dieser netzt zum 1:1 ein.

Die Hoffnung lebt: Hope Schwiiz .... #ROUSUI
@FischerKurt

1 - Admir Mehmedi ist der 1. Schweizer Fußballer, der sowohl bei einer WM, als auch einer EM treffen konnte. Held. #ROUSUI #EURO2016
@OptaFranz

In der Folge versucht die Schweiz alles um das Spiel noch komplett zu drehen, aber es bleiben nur Versuche. Nach einer starken Schlussoffensive der Schweizer können die Rumänen froh sein, aus diesem Spiel noch einen Punkt mitgenommen zu haben.

Licht, Schatten und ein Blackout von @LichtsteinerSte - macht summa summarum #ROU 1 #SUI 1. #ROUSUI
@srf3

Die Geier kreisen über dem Spiel!
Ach, nein, es ist nur die Kameradrohne...
#ROUSUI

@JoDelVeram

Rumänien 1:1 Schweiz

Aufstellung Rumänien: Tătăruşanu – Săpunaru, Grigore, Chiricheş, Rat (62. Filip) – Prepelita, Pintilii (46. Hoban) – Torje, Stancu (84. Andone), Chipciu – Keşerü

Aufstellung Schweiz: Sommer – Lichtsteiner, Schär, Djourou, Ricardo Rodriguez – Behrami, G. Xhaka – Shaqiri (90. Tarashaj), Džemaili (83. M. Lang), Mehmedi – Seferović (64. Embolo)

Tore: 1:0 Stancu (18./Foulelfmeter), 1:1 Mehmedi (57.)
Gelbe Karten: Prepelita, Chipciu, Keşerü, Grigore – G. Xhaka, Embolo

Stadion: Parc de Princes, Paris
Anstoßzeit: 15.06.2016, 18:00 Uhr
Schiedsrichter: Sergej Karasew

#FRAALB

Oh, was bietet das Spiel Frankreich gegen Albanien Raum für Wortspiele. Nicht nur der Hashtag klingt ungewöhnlich, …

#FRAALB ist das Geräusch, dass der Kollege macht, wenn er Cola getrunken hat und eigentlich lautlos aufstoßen will.
@Dietrini

… sondern auch aus dem albanischen Team lässt sich so einiges holen. Entweder nimmt man sich der ganzen Mannschaft an …

So heute keine billigen Wortspiele mit Spielernamen und so. Schon gar nicht bei #FRAALB ! Wäre alban! #euro2016
@drdrdietz

Eine lustige Truppe! Einer Albaner als der Andere. #FRAALB
@Bleifux

Egal, wie albern Ihr seid. Im Stadion sind fast 10.000 Albaner!
#FRAALB
@DerPoppe

oder pickt sich ein paar Lieblinge heraus.

„Dieser eine Albaner ist Musiker."
„Quatsch!"
„Doch, ehrlich. Habe etwas von dem auf ner Skihütte gehört"
„Echt?"
„Ja, Abreshi-Hits" #FRAALB
@DerJulian

Ich Sadiku, aber ich melkte sie nicht. #FRAALB #EURO2016
@Pilzeintopf

Wieso die vielen platten Wortspiele? In der ersten Hälfte passierte fast gar nichts. Gerade Frankreichs Leistung enttäuschte.

#hallohallo #FRAALB Die Franzosen spielen Fromage
@Sky_Rollo

Sind die französischen Spieler gar gewerkschaftlich organisiert und streiken grad? #FRAALB
@SilliSN

Vielleicht liegt es aber auch gar nicht an den Franzosen, sondern an den erstarkten Außenseitern.

Man mag sich gar nicht ausmalen, was Finnland, Luxemburg und Andorra bei dieser EM erst hätten reißen können. #EURO2016 #FRAALB
@Philip_Meinhold

So oder so - zur Pause bleibt eine ernüchternde Statistik.

0 - #FRAALB ist das erste EM-Spiel ohne Schuss auf den Kasten in den ersten 45 Minuten seit Rumänien - Frankreich 2008. Bemüht. #EURO2016
@OptaFranz

Es werde schon kreative Vorschläge gesucht, um die Partie ein wenig aufzulockern.

5 Euro wenn jemand die Kamera über dem Spielfeld mit dem Ball runterholt. #FRAALB
@robvegas

Die beste Idee hat aber Deschamps. Zur zweiten Halbzeit bringt er Paul Pogba, der dem Spiel wieder etwas Leben einhaucht. Endlich kommen die ersten Chancen und Frankreich spielt wie man es von einem Favoriten erwartet. Nur landen die Torschüsse leider allesamt neben dem Kasten oder am Aluminium.

Zum Trost: Der Pfosten ist schwerer zu treffen als das Tor! #FRAALB #Euro2016
@zequor

Für die Franzosen wärs gar nicht so schlecht, wenn es ein Remis wird. Sieg oder Niederlage können sie nicht so gut aussprechen. #FRAALB
@footagemagazin

Egal was sie versuchen - das Glück liegt auf Seiten der Albaner. Erst in der neunzigsten Minute werden die Franzosen erlöst. Rami flankt in den Strafraum und Griezmann köpft den Ball ins Netz.

Merken für die nächsten Spiele: Bei #Fra -Spielen erst in der 89. Minute einschalten. #FRAALB #EURO2016
@Doering_Stefan

Frankreich jetzt zweimal wie der Pokerspieler, der die letzte Karte trifft. Fühlt sich geil an. Hat aber kein System. #FRAALB
@MSneijder

Der eingewechselte Griezmann trifft im zweiten Gruppenspiel in letzter Minute zum 1:0? Irgendwie kommen da Erinnerungen hoch.

Odonkor auf Neuville. So muss sich das anfühlen für die Franzosen. #FRAALB #EURO2016
@MCassalette

Frankreich mit einem Odonkor-Neuville-Jaaaaa-Erlebnis. Spätestens jetzt musst Du bis ins Finale mit ihnen rechnen. #FRAALB
@reussierer

Jetzt versuchen die Albaner noch einmal alles für einen Ausgleich zu geben – stattdessen trifft aber Dimitri Payet mit seinem 2:0 zur endgültigen Entscheidung.

96 - @dimpayet17 erzielte in der 96. Minute das späteste Tor der EM-Geschichte innerhalb der regulären Spielzeit. Schlusspunkt. #FRAALB
@OptaFranz

Die Eckfahnen haben bei dieser EM ganz schön zu leiden...

Zwei Siege in zwei Spielen – da bleibt nur ein Fazit:

Allez le Bleu heißt läuft bei Frankreich oder? #FRAALB
@C_Holler

DAS IST DER RIEEEESEN-
FUMS-Arbeitsnachweis

DER GROSSE #EM2016

FUMS FUSSBALL.MACHT.SPASS.

TOM BARTELS
ARBEITSNACHWEIS

BEMERKENSWERTE ERKENNTNISSE. DIE ALBANER SIND 7 MINUTEN FRÜHER GEKOMMEN.	ALLEZ LES BLEUS	PAYET. GENAUSO WIRD ER AUSGESPROCHEN.	HAT GLAUBE ICH IN DEUTSCHLAND AUCH DER LETZTE GELERNT.	KÄMPFEN KANN ER. KLAR, WER KANN DAS NICHT.
MAVRAJ OHNE FOUL GEGEN COMAN. KÖLN GEGEN BAYERN.	PAYET (28)	COMAN. OHHH. EINMAL AROUND THE WORLD.	SCHIEDSRICHTER-GESPANN MACHTN GUTEN EINDRUCK.	TSCHAKKA
KOMANN	FÜR MICH WAR DAS KEIN ECKSTOSS. ABER GUT, DAS SAGEN WIR, NACHDEM WIR DIE SUPERZEITLUPE GESEHEN HABEN.	23 JAHRE. KRAKE PAUL. MIT SEINEN LANGEN GRÄTEN. (ÜBER POGBA)	DAS IST DIE RIEEESENCHANCE (3)	BASTIAN SCHWEINSTEIGER HÄTTE DAS TOR GEMACHT VON DA.
DA IST IRGENDWIE DIE HANDBREMSE RAUS.	WIR SIND HIER WEDER FÜR FRANKREICH NOCH FÜR ALBANIEN.	BAYETTE!	KOMANN IST EIGENTLICH GERADE RICHTIG INS SPIEL GEKOMMEN UND HAT HIER EIN GUTES DING NACH DEM ANDERN ABGERISSEN.	PFOSTEEEN! GIROUD! WAS IST LOS?
HO HO OH, LÀ, LÀ!	GIROUUUUU	JAGDSZENEN. (IM BILD: KEINE JAGDSZENEN)	GIROUD GEHT. NOCH EINER, BEI DEM WIR GERADE DAS GEFÜHL HATTEN: GLEICH TRIFFT ER.	PAYET. MIT RECHTS. MIT LINKS. DOCH MIT RECHTS.

WWW.FUSSBALLMACHTSPASS.DE

Frankreich 2:0 Albanien

Aufstellung Frankreich: Lloris – Sagna, Rami, Koscielny, Evra – Kanté, Matuidi – Coman (68. Griezmann), Payet, Martial (46. Pogba) – Giroud (77. Gignac)

Aufstellung Albanien: Berisha – Hysaj, Ajeti (85. Veseli), Mavraj, Agolli – Kukeli (74. T. Xhaka) – Lila (71. Roshi), Abrashi, Lenjani, Memushaj – Sadiku

Tore: 1:0 Griezmann (90.), 2:0 Payet (90.+6)
Gelbe Karten: Kanté – Kukeli, Abrashi

Stadion: Stade Vélodrome, Marseille
Anstoßzeit: 15.06.2016, 21:00 Uhr
Schiedsrichter: William Collum

"ICH HABE HEUTE WIEDER DEN UNTERSCHIED GEMACHT!"

(Dimitri Payet ist eher ein selbstbewusster Spieler.)

#ENGWAL

Das „Battle of Britain" steht an – von der Paarung her definitiv eines der Highlights der Vorrunde. Schon vor dem Spiel wird die Inselrivalität mehr als deutlich und nicht nicht nur die haushohen Favoriten aus England spucken großen Töne.

> ## "KEINER."
>
> *(Gareth Bale auf die Frage, welcher Engländer es in das walisische Nationalteam schaffen würde.)*

Mit dem Anpfiff wird dann auch klar, weswegen die Presse den Titel „Battle" gewählt hat. Die ersten Minuten verlaufen … sagen wir mal etwas ruppig.

England ist übrigens die erste Mannschaft, die sogar Hooligans auf dem Platz hat! #EURO2016 #ENGWAL #ENG
@BruneKerstin

„Battle over Britain" passt bei der Spielweise bisher besser #ENGWAL #ENG #WAL
@spieltagslyrik

So ruppig, dass man sich gar nicht mal so sicher ist, was man da eigentlich gerade guckt. Ist das die EM?

Nach dem großen Erfolg der ARD mit dem „Tag der Amateure" zieht das ZDF einen Monat später nach. Pfiffige Idee!
@MarcoFuchs74

Ein Spiel, vollgepackt mit 60 Meter Bällen. 40 Meter hoch, 20 Meter weit. #ENGWAL
@Bucksen

3 Ecken - 1 Elfer. Nach Bolzplatzregeln wird das hier ein deutlicher Sieg für #ENG! #ENGWAL 0:0 #EURO2016
@TwitterSportDE

Der Unterschied zwischen einem F-Jugend-Spiel und #ENGWAL ist, daß da noch keiner tätowiert ist #ZDF #uefa #euro #2016
@chinojasta

Oder um noch grundlegendere Fragen zu stellen:

Gibt's heute eigentlich auch Fußball? #ENGWAL
@spox

Seit wann zeigt das #ZDF Rugby Länderspiele? #ENGWAL #EURO2016
@KiLLERdjay

Egal welche Klasse oder welche Sportart das hier ist – es ist nicht gerade spannend.

„Boah, das iss so langweilig, Frau Brune, können wir wieder Unterricht machen?" #EURO2016 #ENGWAL
@BruneKerstin

Dabei hätte es doch so gute Möglichkeiten gegeben, für etwas Aufregung zu sorgen.

Ich hätte da ja zwecks Amusement einen Schotten als Schiri besetzt, aber die UEFA ist halt ein humorloser Haufen. #engwal
@Zachy_Haas

Während es auf dem Platz nicht läuft, sind immerhin die Fans voll und ganz da!

Als European Song Contest durchaus zu gebrauchen, als Fußballspiel eher nicht so. #ENGWAL #EURO2016
@jensotto83

Das Gesangs Duell der walisischen und englischen Fans macht mehr Spaß als das Spiel an sich. #ENGWAL #EURO2016
@DonPedro_Vienna

So plätschert die Partie vor sich hin – auf den Rängen singts, auf dem Grün rumpelts und in der Kommentatorenkabine schaut Bela Réthy einmal genauer auf Gareth Bale. Erst gibt es Lob …

„Bale hat sogar seinen eigenen Friseur mitgebracht. Hat sich gelohnt, wie ich finde" Bela Réthy, Frisurenjuror
#ENGWAL #em2016 @fums_magazin
@nichtdennis

… und danach wird er abgekanzelt, dass er in diesem Spiel aber komplett abgemeldet sei und keinerlei Torgefahr ausstrahle. Stimmt. Bis jetzt! Gerade als Réthy den Satz beendet hat, läuft Bale aus dreißig Metern Torentfernung zum Freistoß an und versenkt den Ball im Netz.

EM-Torschützenliste:
Bale 2x Tore beides Freistöße
Payet 2x Tore beides Last-Minute Tore
Stancu 2x Tore beide per Elfmeter
#em2016 #ENGWAL
@Kitto29O9

England spielt unmotiviert, Wales gar nicht und führt. Unfassbar
#ENGWAL
@ThrillGregg

So schön der Freistoß von Bale war, so schlecht sah auch Keeper Hart aus.

#Packing ist nich so das Ding von #England-Keeper Joe #Hart.
#ENGWAL #EURO2016
@tobischaefer

Ich glaub, vor jedem Turnier kommt ein FA-Offizieller zur engl. Nr.
1 und sagt: „Denk dran, wir pflegen gewisse Traditionen im Tor.“
#ENGWAL
@willi_haentjes

"JOE HART GEHT RUNTER WIE EINE BAHNSCHRANKE! "

(SRF-Kommentator Sascha Ruefer über Gareth Bales Freistoßtor)

So wie er da fällt wäre Joe #Hart aber mit Sicherheit ein sehr guter
Tipp-Kick Torwart. #ENGWAL #LT
@Mingablog

Kurz darauf folgt der Halbzeitpfiff – England liegt tatsächlich gegen den EM-Neuling Wales hinten. Da darf man auf die Reaktionen gespannt sein…

Wenn das Spiel wirklich so ausgeht, dann werde ich den ganzen Abend online englische Boulevardpresse lesen. Ein Fest! #ENGWAL
@Matt_Wagner

Der Trainer reagiert zumindest mit zwei Auswechselungen – Vardy kommt für Kane und Sturridge für Sterling. Es dauert ein paar Minuten, aber dann stechen die Joker. Sturridge flankt, der Waliser Ashley Williams verlängert und Vardy netzt ein.

Offenbar Vardy Entscheidung richtig den einzuwechseln. #badumtss
#engwal
@Zachy_Haas

Jamie Vardy
Die Geschichte kann sich auch niemand ausdenken.
#ENGWAL #EURO2016 #EM2016
@Paxter_Redwyne

Besonders ärgerlich für Wales: Ohne die unglückliche Weiterleitung ihres Abwehrspielers wäre hieraus niemals eine richtige Torchance geworden.

Das ist Torriecher: Sich 10 Meter ins Abseits stellen und hoffen, dass der Ball vom Gegner kommt ;) #Vardy #ENGWAL #ENG #WAL #Brych #EURO2016
@Hossaar

„13 Meter Abseits!!!"
„Der Ball kam vom Abwehrspieler"
„Ach qua ... Oh."
Szene vor jedem (!) Fernseher in Europa gerade. #ENGWAL #EURO2016
@Daniel_muench

Eben noch bei der großen Überraschung, kommt jetzt die Resignationen.

Wir Alten und Erfahrenen wissen doch alle, dass die Briten kurz vor Schluss noch das 2:1 machen. Seufz. #ENGWAL
@gemuellert

Und die Vorahnung stimmt. In der letzten Minute versucht England viel, kommt aber zu keinen zwingenden Torchancen. Als sich die Waliser ihres Punktes schon sicher fühlen, kommt dann doch der Rückschlag und auch der zweite Joker bekommt seinen großen Auftritt. Sturridge trifft in der Nachspielzeit zum 2:1 Siegtreffer für die Briten. Hätte man eigentlich ahnen können.

Vielleicht sollte man die Spiele überhaupt erst in der 90. Minute anpfeifen. #ENGWAL #EURO2016
@kofi2go

Das ist als würde Deutschland gegen das Saarland 2:1 gewinnen. #ENGWAL
@Ruhrpottfrosch

Der FUMS-Arbeitsnachweis

–

welch ein Scharmützel!

DER BESTE #EM2016

FUMS FUSSBALL.MACHT.SPASS.

BÉLA RÉTHY ARBEITSNACHWEIS

ROY HOTZN	FROTZELEIEN	SCHARMÜTZEL	GÄRES BALE	MAN HAT DAS GEFÜHL, DER BALL IST HÄUFIGER IN DER LUFT ALS AM BODEN IN DEN ERSTEN NEUN MINUTEN. (IN DER 12. MINUTE)
CHRIS COLEMAN, DER 46-JÄHRIGE.	HODDSCHN	GARETH BALE HAT SEINEN EIGENEN FRISEUR MITGEBRACHT. HAT SICH GELOHNT.	CHAMPIONS LEAGUER.	DAS WEITERKOMMEN IN DIESEM MODDUS.
DAS WAR EINE UNNATÜRLICHE HANDBEWEGUNG. DAS HÄTTE ELFMETER GEBEN MÜSSEN.	DAS IST EINE WUNDERSCHÖNE MUSIKALISCHE UNTERMALUNG FÜR ZEITLUPENFUSSBALL.	ROY HUDSON	ER MÜSSTE DIESEN BALL GEHALTEN HABEN.	DURCH DIE HOSE VON JOE HART.
JAMIE UARDY	WUUAAHDIIIEEEJ MIT DEM TOR!	DAS WUNDERKIND AUS LEICESTER.	DIER FORDERT DEN BALL. ABER WARUM?	ENGLAND MUSS GEWINNEN UM WEITERZUKOMMEN.
KLEINE LAPPALIE (NACH SCHLAG AUF DIE WADE VON LEDLEY, DER VOR 5 WOCHEN EINEN WADENBEINBRUCH ERLITT)	GANZ SCHÖN WENIG VON WALES. BALE HAT SO AUF DICKE HOSE GEMACHT.	DAS IST HALT SEINE HERAUSRAGENDE QUALITÄT.	GÄRES BEEL	JIMMY WORDI

WWW.FUSSBALLMACHTSPASS.DE

England 2:1 Wales

Aufstellung England: Hart – Walker, Cahill, Smalling, Rose – Dier – Alli, Rooney – Lallana (73. Rashford), Kane (46. Vardy), Sterling (46. Sturridge)

Aufstellung Wales: Hennessey – Gunter, Chester, A. Williams, Davies, Taylor – Ramsey, Allen, Ledley (67. Edwards) – Robson-Kanu (72. J. Williams), Bale

Tore: 0:1 Bale (42.), 1:1 Vardy (56.), 2:1 Sturridge (90.+2)
Gelbe Karte: - – Davies

Stadion:Stade Bollaert-Delelis, Lens
Anstoßzeit: 16.06.2016, 15:00 Uhr
Schiedsrichter: Dr. Felix Brych

#UKRNIR

Vor der Partie zwischen der Ukraine und Nordirland sind die Vorzeichen unklar. Beide Teams haben ihr erstes Spiel verloren und sind nun auf einen Sieg aus. Einerseits fehlt den Iren ein weiteres Mal ihr Starstürmer, …

#Nir wieder ohne Will Grigg in der Start 11. Ich finde es nett das man der Ukraine den hauch einer Chance lässt. #UKRNIR
@hunnah131

… aber andererseits haben sie sich einen cleveren Ersatzplan ausgedacht.

das is aber auch eine perfide taktik von #NIR ! in den grünen klamotten erkennt der gegner die ja gar nicht richtig aufm platz #UKRNIR
@HerrUschi

Kurz nach dem Anpfiff wird aber klar, dass der EM-Neuling Nordirland tatsächlich die Nase vorne haben könnte – aus einem ganz einfachen Grund.

Es regnet.
Die Iren haben Heimvorteil.
#UKRNIR
@Operator_Pit

Caps-Lock-Wetter auf'm Platz. Shift die ganze Zeit. #EURO2016
#UKRNIR
@sportschau

Fußballerisch begegnen sich die beiden Teams auf Augenhöhe – nur halt liegt die Augenhöhe knapp über der Grasnarbe. Die Chancen der ersten Halbzeit kann man an einer Hand abzählen. Die Großchancen sucht man vergebens.

Spaß mit dem @google -Translator: Grottenkick heißt auf Gälisch: Fochla Cic, auf Ukrainisch: Hrot Pynok #klarstimmtdas #EURO2016 #UKRNIR
@spox

Halbzeit bei #UKRNIR. Das ist die bisher beste Nachricht von diesem Spiel. Wird aber bestimmt noch besser. #EURO2016
@tspsport

So müssen Spiele von Arminia Bielefeld für den neutralen TV-Zuschauer aussehen. #UKRNIR #EURO2016
@bruno_pistolero

Die zweite Hälfte beginnt und es regnet noch stärker, …

Das Ende der 2. Halbzeit wird dann im Wasserball bestritten...
#EURO2016 #UKRNIR
@hhSonja

… was den Nordiren anscheinend entgegen kommt. Zwar kommt erst Seleznev auf der Gegenseite zur Kopfballchance, nur eine Minute später aber nickt McAuley dann ein. Nach Flanke von Nordwood macht der Verteidiger sich zum ersten Torschützen der nordirischen EM-Geschichte.

Drei Minuten gespielt und schon mehr gesehen als in der kompletten Halbzeit zuvor. Weiter so! #UKRNIR
@PameFCB

Sechs Minuten durften beide Teams noch weiter spielen, dann ging es wieder in die Katakomben. Aus dem Dauerregen wurde ein Hagelschauer und der Schiedsrichter hatte anscheinend keine Lust diesen auf dem Feld auszustehen.

Spielunterbrechung! Das ist mehr als Regenschirmalarm - das ist Hagel. #EURO2016 #UKRNIR
@sportschau

So ganz verstehen die meisten diese Pause allerdings nicht.

Alle Kreisligaspieler lachen über diese Pause... #UKRNIR
@KrafftNicolas

Bei so ,nem Wetter gehen wir in Hamburg grillen :/ #EURO2016 #UKRNIR
@szrnjc

Für die Nordiren ist das ein Peeling. #UKRNIR
*@Moinseur_B_*

Nach nur drei Minuten Pause geht es wieder weiter. Die Ukraine versucht zurückzukommen, vergisst dabei allerdings jegliche Ordnung. Die Iren kommen so ihren ersten Sieg immer näher.

Purins Alptraum bei #UKRNIR: Washington dominiert jetzt alleine die Ukraine.
@MSneijder

Erste Aktion des Torhüters, in der 83. Minute?
Muss man auch erstmal schaffen. #UKRNIR
@planloses_Wesen

Erst ganz zum Schluss kommt aber die Entscheidung. In der sechsten Minute der Nachspielzeit schiebt McGinn einen Abpraller ins Tor zum 2:0 Endstand.

Spätes Tor. Hatten wir lange nicht mehr. #UKRNIR
@fluestertweets

Dieses Turnier lebt von der Nachspielzeit! #UKRNIR #euro16
@nicolediekmann

Die Ukraine ist als erstes Team aus dem Turnier ausgeschieden und die Nordiren feiern auf den Rängen überschwänglich ihren ersten Sieg. Im Mittelpunkt steht da aber wieder einmal weder McGinn, McAuley noch Washington.

„Will Grigg's on fire" ist einfach der BESTE Fangesang im Stadion EVER. (Großbuchstaben sind hier wichtig und richtig.) #UKRNIR
@MarcelLindenau

5jähriger vor'm TV:
„Stört das die Mannschaften nicht wenn der Sprecher die ganze Zeit quatscht?"

@KarlaKnows

Nach zwei Sixpacks hab ich immerhin den besten Packingwert im Raum.

@BierhalsensMax

Ukraine 0:2 Nordirland

Aufstellung Ukraine: Pjatow – Fedezki, Chatscheridi, Rakizki, Schewtschuk – Sidortschuk (76. Garmasch), Stepanenko – Jarmolenko, Kowalenko (83. Sintschenko), Konopljanka – Selesnew (71. Sosulja)

Aufstellung Nordirland: McGovern – Hughes, McAuley, Cathcart, J. Evans – C. Evans (90. McNair), Davis, Norwood – J. Ward (69. McGinn), Washington (84. Magennis), Dallas

Tore: 0:1 McAuley (49.), 0:2 McGinn (90.+6)
Gelbe Karten: Selesnew, Sidortschuk – J. Ward, Dallas, J. Evans

Besondere Vorkommnisse: Kurze Unterbrechung wegen eines Hagelschauers (57.)

Stadion: Stade de Lyon, Lyon
Anstoßzeit: 16.06.2016, 18:00 Uhr
Schiedsrichter: Pavel Kralovec

"WEIL ICH 2012 NICHT NOMINIERT WURDE, BIN ICH ZUM FERNSEHEN, DAMIT ICH JETZT DABEI BIN."

(Simon Rolfes im ZDF beim Gespräch mit Joachim Löw)

125

#GERPOL

Deutschland gegen Polen - das Spitzenspiel in Gruppe C hat mit dem amtierenden Weltmeister einen ganz klaren Favoriten. Schon kurz nach dem Anpfiff versucht Khedira sich den nötigen Respekt zu verschaffen – nach zwei Fouls in nur drei Minuten kassiert er verdient die erste gelbe Karte des Spiels.

„Jogi, wenn ich innerhalb von 3 Minuten ne gelbe kassiere, machst du das mit der Hose nochmal" - Kabinenwetten. #GERPOL
@koeppenjan

Khedira schießt gleich ein Tor und fliegt danach mit rot vom Platz. #GERPOL
@katherinesxx

So viel zu den Highlights der Anfangsphase. Zwar kommen hin und wieder Chancen zustande, aber wirklich große Gefahr strahlt keines der beiden Teams aus.

Spielzusammenfassung nach 15 Minuten: @philipplahm hat getwittert.
#GERPOL
@tmsklein

Vielleicht sollte man jetzt #Island einwechseln. #GERPOL
@BonitoTV

Es bleibt viel Zeit, um sich über den Trainer …

Die Nation wartet auf ein Tor der deutschen Mannschaft. …und auf ein neues GIF von Jogi Löw. #GERPOL
@BonitoTV

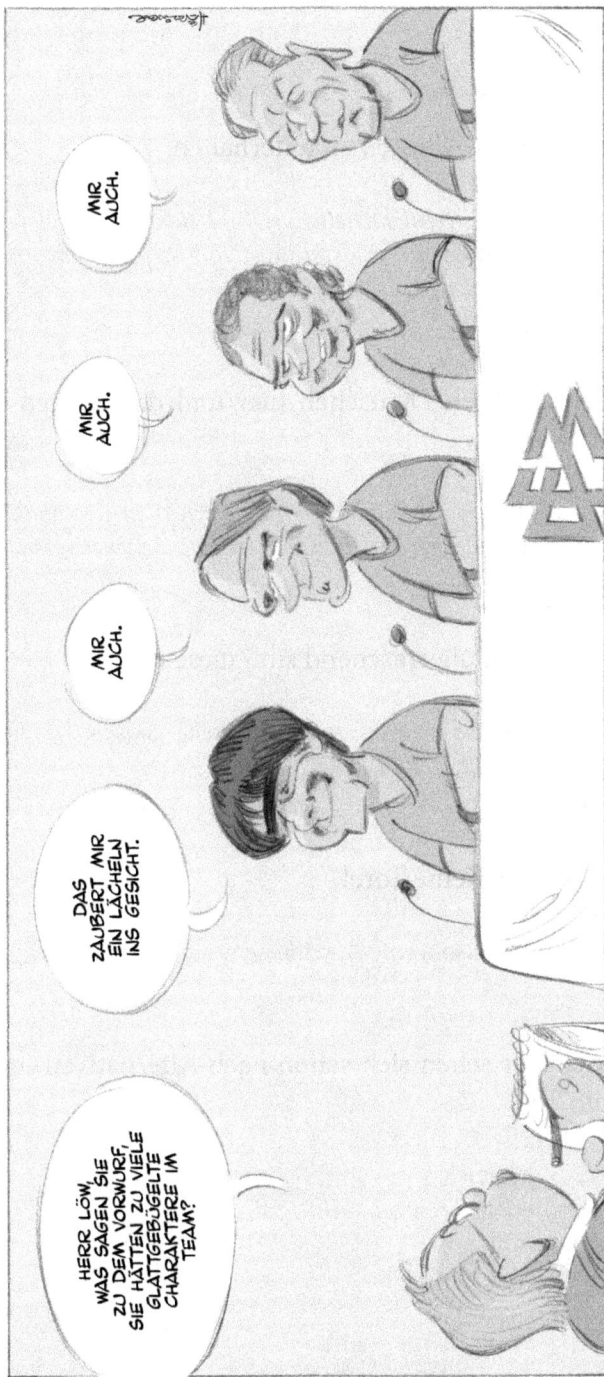

Ich habe das Gefühl Jogi Löw juckt das gar nicht, was da abgeht.
#GERPOL
@Garynautovic

… und die Team-Ältesten zu unterhalten.

Wer Poldi und Schweini lachend im Bild sieht und dabei nicht in Erinnerungen schwelgend grinsen muss hat den Fußball nie geliebt. #GERPOL
@RenlyDanton

Zwar gelingen den Deutschen hier und da wirklich schöne Kombinationen, …

Boateng auf Hector. Dreimal. Viermal. Perfekt in den Fuß. Da bekommt man vom bloßen Zuschauen Diabetes. #zuckerpässe
@GNetzer

… aber wirklich überraschend sind diese nicht.

Immer über links ist zwar ein tolles politisches Statement aber leider auch total berechenbar. #GERPOL
@goedcorner

Logische Folge: Keine Tore!

Das Spiel hat genauso wenig Abschlüsse wie unsere Redaktion.
@joizde

Die Zuschauer sehen sich schon nach Alternativen um. Entweder im TV…

Liebes #EM-Tagebuch,
was läuft eigentlich bei arte? #GERPOL
@L_L_Andersson

… oder im echten Leben.

Mal raus gehen, „JAAAAAA!" brüllen und sich freuen, weil die Nachbarn glauben, dass sie das langsamere Signal haben. #GERPOL #EURO2016
*@_sebbl_*

Man wünscht sich fast schon die Werbepausen zurück!

Raab hätte zu diesem Zeitpunkt schon sechs Autos verlost. #GERPOL
@BonitoTV

Ich hätte nie gedacht, dass ich mir einmal eine Werbepause bei #GERPOL wünsche für mehr Abwechslung.
@robvegas

Der Halbzeitpfiff bietet dann die erlösende Pause und etwas Spaß mit Olli und Olli.

Oliver Kahn wirkt immer wie seine eigene Wachsfigur. #GERPOL
@BonitoTV

Wenn Olli Welke moderiert, wartet man immer auf die Pointe. #GERPOL
@dasmopf

Mit der zweiten Hälfte kommt dann plötzlich ordentlich Fahrt in das polnische Spiel. Blaszczykowski mit der Hacke auf Grosicki, dieser mit einer Flanke auf Milik und dieser erwischt den Ball nicht richtig.

Das waren nur Milikmeter #GERPOL
@goedcorner

Bei so einem Hochkaräter in der 46. Minute kann man schon einmal nervös werden, …

Kennt ihr das, wenn Kinder aufs Klo müssen und auf ihrem Stuhl hin und her wackeln?
Das macht ein Freund seit 20 min neben mir.
#GERPOL
@dornwittchen

… muss man aber eigentlich nicht. Wer einen Boateng hat, braucht keine Gegentore zu fürchten!

Sagen wir es so: Ich würde Boateng nie das letzte Toffifee aus der Packung nehmen. Aus Angst. #GERPOL
@GNetzer

Da steh ich nun, ich armes Tor,
Und bin so leer als wie zuvor.
#EURO2016 #GERPOL
@BruneKerstin

Nach einer kleinen Drangphase geht es also zurück in die alte Tristesse. Die Torhüter langweilen sich, …

Was die #UEFA wieder nicht zeigt: Die Torrichter servieren zwischendurch für kleines Geld Snacks und kalte Getränke. #GERPOL #EURO2016
@ImreGrimm

Wo steht ein Torwart?
Richtig, am Tor.
Wo steht ein Manuel Neuer?
Richtig, an der Mittellinie. #gerpol #euro2016
@extrakaese

… andere Spieler verstecken sich …

„Wo ist eigentlich Götze???" - „Instagram!" #GERPOL
@nieschwietz

> ## "MAL IST MAN DER HUND, MAL IST MAN DER BAUM."
>
> *(Mario Götze reagiert philosophisch auf die an ihm geäußerte Kritik nach seinen ersten beiden EM-Auftritten.)*

… und die Fans vorm TV maulen über die Langeweile.

Noch mehr Spannung und @tele5 zeigt #GERPOL als #SchleFaZ im kommenden Jahr mit Kommentar von @twitkalk.
@robvegas

Da passiert so wenig bei dem Spiel, dass am Ende womöglich noch 3 Minuten Nachspielzeit abgezogen werden. #GERPOL #EURO2016
@Doktor_FreakOut

Im Stadion ruft man gar lauthals nach der Erlösung.

Die deutschen Fans fordern Mario Gomez. Dass ich das noch erleben darf #GERPOL
@WolffFuss

Aber auch seine Einwechselung bringt keine großen Chancen. Zehn Minuten vor Schluss steht immer noch nichts zählbares auf dem Spielberichtsbogen.

Nach 80 Minuten noch kein Ergebnis. Typische Gruppenarbeit. #EURO2016 #GERPOL
@BruneKerstin

Wer könnte daran noch etwas drehen?

Ich denke, so langsam sollten Neuville und Odonkor eingewechselt werden. #GERPOL
@marypoppins_77

Leider hat Löw vergessen die beiden WM-Helden zu nominieren. So bleibt es dieses Mal beim 0:0. So wirklich zufrieden sind die Fans damit nicht.

Nach dem #Kick kann nur ein .#Interview mit #Mertesacker über #Eistonnen den Abend retten. #GERPOL
@HeikoWasser

Die Höhepunkte des Spiels #GERPOL passen in einen Tweet:
Anpfiff.
Abpfiff.
@uniwave

Der Schuldige des Remis ist schnell ausgemacht.

Jogi krault sich: Sieg.
Jogi krault sich nicht: Kein Sieg.
Wir sagen ja nur. #GERPOL #EURO2016
@twintvofficial

Besser gemacht hat es da Jerome Boateng - sowohl mit seinem Einsatz auf dem Fall und einem guten Interview.

Jerome Boss-ateng. Während und nach dem Spiel. #GERPOL
@TobiasEscher

Boateng zum Man of the Match gewählt worden. Gehe ich mit. #gerpol
@Reporter_vorOrt

Und noch eine letzte Frage:

„0:0 gegen Polen, wo steht die Mannschaft jetzt?"
„Keine Ahnung, unter der Dusche wahrscheinlich."
#GERPOL #EURO2016
@Regendelfin

Deutschland 0:0 Polen

Aufstellung Deutschland: Neuer – Höwedes, Boateng, Hummels, Hector – S. Khedira, Kroos – T. Müller, Özil, Draxler (71. Gomez) – Götze (66. Schürrle)

Aufstellung Polen: Fabianski – Piszczek, Glik, Pazdan, Jedrzejczyk – Blaszczykowski (80. Kapustka), Krychowiak, Maczynski (76. Jodlowiec), Grosicki (87. Peszko) – Lewandowski, Milik

Tore: -
Gelbe Karten: S. Khedira, Özil, Boateng – Macynski, Grosicki, Peszko

Stadion: Stade de France, Paris St. Denis
Anstoßzeit: 16.06.2016, 21:00 Uhr
Schiedsrichter: Björn Kuipers

#ITASWE

Italien konnte als eines der wenigen Teams wirklich gegen einen Mit-Favoriten überzeugen – Schweden gelang das Kunststück ohne eigenen Torschuss trotzdem zu treffen. Eigentlich eine klare Sache. Da kann man schon einmal über Titelträume nachdenken.

Pumuckl goes international: Wenn #ITA den Titel holt, gibt es (endlich) einen Europameister Eder. #ITASWE #Euro2016
@spox

Gelb gegen Blau. Sieht aus, als würden zwei IKEA-Betriebsmannschaften gegeneinander spielen.
#ITASWE
@jetztwirdsernst

Die farbliche Beobachtung stimmt leider auch vom Niveau her. Sehr konzentriert stehen beide Teams in der Defensive und vergessen fast das Fußballspielen. Bei all den öden Spielen kann man schon einmal melancholisch werden!

Wenn man gelangweilt einen Film sieht, der einen als Kind umgehauen hat und sich den Reiz von früher zurückwünscht. Das ist #ITASWE.
@GNetzer

Italien gegen Schweden ist wirklich die pure Langeweile in Spielform. Das Highlight der ersten Halbzeit? Ein Gott bückt sich…

Zlatan bindet sich die Schuhe selbst. #ITASWE
@Fireflie8

Nach der Pause kommt etwas mehr Leben in die Partie.

Wenigstens wird mittlerweile aufs Tor geschossen. Bisher aber ohne Erfolg. Weiterhin 0:0 bei #ITASWE #EURO2016
@TwitterSportDE

Aber leider nur von den Italienern – wenn sich irgendwas auf dem Platz tut, dann von der Squadra Azurra.

Gefährlichste Szene der #swe ? Kopfballrückgabe eines #ita Verteidigers auf Buffon. Oh je... #ITASWE
@lupus_transitus

Bei der Tristesse möchte man sich gar rückwirkend bei den letzten Spielen entschuldigen – so schlimm waren die vorherigen EM-Spiele ja doch nicht…

71′: Also ganz ehrlich? Dagegen war unser 0:0 gegen Polen ja noch ein Krimi…. #ITASWE 0:0 #EURO2016
@dw_sport

Aber das nennt sich „scho au irgendwie sagen mir mal … Fußball"?
#ITASWE
@eingenetzt_ma

Habe schon Synchronschwimwettbewerbe gesehen, die spannender waren.
#ITASWE
@claudia_Mertes

"NE, SONST WÄRE ER LÄNGST IM KRANKEN-HAUS."

(Zlatan Ibrahimović auf die Frage, ob er während des Spiels mit Chiellini aneinander geraten sei.)

Es ist ja auch klar, dass hier nichts zustande kommt.

Die Schweden können allein aufgrund ihrer Körpergröße nicht umschalten, die Italiener aufgrund ihres Alters #ITASWE
@enpa1897

Dann die 88. Minute – während die Fans schon gedanklich bei Tschechien gegen Kroatien sind, dürfen die Italiener doch noch einmal ihre Klasse (oder ihr Glück?) unter Beweis stellen. Zaza verlängert eine Flanke per Kopf auf Eder, der aus 15 Metern zum 1:0 einnetzt. War ja klar.

Italy doing Italy things. (Und das meine ich mit großem Respekt.)
#ITASWE
@ChristianHelms

Beängstigend diese Italiener 88 Minuten den Gegner einschläfern und dann zuschlagen #ITASWE
@AndreasKloo

Das war aber ein vergleichsweise frühes Tor! #euro2016 #itaswe
@horn

Italien so schlecht. Und dabei so gut. Und das seit Generationen. Das nervt so hart, dass man Respekt zollen muss. #ITASWE #EURO2016
@Mingablog

So gewinnen die Italiener zwar nicht schön, aber doch verdient mit 1:0 und ziehen in das Achtelfinale ein. Die Unterlegenheit der Schweden in Zahlen? Bitteschön!

0 - #SWE ist das erste Team seit Datenerfassung 1980, das nach 2 EM-Spielen ohne einen einzigen Schuss auf den Kasten ist. Harmlos. #ITASWE
@OptaFranz

> "ES GAB ZWEI SCHÖNE SZENEN IM SPIEL, EINMAL WIE BUFFON DIE HYMNE SINGT...DA WAR RICHTIG AKTIVITÄT DABEI. UND DAS TOR."
>
> *(Auch für Holger Stanislawski war das Spiel eine Perle.)*

Der FUMS-Arbeitsnachweis

–

ein Abnutzungskampf.

DER ERSTE

FUMS FUSSBALL.MACHT.SPASS.

CLAUDIA NEUMANN ARBEITSNACHWEIS

TOULOUSE (...). DIE STADT, DIE (...)JA AUCH DIE ROSA STADT GENANNT WIRD...	AUSGANGSLAGE FÜR DIE ITALIENER: ROSIG.	VOLUMINÖSE KÖRPERSPRACHE. ALLEIN SCHON BEIM GESANG.	DAS ÄLTESTE GEGEN DAS DRITTÄLTESTE TEAM. SENIORENTREFFEN IN TOULOUSE.	DAS WHO IS WHO DER EUROPÄISCHEN FUSSBALLELITE.
ALBIN ECKBALL. EKDAL. VOM HSV.	BOAHNUCCI	OSCAR LINDELÖF. VICTOR. ENTSCHULDIGUNG.	IBRAHIMOVIC (...) SUPERLATIV	IBRAHIMOVIC (...) LEGENDE
OLSSON. SOLLTE SICHER NE FLANKE WERDEN.	STATISTIKEN VON ZLATAN IBRAHIMOVIC. EINFACH RUNTERLADEN UND DURCHKLICKEN.	OLSEN. OLSSON.	TORSTSZENEN	FOUL AN IBRAHIMOVIC. IST GLEICH SOWAS WIE EINE MAJESTÄTS-BELEIDIGUNG.
HOFFEN AUF EINE ETWAS GRÖSSERE EREIGNISDICHTE IN HALBZEIT 2.	DA BEISST ER SICH DA FEST, CHIELLINI. UND MIT BEISSEN KENNT ER SICH JA AUS. EINST OPFER VON SUAREZ...	ABSEITS. JA... DAS MUSS DAS AUGE ERSTMAL SO ERBLICKEN.	SEIN MATCHPLAN IST AUFGEGANGEN. ABER SCHÖN ANZUSCHAUEN IST ES WEITERHIN NICHT.	DER GROSSE ZLATAN...
ABNUTZUNGS-KAMPF.	WIE SO NE ART SCHEIBENSCHIESSEN. HAUPTSACHE REIN.	DAS WAR DER SOLARPLEXUS, DAS TUT IMMER WEH.	DA FEHLTS DANN DOCH AN FUSSBALLERISCHER KLASSE.	STURARO KOMMT FÜR FLORENZI, DER VIEL GELAUFEN IST...DER MÜDE GELAUFEN HAT SICH.

Italien 1:0 Schweden

Aufstellung Italien: Buffon – Barzagli, Bonucci, Chiellini – Candreva, Parolo, De Rossi (74. Motta), Giaccherini, Florenzi (85. Sturaro) – Pellè (60. Zaza), Martins

Aufstellung Schweden: Isaksson – Lindelöf, Johansson, Granqvist, Olsson – Larsson, Ekdal (79. Lewicki), Källström, Forsberg (79. Durmaz) – Guidetti (85. Berg), Ibrahimović

Tor: 1:0 Martins (88.)
Gelbe Karten: De Rossi, Buffon – Olsson

Stadion: Stade de Toulouse, Toulouse
Anstoßzeit: 17.06.2016, 15:00 Uhr
Schiedsrichter: Viktor Kassai

Ich laufe auch manchmal gegen Menschen, falle zu Boden und Schrei nach dem Schiedsrichter. Ist halt so ne Angewohnheit.

@Schrappse

139

#CZECRO

Schon nach wenigen Minuten wird klar, dass Tschechien gegen Kroatien eine willkommene Abwechslung von all dem EM-Mief ist. Plötzlich sehen wir wieder offensiven Fußball!

Schön, dass zur Abwechslung mal einer gewinnen will. #CZECRO
#EURO2016
*@Tondinho_*

Gerade die Kroaten geben von Anfang an Vollgas. Man könnte jetzt über die drückende Überlegenheit von Modrić und Co schwärmen, wären da nicht die vielen ablenkenden Details. Ćorlukas Verband, …

Ćorluka so: „der Čech trägt das auch jedes Spiel. Ich will das auch."
#CZECRO #EURO2016
@chrrkr

… der Hashtag, …

#CZECRO klingt irgendwie nach einem französischen Bistro geführt
von einem Deutschrapper.
@EinhornOliver

… die Nachnamen …

Um bei den -ic Witzen mal mit einzusteigen: Kroatien ist fantastic!
#CZECRO #EURO2016
@paetrisha

… und das kroatische Torwarttrikot. Es gibt einfach zu viele Gelegenheiten für flache Witze.

In der 37. Minute belohnen sich die Kroaten durch einen Distanzschuss von Perišić dann für ihre beeindruckende Offensivarbeit. So ganz glauben die Fans allerdings dem Ergebnis nicht.

Auch im weiteren Verlauf der ersten Hälfte verändert sich nichts an dem Bild. Sind die Tschechen jetzt einfach unglaublich schwach …

… oder die Kroaten doch zu stark?

In der zweiten Halbzeit versucht Tschechien nun endlich mitzuspielen. Die Versuche werden allerdings nicht belohnt – im Gegenteil! Ein Fehlpass von Hubnik leitet gar das 2:0 für Kroatien ein. Rakitićs Heber sorgt für das komfortablere Torpolster und bringt die Fans zum Jubeln.

Zwei Häuser weiter wohnt ein Kroate mit einer Trompete. Hätte ich
ohne die EM nie erfahren. #CZECRO
@peterbreuer

Nun muss den Tschechen etwas Gutes einfallen. Vielleicht tut
es ja ein Wechsel?

Škoda kommt bei Tschechien. Den Octavia Kombi hätten sie besser
von Beginn an auf der Torlinie geparkt. #CZE #CZECRO #EURO2016
@Hubinho23

Es hilft! Knapp zehn Minuten nach seiner Einwechselung
sorgt Škoda für den 1:2 Anschlusstreffer in der 76. Minute.

Škoda hat mal kurz hochgeschaltet, 1:2. Sorry. #CZECRO #EURO2016
@vun_allem_ebbes

Hat Gas gegeben: Škoda verkürzt zum 1:2. #CZECRO
@sirhenry33

#Škoda verkürzt. Simply Clever
@SandoSchussler

Jetzt wäre die Chance da, aber wirklichen Schwung bekommen die Tschechen auch jetzt nicht in ihr Spiel. Während das
kroatische Team seinem vorzeitigen Achtelfinaleinzug entge-
genspielt, zeigen sich die kroatischen Fans als definitiv nicht
turnierreif. Sie zünden nicht nur Pyrotechnik in den eigenen
Blöcken, sondern werfen auch Feuerwerkskörper auf das
Spielfeld. Schiedsrichter Plattenburg unterbricht das Spiel für
fünf Minuten.

150 Euro für Eintrittskarten zahlen und dann mit Pyrotechnik zeigen,
wie ultrig und Ablehnend man gegenüber Kommerz ist. #CZECRO
@CarstenP

Ich möchte bei dieser EM nur Will Grigg on fire sehen, nichts anderes. #CZECRO
(@hunnah131)

Nach der Unterbrechung versucht Tschechien noch einmal alles und schafft in der vierten Minute der Nachspielzeit tatsächlich den „Lucky Punch". Vida nimmt im eigenen Strafraum Hand, Necid tritt zum fälligen Elfmeter an und trifft zum 2:2 Endstand. Den Zuschauern ist der Fußball in den letzten Minuten aber sichtlich egal.

Dieses Spiel hatte alles, was den Fußball ausmacht. Und kurzzeitig leider auch alles, was ihn eigentlich nicht ausmacht. #CZECRO
@BenniZander

Das Problem nach einer Woche EM, jeder Fußball Gag wurde schon gebracht und ich habe nichts mehr zu twittern. :/ #CZECRO

@hunnah131

Tschechien 2:2 Kroatien

Aufstellung Tschechien: Čech – Kaderabek, Sivok, Hubnik, Limbersky – Plasil (86. Necid) – Skalák (67. Sural), Rosicky, Darida, Krejci – Lafata (67. Škoda)

Aufstellung Kroatien: Subašić – Srna, Ćorluka, D. Vida, Strinic (90. Vrsaljko) – Modrić (62. Kovačić), Badelj – Brozovic, Rakitić (90. Schildenfeld), Perišić – Mandžukić

Tore: 0:1 Perišić (37.), 0:2 Rakitić (59.), 1:2 Škoda (76.), 2:2 Necid (90.+4, Handelfmeter)
Gelbe Karten: Sivok – Badelj, Brozovic, D. Vida

Besondere Vorkommnisse: 5 Minuten Unterbrechung wegen Feuerwerkskörpern auf dem Feld (86.)

Stadion: Stade Geoffroy-Guichard, Saint-Etienne
Anstoßzeit: 17.06.2016, 18:00 Uhr
Schiedsrichter: Mark Clattenburg

#ESPTUR

Es ist erst das zweite Spiel der Türkei, aber manche Witze sind jetzt schon alter Käse. Besser klärt man im Vorwege des Duells mit Spanien da die Regeln!

Hatten wir schon alle Erdogan- und Botschafterwitze im Falle einer türkischen Niederlage? #ESPTUR
@J_Brummelbeere

Ohne Tweets über Erdogan geht es in den ersten Minuten vor allem um das Optische. Nicht aber um den ansehnlichen Offensivfußball der Spanier.

Diese türkischen Trikots verdienen ihr eigenes Schmähgedicht. #ESPTUR
@ChristianHelms

Die Italiener sind vielleicht das älteste Team der #EURO2016 aber die Spanier sehen so aus. #ESPTUR
@PolitinC

Immer wieder nähert sich Spanien dem Tor und hat mittlerweile knapp 2/3 des Ballbesitzes - und auch in den neumodischen Packingwerten sieht es nicht schlecht aus.

#Packing auf Spanisch: Iniesta #ESPTUR
@bscontent

Dann geht es in der 34. Minute plötzlich viel zu früh viel zu schnell. Erst trifft Morata zum 1:0 und nur drei Minuten später erhöht Nolito zum 2:0 Pausenstand. Was fällt den Spaniern eigentlich ein?

Was die Spanier da machen, das ist doch bewusst verletzender Schmähfußball, ist das doch!
#ESPTUR
@bov

Das dritte Tor lässt dann nach dem Pausenpfiff nicht lange auf sich warten. Iniesta und Jordi Alba zaubern den Ball nach vorne und Morata macht sein zweites Tor des Abends.

Das Tor entschädigt für die bisherige #EURO2016 ! #ESP #ESPTUR
@CMetzelder

23 Ballberührungen in 48 Sekunden: das dritte spanische Goal war ein bisserl abseits, aber ein Kunstwerk. #ESPTUR
@grimmse

Drei Tore in einem Spiel von einer Mannschaft? Ausgerechnet von den Spaniern? Unglaubwürdig. #ESPTUR #Euro2016
@Johannes

Drei Tore sind dann aber auch genug – Zeit für die Spanier sich endlich auszuruhen.

Spanien trainingsspielt das sauber zu Ende. #ESPTUR
@kemperboyd

Die Spanier lassen jetzt Ball und Opfer laufen. #ESPTUR
@footagemagazin

Nicht nur für Spanien!

Bei diesem Spielstand kann man auch mal den Raum verlassen ohne den Druck, damit ein Tor erzwingen zu müssen. Das ist sehr angenehm. #ESPTUR
@Speedwriter33

Endlich ein torreiches Spiel - endlich spielt einer der Favoriten wirklich gut auf. Sind wir so etwas nach mehr als einer Woche EM überhaupt noch gewöhnt? Eher nicht. Plötzlich wünschen manche sich die zähen 0:0-Spiele zurück!

Also ich finde das gerade deutlich langweiliger als wenn zwei gleichschlechte Teams um den Sieg kämpfen. #ESPTUR #Euro2016
@derHernrichs

Die Leute so: Jammern dass womöglich wieder Spanien Europameister wird, aber in X-Men-Filme rennen, wo immer die X-Men gewinnen. #ESPTUR
@jenshealthde

Fallen die Tore spät: Langweilig.
Fallen die Tore früh: Langweilig.
Manchmal wisst ihr auch nicht was ihr wollt... #ESPTUR #Euro2016
@bloggdoch

Die türkischen Fans im Stadion haben sich ihren Schuldigen für die deutlichen Rückstand gefunden – Kapitän Arda Turan hat hier keine angenehme Kulisse.

Ja, das motiviert die türkische Mannschaft bestimmt, wenn die eigenen Fans den Kapitän ausbuhen. Nicht. #ESPTUR
@s_standke

Wichtig: Den eigenen Spieler auspfeifen, wenn er gegen die bis jetzt offensichtlich beste Mannschaft des Turniers, nicht gut spielt. #esptur
@PatrickTuma

So plätschert das Spiel weiter vor sich hin – Spanien will kein Gegentor und macht dicht und die Türkei … naja.

Kommt in der 89. Minute trotzdem das obligatorische Tor? #ESPTUR
@S_Braum

Es kommt nicht. Spanien gewinnt absolut verdient mit 3:0 gegen überforderte Türken. Am Ende kann man das Turnier eigentlich gleich komplett abpfeifen.

Der neue (und alte) #Europameister ist endlich gefunden #esp #sackstark #euro2016 #ESPTUR @SPORTBILD @donreisino

Spanien 3:0 Türkei

Aufstellung Spanien: de Gea – Juanfran, Piqué, Sergio Ramos, Alba Ramos (81. Azpilicueta) – Fàbregas (71. Koke), Busquets, Iniesta – David Silva (64. Soriano Llido), Morata, Nolito

Aufstellung Türkei: Babacan – Gönül, Topal, Balta, Erkin – Tufan, Inan (70. Malli), Özyakup (62. Sahan) – Çalhanoğlu (46. Şahin), Yilmaz, Turan

Tore: 1:0 Morata (34.), 2:0 Nolito (37.), 3:0 Morata (48.)
Gelbe Karten: Sergio Ramos – Yilmaz, Tufan

Stadion: Stade de Nice, Nizza
Anstoßzeit: 17.06.2016, 21:00 Uhr
Schiedsrichter: Milorad Mazic

#BELIRL

In ihrem zweiten Spiel stehen die Belgier mächtig unter Druck. Eigentlich waren sie als einer der Favoriten angereist und durften sich im ersten Spiel eine Packung der Italiener abholen. Da muss gegen die Iren mehr gehen! Wie erwartet sind die Belgier dann auch deutlich überlegen – vor dem Tor fehlt aber das Glück.

Ein Geheimfavorit gibt sein wahres Leistungsvermögen nie bekannt.
Ist ja geheim!
Lernt ihr auch noch. Gern geschehen.
#BELIRL #infotweet
@MichaWindisch

Die Iren kommen währenddessen gar nicht erst in die Nähe des Tores. Lange Bälle sind eines ihrer wenigen Rezepte.

Lange Bälle auf Shane #Long. Muss wohl so sein. #BELIRL
@spox

„Die Iren stehen unter Zugzwang" Haben sie Flugangst? #BELIRL
@banane_at

Es bleibt unterm Strich eine sehr fade Angelegenheit.

Ein Spiel wie St. Patrick´s Day ohne Bier. #BELIRL
@MSneijder

Das einzige große Highlight bleibt ein Abseitstor aus der 22. Minute. Fast noch schöner als die Kombination aus einem Schuss an die Querlatte und dem anschließenden Kopfball von Ferreira-Carrasco ist allerdings der Jubel der Fans.

Wie die irischen Fans den Linienrichter feiern, der die Fahne geho-
ben hat... Überragend. #BELIRL
@BenniZander

"TÜRKISCHER REFEREE, VON BERUF SCHIEDSRICHTER."

(Steffen Simon (ARD-Kommentator) mit den wichtigen Informationen)

So geht es mit einem für die Iren schmeichelhaften 0:0 in die Pause. Ein 0:0, das nicht mehr lange halten sollte. Nach dem Pausenpfiff dauert es keine drei Minuten, bis aus dem Zusammenspiel von De Bruyne und Lukaku das 1:0 entsteht.

Na, wer war noch auf der Toilette/beim Bier holen/rauchen? Lukaku
macht das 1:0 #BELIRL
@sportschau

Jetzt müssen die Iren für einen Ausgleich aufmachen und kassieren im Gegenzug die längst verdienten Gegentore. Erst setzt Witsel mit seiner Wuschelmähne den Ball in der 61. Minute ins Netz …

Witsel versteht vor dem Tor echt keinen Spaß. #BELIRL #EURO2016
@_undeadtyrell

Bei den Belgien-Spielen Witsel ich immer so rum. #BELIRL
@siegstyle

Mein Vater kommt rein „Oh, #BEL hat noch ein Tor gemacht?"
„Ne, hätte ich doch mitbekommen, ich schau das do Ohhh."
#BELIRL
@Spatzendame

… und zehn Minuten später trifft Lukaku ein zweites Mal – dieses Mal nach einem Hazard-Zuspiel. 3:0? Schon wieder?

Die Belgier haben doch einen an der Waffel. #belirl #Euro2016
@koelnsued

Nach dem dritten Tor ist die Partie quasi beendet – auf dem Platz kehrt Ruhe ein und nur noch auf den Tribünen wird um die Wette gesungen. Belgien ist endlich im Turnier angekommen.

Ist Belgien jetzt wieder Geheimfavorit? nur, dass ich den Wechsel der Kategorie nicht verpasse. #BELIRL
@Oliverwurm

Und Irland?

Die Iren sollten lieber beim Quidditch bleiben #BELIRL
@_klingebiel

> *Gibt's bei der #EURO2016 eigentlich einen offiziellen Böllerverkauf in den Stadien oder warum böllert es in jedem Spiel?*
>
> *@Lord_Eye_Topper*

> *Mehr Tore nach der 90. als vor der 30. Minute!*
> *Was ist das nur für eine EM?*
> *#EURO2016 #AllezMann*
>
> *@Maramesch*

Belgien 3:0 Irland

Aufstellung Belgien: Courtois – Meunier, Alderweireld, Vermaelen, Vertonghen – Witsel, Dembélé (57. Nainggolan) – Carrasco (64. Mertens), De Bruyne, Hazard – R. Lukaku (82. Benteke)

Aufstellung Irland: Randolph – Coleman, O'Shea, Clark, S. Ward – Hendrick, Whelan, McCarthy (62. McClean), Brady – Hoolahan (71. McGeady) – Long (79. Keane)

Tore: 1:0 R. Lukaku (48.), 2:0 Witsel (61.), 3:0 R. Lukaku (70.)
Gelbe Karten: Vermaelen –Hendrick

Stadion: Stade de Bordeaux, Bordeaux
Anstoßzeit: 18.06.2016, 15:00 Uhr
Schiedsrichter: Cüneyt Cakir

#ISLHUN

Das Duell der beiden Überraschungsteams – der ungarische Sieg gegen Österreich und Islands Unentschieden gegen Portugal zählen bislang zu den Highlights des Turniers. Beiden Teams wird das Achtelfinale ohne Zweifel gegönnt, aber sollten sich die deutschsprachigen Twitterer einen Liebling aussuchen, wären es ziemlich sicher die Isländer! Sie haben tolle Namen, …

Nach dem „ic"-Spiel gestern, ist das „son"-Spiel echt entspannend. Klingt viel weicher.
#EURO2016 #ISLHUN
@S_Braum

… eine beeindruckende Historie …

#funfact #ISL -Legende @Eidur22Official wurde bei seinem Debüt für seinen Vater eingewechselt. #ISLHUN #EURO2016
@TwitterSportDE

… und (hat das eigentlich schon einmal jemand erwähnt?) sind das kleinste Land dieses Turniers!

35 Prozent der Isländer nervt es, dass bei allem was sie tun der prozentuale Anteil an ihrer Gesamtbevölkerung ausgerechnet wird. #ISLHUN
@geologe

Sie versprühen fast so viel Charme wie die Jogginghose von Gabor Király!

Gabor Király. Der lebende Beweis, dass es gut bezahlte Jobs gibt, bei denen du ne Jogginghose tragen darfst. #ISLHUN
@philippsteuer

Die Feldspieler tauschen nach dem Spiel ihre Trikots.
Ich warte darauf, dass der Torhüter von #ISL mit #Király die Hose
tauscht.
#ISLHUN
@Der_Wutbuerger

Kein Wunder, dass die Partie da zu einem einzigen Fest wird.
Zwar bieten beide Teams keinen Hochglanzfußball, …

Ein Kollege zu mir: „Vieles bei der EM erinnert mich an das Zweitli-
ga-Topspiel vom Montag" #UEFA2016 #ISLHUN
@VetterClaus

… sind dafür aber mit unglaublich viel Herzblut dabei.

Die Partie #ISLHUN erzählt vielleicht mehr von der Faszination
Fußball als am Ende der Europameister der #EURO2016
@MannVomTheater

Gerade die Isländer reiben sich für ihren ersten EM-Triumph
regelrecht auf. Kurz vor der Pause werden sie dann belohnt.
Gunnarsson stolpert im Strafraum über Kadar und Karasev
entscheidet auf Elfmeter. Sehr diskutabel, aber den Fans sehr
egal – Sigurdsson verwandelt in der 39. Minute und bringt
Island zur ersten Führung ihrer EM-Geschichte!

Mystische Fabelwesen erfreuen sich im Fußball besonders am
Elf'-Meter. #ISLHUN
@Mett_Salat

Scheißegalsson, Island führt internationalsson! #ISLHUN #AllezGe-
genAllez
@SammyKuffour

Die Taktik für Durchgang Nummer Zwei ist klar.
Island wechselt in der 2. Halbzeit Torverhindernson, Zeitspielson &
Defensivson ein.
#ISLHUN #EURO2016
@Paxter_Redwyne

"SO'N ELFMETER ZU GEBEN. DAS ÄRGERT MICH AUCH SEHR. DA LACH ICH MIR DOCH DEN ARSCH AB!"

(Thomas Doll greift als ARD-Ungarn-Experte auf eine bekannte Wortwahl zurück.)

Die Prognose tritt ein. Island steht mit Beginn der zweiten Hälfte mit dem gesamten Team in der Verteidigung und versucht sich nur an wenigen Offensivaktionen.

Niedrigste Bevölkerungsdichte des Turniers, höchste Bevölkerungs-dichte im Strafraum: #Island. #ISLHUN
@AlenaMumme

Das kann man entweder fade …

Warum wird eigentlich passiver, statischer Fußball mit 10 Mann im und um den 16er stets als große kämpferische Leistung geadelt?
@stadioncheck

… oder konsequent finden!

Wer sich über die Spielweise der Isländer echauffiert, der findet es auch unfair, dass David Goliath mit einer Schleuder angriff.
@Sportkultur

So oder so - es ist ein vollkommen probates Mittel, um die Führung zu halten. Bis kurz vor Schluss schaffen die Ungarn es nicht, gegen die mit aller Kraft verteidigenden Isländer Gefahr auszustrahlen. Es muss letztlich einer der Skandinavier selbst ran. In der 88. Minute kombinieren sich Kleinheisler und Nikolic in den gegnerischen Strafraum und Saevarsson schiebt den Ball ins eigene Netz.

Na ein Eigentor, ist kein Tor des Gegners. Nix worauf man stolz sein kann. Zeigt eher wie gut #ISL Tore schießen kann.
#EURO2016 #ISLHUN
@dannkamBibi

88. Minute, wie soll es auch anders sein... #ISLHUN
@Kraichgaufoto

Es war die letzte sehenswerte Aktion des Spiels. Am Ende können beide Teams jubeln und sich beide beste Chancen für das Achtelfinale ausrechnen!

Storcks Riesen auf Achtelfinalkurs. #ISLHUN
@ThomasHennecke

Island ist bislang das einzige Team in der Geschichte er #EM, das noch nie ein Spiel verloren hat.
Prost drauf
#EURO2016 #ISLHUN
@Skeletooor

Ungarn feiert ein 1:1 gegen Island. Was @cristiano wohl dazu sagen würde... #ISLHUN
@uniwave

Island 1:1 Ungarn

Aufstellung Island: Halldorsson – Saevarsson, R. Sigurdsson, Arnason, Skulason – Gudmundsson, Gunnarsson (67. Hallfredsson), G. Sigurdsson, B. Bjarnason – Sigthorsson (84. Gudjohnsen), Bödvarsson (69. Finnbogason)

Aufstellung Ungarn: Király – Lang, Juhász (85. Szalai), Guzmics, Kadar – Gera, Nagy – Dzsudzsák, Kleinheisler, Stieber (67. Nikolic) – Priskin (67. Böde)

Tore: 1:0 G. Sigurdsson (40./Foulelfmeter), 1:1 Saevarsson (88./Eigentor)
Gelbe Karten: Gudmundsson, Finnbogason, Saevarsson – Kadar, Kleinheisler, Nagy

Stadion: Stade Vélodrome, Marseille
Anstoßzeit: 18.06.2016, 18:00 Uhr
Schiedsrichter: Sergej Karasew

Ein EM Spiel in dem Siegtorsson und Will Grigg treffen und das Internet würde einfach Explodieren. #ISLHUN

@hunnah131

157

#PORAUT

Eigentlich steht hier das Spitzenspiel in Gruppe F an. Eigentlich. Schon von der ersten Minute an wird absolut klar, dass Portugal den Österreichern drückend überlegen ist. Vielleicht würde es helfen Ronaldo vom Platz zu nehmen?

Die Österreicher sollten Ronaldo sagen, wie sehr sich die Kapitänsbinde mit seinem Trikot beißt.
Dann hätte er keinen Bock mehr.
#PORAUT
@Pokerbeats

Aber keine Chance! Nach 25 Minuten führt Portugal mit 7:1 Torschüssen und da hat nicht nur Cristiano Ronaldo seinen Anteil dran. Dass immer noch das 0:0 steht, ist mehr als schmeichelhaft.

Eigentlich müsste Österreich jetzt schon einen Trostpreis erhalten. 25 Minuten ohne Tor von Portugal überstanden. #PORAUT
@robvegas

Vielleicht liegt es ja an Trikotverwechslungen auf dem Feld, das Österreich kein Land sieht. Sowohl die Deutschen Zuschauer…

Haben wir den Österreichern heute unsere Trikots ausgeliehen?
#PORAUT
@BonitoTV

… als auch die Österreicher selbst sind da etwas durcheinander.

Liebe Österreicher, sollte es euch beim Passen helfen: ihr spielt heute nicht in Rot! #PORAUT
@andreija

Besonders unauffällig bei besonders hohen Erwartungen ist wieder einmal David Alaba.

Alaba blufft nur. Im Finale ist er wieder voll da. #PORAUT
@der_rossmann

Alaba hat bis spätabends heimlich unter der Decke gesnapt, deswegen ist er heute nicht so fit #poraut
@lilablossblau

Portugal hält weiter drauf, aber mit Glück und Almer retten sich die Österreicher in die Pause.

wenn der almer das 0-0 bis zum schluss festhält, kann er sich nach der em seinen neuen verein aussuchen #PORAUT
@CHeshmatpour

Schon seit fünf Minuten keine Chance für die Portugiesen. Oh es ist Pause! ;-) #PORAUT
@tomschauersberg

Die zweite Hälfte beginnt mit etwas gewohntem Pepe-Bashing ...

Nicht verwechseln:
Falsche 9 = Stürmer, der sich öfters ins Mittelfeld fallen lässt.
Falscher 50er = Pepe
#PORAUT
@DerPoppe

… setzt ansonsten aber am letzten Durchgang nahtlos an. Portugal rennt und Österreich zittert.

Bald fühlen sie sich sicher und haben sich müde gelaufen. Dann schlägt unsere Stunde. So in 2 bis 3 Stunden.
#PORAUT
@derLehnsherr

Wenn Robert Almer heute nicht Man of the Match wird, wird er es nie mehr #aut #PORAUT
@beckmatt23

Nur mal so: Ist es eigentlich auch erlaubt sich mit der kompletten Mannschaft 90 Minuten vor das eigene Tor zu stellen? #PORAUT
@robvegas

Dann wird es noch eine Stufe brenzliger im österreichischen Strafraum. Hinteregger bringt Ronaldo im Strafraum zu Fall und es folgt der berechtigte Elfmeterpfiff von Rizzoli. Der Gefoulte schießt selber und setzt den Elfmeter, als läge ein Fluch auf diesem Spiel, punktgenau an den Pfosten.

Vollpfosten. #PORAUT
@markuskavka

Der rechte Torpfosten war von Marcel Koller perfekt eingestellt.
#PORAUT
@guek62

> ## "FUCK,"
>
> *(David Alaba sehr ausschweifend über seine Gedanken beim Elfmeterpfiff.)*

Nichts verbindet Twitter-User so sehr, wie ein verschossener @Cristi-
ano Elfmeter #PORAUT #EURO2016
@ben_p_blum

Mittlerweile hat Ronaldo knapp zwanzig Torschüsse in diesem Turnier abgegeben und noch immer nicht getroffen.
Das ganze Österreichische Team kam in zwei Spielen nicht
so häufig vor das gegnerische Tor! Wenige Minute später versenkt CR7 endlich den Ball, wird aber im Jubel vom berechtigten Abseitspfiff ausgebremst.

Auch das Abseits hat sich gegen #Ronaldo verschworen. Welchen Vo-
doo haben die Österreicher benutzt? Können wir den auch haben?
#PORAUT
@AnjaHeyde

Es ist tatsächlich wie verhext – am Ende pfeift Nicola Rizzoli
ab und die Österreicher können mit ihrem erzitterten Punkt
mehr als zufrieden sein.

Das österreichischste Spiel aller Zeiten #PORAUT
@SebastianHbr

Almer gewinnt gegen Portugal 0:0. #PORAUT #EURO2016
@pascottini

Habe heute versehentlich die ganze Zeit unter
#PORAUS statt #PORAUT getwittert und mich
über die vielen nackten Ärsche gewundert.

@DerPoppe

Die Szene des Spiel – nach all der Häme und dem unglaublichen Pech – liefert der portugiesische Star nach der Partie. Als ein Flitzer auf das Feld rennt um mit ihm ein Selfie zu machen, hält Ronaldo nicht nur die Security auf, sondern wartet auch ganz geduldig auf den unendlich nervösen Fan.

#hallohallo Ganz groß die Aktion von Ronaldo #selfie
(@Sky_Rollo)

Ronaldo das Monster stoppt die Security damit ein Flitzer ein Foto mit ihm machen kann. Widerlicher Kerl. #PORAUT
@ssjali

Aber, bei aller Häme, @Cristiano Ronaldo macht gerade ein Selfie mit einem Flitzer. Groß! #PORAUT
@DerWestenSport

Eine WAC-Delegation war bei #PORAUT und hat nach dem Spiel den #Flitzer in der U-Bahn getroffen #EURO2016 (@WolfsbergerAC)

> *„Ist das Jan Koller?"*
> *„Marcel Koller"*
> *„Der war doch mal beim BVB"*
> *„Das war Jürgen Kohler"*
> *Public viewing. Ich hasse es.*
>
> *@hausmeistrWilli*

Portugal 0:0 Österreich

Aufstellung Portugal: Patricio – Vieirinha, Pepe, R. Carvalho, Guerreiro – Moutinho, W. Carvalho, Gomes (83. Éder) – Ricardo Quaresma (71. Mário), Nani (89. R. Silva), Cristiano Ronaldo

Aufstellung Österreich: Almer – Klein, Prödl, Hinteregger, Fuchs – Baumgartlinger, Ilsanker (87. Wimmer) – Sabitzer (85. Hinterseer), Alaba (65. Schöpf), Arnautović – Harnik

Tore: -
Gelbe Karten: Ricardo Quaresma, Pepe – Harnik, Fuchs, Hinteregger, Schöpf

Besondere Vorkommnisse: Cristiano Ronaldo verschießt Foulelfmeter (79.)

Stadion: Parc de Princes, Paris
Anstoßzeit: 18.06.2016, 21:00 Uhr
Schiedsrichter: Nicola Rizzoli

DIE VORRUNDE (SPIELTAG 3)

#SUIFRA

Dank der Regelung mit den besten Gruppendritten sind sowohl die Schweizer als auch die Franzosen bereits fast sicher im Achtelfinale – so wirklich auf einen Sieg muss keines der beiden Teams spielen. Man kann nur hoffen, dass die Schweiz auf den Gruppensieg schielt.

„Ein 0:0 würde beiden Mannschaften genügen…" – was kein #EURO2016 Zuschauer jemals hören möchte #SUIFRA
@IchBinJazz

Die erste Aktionen gehören aber den Franzosen – oder genauer Paul Pogba. Im Dreikampf zwischen Pogba, Sommer und der Latte muss sich aber der Franzose immer wieder geschlagen geben.

Das Geräusch einer Latte, die aus 20 Metern satt getroffen wird: pog! Das Geräusch zigtausend enttäuscht aufjaulender Franzosen: ba! #SUIFRA
@GNetzer

Auf der Gegenseite ist derweil überhaupt nichts los.

Vor dem französischen Tor könnte man schonmal rasenmähen. #EURO2016 #SUIFRA
@BruneKerstin

Das einzige Highlight der ersten Halbzeit? Irgendwie scheint bei den Trikots der Schweizern irgendetwas schief gelaufen zu sein. Als erstes reißt Mehmedis Trikot.

Synthetikfaserriss bei Mehmedi. #SUIFRA
@srf3

Alleine wäre dies sicher noch kaum beachtlich gewesen. Nachdem aber im Laufe des Spiels auch Embolos Shirt kaputt geht und Xhaka sich gleich zweimal umziehen muss, ist auf Twitter kein Halten mehr. Wen interessiert einen eigentlich da noch das Spiel?

Noch ein Trikotloch und ich glaube an Emmentalermarketing #SUIFRA
@m__lt

Ausverkauf: Trikots günstig an Stripper abzugeben #SUIFRA #SUIFRA
@IchBinJazz

Das Schweizer Trikot ist auch kein Stoff, aus dem Legenden gemacht werden. #SUIFRA
@Per_Anhalter

Die Schweizer sparen auch an allem. #Trikotgate #SUIFRA
(@BMG_Dennis)

Frankreich gegen die Chippendales. #EURO2016 #SUIFRA #Trikot
@BruneKerstin

Das Zerreißen der Trikots wird übrigens mit der revolutionären Unpacking-Rate gemessen. #SUIFRA
@GNetzer

Vor dem Spiel hat man sich gefragt: Können die Schweizer was reissen? Jetzt ist klar: Ja, Trikots. #trikotgate #SUIFRA
@chris_reese

Wir schauen ein Fußballspiel. Der Zeugwart der Schweiz sieht einen Horrorfilm. #SUIFRA
@falkobergo

Starke Trikots!! Beim ausatmen geplatzt, gibts sonst nur bei Tim Wiese #SUIFRA
@WolffFuss

Zur Halbzeit haben wir kaum auf das Spielgeschehen geachtet, aber viel Spaß mit Trikots gehabt!

0:0 zur Halbzeit bei #SUIFRA .
Trikottest - Check
Aluminiumtest - Check
Tore - …
@ZDF

Klar, dass es da im zweiten Durchgang mit dem #Trikotgate weitergeht.

Weltpremiere: Zur zweiten Halbzeit tritt die Schweiz in Bodypaint-Trikots an. #SUIFRA #EURO2016 #AllezLaSuisse #pumagate
@salizaemme

Beim Trikottausch steht #FRA mit leeren Händen da
#SUIFRA
@EmilyPrentiss09

Das Trikot-Wechselkontingent ist zum Glück noch nicht ausge-
schöpft.
#SUIFRA
@Bleifux

Das #Gate wird sogar erwartet – kaum sind die Spieler wieder auf dem Feld, platzt auch noch der Spielball.

Jetzt auch noch Witze über den Ball zu machen, ist ganz schön platt.
#SUIFRA
@fritzelisches

Ich hab übrigens beim Wettanbieter auf 3 zerrissene Trikots und 1 kaputten Ball gewettet bei #SUIFRA und bin jetzt reich.
Tschüss.
@cordsauer

Kreisliga ist wenn du mitten im Spiel einen neuen Ball brauchst, weil der alte platt... Mhhh, nevermind. #SUIFRA
@spox

Was kann da denn jetzt noch kommen?

Ball kaputt, Trikots reißen. Gleich läßt einer noch die Luft aus der als Stadion getarnten Hüpfburg. #SUIFRA #EURO2016
@BenTheMan1980

Fehlt eigentlich nur noch das ein Tor umfällt.
Hatten wir ja alles schon.
#SUIFRA #EURO2016
@Paxter_Redwyne

Trikots? Kaputt. Ball? Kaputt. Gleich fängt der Schiri Feuer. #SUIFRA
@lourichter

Fest steht nur, dass die Verantwortlichen bei PUMA und Adidas heute keine ruhige Nacht haben werden.

Im Anschluss an das Spiel folgt ein Brennpunkt aus Herzogenaurach
#SUIFRA #EURO2016
@exprofis

Kein allzu guter Tag für Puma bisher... #Trikotgate #SUIFRA
@spox

> ## "ICH HOFFE, DASS PUMA KEINE PARISER MACHT."
>
> *(Xherdan Shaqiri mit dem Fazit des Spiels)*

Wenn die so weitermachen, geht noch der Trikothersteller pleite.
#SUIFRA #EURO2016 #EM2016
@Paxter_Redwyne

Spätestens jetzt laufen die BlackBerrys in der Marketing-Abteilung
bei #Puma heiß. #SUIFRA
@rostigerbart

Kein Witz: Wegen des #Trikotgate wird die #UEFA ein Disziplinar-
verfahren gegen Bangladesch eröffnen #SUIFRA #SUI
@exprofis

Der Schweizer Torwart Sommer hat jedenfalls keine Lust
hinter sich zu Greifen und macht – mit komplett heilem Trikot – ein sehr souveränes Spiel.

Ein schwacher Sommer in der Schweiz. Ein starker Sommer in
Frankreich. #SUIFRA
@Katzenstrecker

Irgendwann pfeift der Damir Skomina das Spiel dann ab – ohne das irgendwer auf Twitter so wirklich auf das Feld geachtet hätte. Zum Glück ist es bei einem 0:0 geblieben – was wären wir sonst von den ganzen Trikottweets abgelenkt worden!

Twitter ist, wenn ein paar kaputte Trikots Millionen Menschen zu sprachlich-kreativen Höchstleistungen treiben. #SUIFRA
@FFligge

Zerrissene Trikots zogen sich wie ein roter Faden durch das ganze Spiel.
#SUIFRA
@mosphare

Deutschland kann alles.
Außer Flughäfen, Bahnhöfe, Brücken.
Und Trikots. Trikots können wir auch nicht mehr. #SUIFRA
@FFligge

Co-mahn, Comann und Payett
präsentieren:
den FUMS-Arbeitsnachweis

FUMS FUSSBALL.MACHT.SPASS.

DER GROSSE #EM2016

BÉLA RÉTHY ARBEITSNACHWEIS

DIESE LOGIK IST NICHT GANZ NACHVOLLZIEHBAR.	CO-MAHN (2)	STARTSPIELER	ARSENAL ÜBERWEIST 45 MIO. AN DEN BÖKELBERG. AN DEN EHEMALIGEN BÖKELBERG.	VIELLEICHT DAS SCHÖNSTE TOR DER EM. OPTISCH.
POGBA, GAB JA ÄRGER, DASS ER IN BADELATSCHEN ZUM FRÜHSTÜCK KAM. GUT, DASS ER NICHT IN BADELATSCHEN SPIELT.	COMANN (3)	POGBA HAT SCHON 4 TORSCHÜSSE UND DAS SPIEL LÄUFT NICHTMAL 20 MIN. (21. SPIELMINUTE)	QUERLATTE!	WAR KEIN HANDSPIEL, SIEHT MAN DARAN, DASS ER ZURÜCKGEZOGEN HAT. DIE HAND.
SCHIROU (IMMER, WENN GIROUD AM BALL WAR)	SCHIROU (IMMER, WENN DJOUROU AM BALL WAR)	WIEDER EINE EINLAGE VON POGBA, WENNS MIT FUSSBALL NICHT MEHR KLAPPT, JEDER ZIRKUS NIMMT IHN.	SCHON DAS DRITTE TRIKOT, DAS POGBA KAPUTT MACHT... WAS DAS WOHL KOSTET?	PAYETT (14)
SAGNA, DER 33-JÄHRIGE.	HOPP. SCHWITZ. HOPP. SCHWITZ.	ES IST NOCH ZU FRÜH FÜR PAYETT-TORE. DIE KOMMEN IMMER AB DER 90.	LLORISS	PAYETT. JAJA, DER HAT NOCH ZEIT. WIR HABEN ERST DIE 80.
FRANKFURT, ÄH...FRANKREICH HAT SCHON EINGEWORFEN.	ONDREI-PIÄRR SCHINACK	DAS ZIEHEN. DAS ZIEHEN ABSEITS DES SCHIEDSRICHTER-BLICKS.	ER WIRD WOLFSBURG VERLASSEN. DIE FRAGE IST, WOHIN. DAS HAT ER BESTÄTIGT.	GIGNAC (POGBA AM BALL)

WWW.FUSSBALLMACHTSPASS.DE

> *Jetzt hab ich 2 Spiele zeitgleich geschaut und trotzdem nur 1 Tor gesehen? #SUIFRA #ROUALB*
>
> *@Jannisview*

Schweiz 0:0 Frankreich

Aufstellung Schweiz: Sommer – Lichtsteiner, Schär, Djourou, Ricardo Rodriguez – Behrami, G. Xhaka – Shaqiri (79. Fernandes), Džemaili, Mehmedi (86. M. Lang) – Embolo (74. Seferović)

Aufstellung Frankreich: Lloris – Sagna, Rami, Koscielny, Evra – Sissoko, Cabaye, Pogba – Coman (63. Payet), Gignac, Griezmann (77. Matuidi)

Tore: -
Gelbe Karten: - – Rami, Koscielny

Stadion: Stade Pierre-Mauroy, Lille
Anstoßzeit: 19.06.2016, 21:00 Uhr
Schiedsrichter: Damir Skomina

#ROUALB

Die Partie Rumänien gegen Albanien bietet ein Novum – aber weder auf dem Platz noch in Frankreich. Zum ersten Mal überträgt in Deutschland mit SAT.1 ein Privatsender ein EM-Spiel. Sehr ungewohnt!

Die EM in SAT.1 irritiert mich: da sind mir zu viele Bälle auf dem Bildschirm.
#SUIFRA #ROUALB
@RalfPodszus

Das Spiel kommt sehr langsam in Fahrt mit leichten Vorteilen für die Rumänen. Die erste Großchance gebührt dann aber dem Gegner aus Albanien. Lenjani steht in der 23. Minute frei vor dem Tor, schießt den Ball aber aus sieben Metern Entfernung nicht gen Tor sondern in den Himmel.

Der Albaner Gometzt. #ROUALB
@hunnah131

Nicht nur der adler, auch die Bälle fliegen alle übers tor #ROUALB
#ALBROU
@ichbinBansky

Nach diesem sehr hoch gesetzten Weckschuss kommen die Albaner immer mehr in Fahrt und belohnen sich in der 43. Minute schließlich mit ihrem allerersten EM-Tor. Sadiku köpft den Ball ins Netz, während Tătărușanu gar nicht gut aussieht.

20 - Mit dem 20. Torschuss erzielt Armando #Sadiku das erste Tor Albaniens bei einer Europameisterschaft. Historisch. #ROUALB #ALB #EURO2016
@OptaFranz

Die feiern als wären sie Europameister geworden. Cool. #ROUALB
@Dercheef

Wer braucht schon einen Live-Ticker oder Stream, wenn er laute, Fußball-begeisterte albanische Menschen nebenan hat? #ROUALB
@HatinJuce

Mit der Führung und der plötzlichen Chance auf einen Achtelfinaleinzug geht es für Albanien in die Pause. Zeit für die Twitterer sich den Hashtag noch einmal genauer anzuschauen.

Ich glaube #ROUALB ist die erste Silbe, wenn man sich übergibt. #EURO2016
@Schebacca

Schreibt Ihr ruhig unter #ROUALB - ich werde aus Prinzip nur #RU-MALBAN nehmen.
@DerPoppe

Im weiteren Spielverlauf wird aus dem munteren ein müdes Spiel und die Albaner kommen ihrem ersten Sieg immer näher. Sie überstehen auch die Abschlussoffensive der Rumänen und können so einerseits ausgelassen feiern und gleichzeitig einige Tage um das Weiterkommen bibbern.

Europameister der Herzen #ROUALB
@CrazyHand_93

Albanien trainiert jetzt also als Tabellendritter mehrere Tage ganz normal weiter, um dann vielleicht rauszufliegen. #Killermodus #ROUALB
@Sportschau

<u>Rumänien 0:1 Albanien</u>

Aufstellung Rumänien: Tătăruşanu – Săpunaru, Chiricheş, Grigore, Măţel – Prepelita (46. Sânmărtean), Hoban – Popa (68. Andone), Stanciu, Stancu – Alibec (57. Torje)

Aufstellung Albanien: Berisha – Hysaj, Ajeti, Mavraj, Agolli – Abrashi, Basha (83. Cana), Memushaj – Lila, Lenjani (77. Roshi) – Sadiku (59. Balaj)

Tor: 0:1 Sadiku (43.)
Gelbe Karten: Săpunaru, Torje – Basha, Măţel, Memushaj Hysaj

Stadion: Stade de Lyon, Lyon
Anstoßzeit: 19.06.2016, 21:00 Uhr
Schiedsrichter: Pavel Kralovec

#SVKENG

Der letzte Spieltag in der Gruppe B und die Slowakei und England treffen sich zu so etwas wie dem Topspiel. Zwar muss man für den Gruppensieg noch an Wales vorbei, aber immerhin geht es hier für beide Teams noch um die nächste Runde. Nicht, dass wir hier wieder eine Partie wie Schweiz gegen Frankreich bekommen…

Meine Augen sind auf die Mannschaft der Slowakei gerichtet.
Die werden von Puma ausgestattet.
#SVKENG
@LittleHorney

Der Premier-League-Torschützenkönig Jamie Vardy gibt sich schon von Beginn an redlich Mühe, dass es hier nicht bei einem 0:0 bleibt. Sowohl in der 9. als auch der 17. Minute scheitert er aber an der slowakischen Hintermannschaft.

#Vardy gut drauf. Ein Hoch auf Kautabak und Energydrink #SV-KENG #EURO2016
@DanielaFuss

Darf ich jetzt über Vardy Leicestern? #SVKENG
@sport_thies

jamie vardy trägt nikotinpflaster, habe ich heute gelernt. er raucht quasi während des spiels. <3! #SVKENG
@katjaberlin

Neben Vardys Offensivaktionen prägen vor allen Dingen Fouls das Bild der Anfangsphase – bis einer blutet. In der 19. Minute trifft Bertrands Ellenbogen Pekariks Kopf und sorgt für ein rotgeflecktes Slowakentrikot.

Unpraktisch, dass grade der Spieler mit dem weissen Trikot so blutet.. und nicht der mit dem roten Leibchen. Also, für den Zeugwart.
#SVKENG
@SchererRhein

Insgesamt geben die Engländer aber ganz fair Vollgas – nützt nur nichts, wenn man den Ball nicht im Tor unterbringen kann.

Einbahnstraßenfußball mit Linksverkehr! Trotz drückender Überlegenheit steht es zur Pause 0:0 bei #SVKENG. #EURO2016
@TwitterSportDE

‚Lalana nimmt Duda den Ball weg'
Wenn Teletubbies Fußball spielen.
#SVKENG
@in_so_fern

Schön, dieser englischen Mannschaft zuzusehen. Tore sind überbewertet! #SVKENG #EURO2016
@ThomasTrukesitz

Nach der Pause beginnen auf den heimischen Sofas die Diskussionen um das Packing – der Begriff war schließlich in der ARD-Halbzeitanalyse einmal wieder omnipräsent!

Sogar meine Oma (90) hat so viel Ahnung von Fußball, dass sie kein Packing braucht, um zu wissen, dass der Pass auf Vardy geil war.
#SVKENG
@fetzi6

Dank der ganzen neu gewonnenen Kenntnisse über die #packingrate ist so ein 0:0 zwischen Slowakei und England gleich viel spannender.
#svkeng
@FuPaBerlin

Also jetzt hat's mir gereicht, statt dem Packing-Mist auf ARD hab ich Werbung auf Sat 1 geguckt. #WALRUS #SVKENG
@Bayernexpress

Frage mich ja wie lange es dauert bis sie heraus finden dass das Packing des gegnerischen Torhüters am aussagekräftigsten ist... #SV-KENG
@Dercheef

Dabei wären andere Statistiken doch viel spannender!

Würd echt mal gern wissen, wie viele tattoos heute bei #SVKENG auf dem platz stehen? Tippe auf jeden fall dreistellig... #EURO2016
@Ozzywessi

Nach der Pause kommt es dann zu einer kurzen Offensivphase der Slowaken – allerdings auch ohne zählbares Ergebnis.

Es hat schon seinen Grund, warum Roy Makaays Bruder Slo Wakaay nie Stürmer wurde. #SVKENG
@MSneijder

Schnell ist England wieder am Drücker und die Slowaken können nur in größter Not retten. Meistens hält Torwart Kozacik das Remis fest – in der 61. Minute muss dann aber auch der Abwehrspieler Škrtel in letzter Sekunde gegen Alli parieren.

Nicht nur beim Scrabble scheint Škrtel ein Albtraum zu sein. #SV-KENG
@rammc

„Das Tor ist im Verhältnis zum Spielfeld aber auch sehr klein."
Ach, Mama <3 #SVKENG
@JoRoe14

England kickt deutscher als die Deutschen. #SVKENG
@werkselfer

Irgendwie scheint sich bei dieser EM ein Muster abzuzeichnen.

Die letzten 3 Live Spiele in ARD/ZDF:
Portugal - Österreich 0:0
Frankreich - Schweiz 0:0
Slowakei - England 0:0 (78')
Läuft. #EURO2016
@ReifZahl

Aus der EM der späten Tore wird immer mehr die EM der keinen Tore. #SVKENG
@jensotto83

Am Ende sind die Engländer zwar in der Torschussstatistik mit 29:4 haushoch überlegen, haben es aber nicht geschafft den Ball im Tor zu versenken. Die Slowaken können derweil den Punkt wie einen Sieg feiern – viel mehr war wohl nie ihr Plan.

Rückpass am Mittelkreis, ein allseits beliebtes Stilmittel, wenn man in der 95. Minute ein Tor braucht. #SVKENG
@johannes_knuth

Wer wissen will, warum das Weiterkommen von 4 Gruppendritten doof ist, schaue nochmal #SVKENG mit Blick auf die slowakische Taktik #EURO2016
@WernerDoye

Slowakei 0:0 England

Aufstellung Slowakei: Kozacik – Pekarik, Škrtel, Ďurica, Hubočan – Pečovský (67. Gyömber) – Kucka, Hamšík – Mak, Weiss (78. Škriniar) – Duda (57. Svento)

Aufstellung England: Hart – Clyne, Cahill, Smalling, Bertrand – Dier – Henderson, Wilshere (56. Rooney) – Sturridge (76. Kane), Vardy, Lallana (61. Alli)

Tore: -
Gelbe Karten: Pečovský – Bertrand,

Stadion: Stade Geoffroy-Guichard, Saint-Etienne
Anstoßzeit: 20.06.2016, 21:00 Uhr
Schiedsrichter: Carlos Velasco Carballo

Endlich weiß ich, woran mich der Name des englischen Trainers erinnert: Royber Hodgsenplotz. #SVKENG

@ralfheimann

#RUSWAL

Durch den neuen Modus haben die Russen noch alle Chancen auf das Achtelfinale – es muss nur ein Sieg gegen Wales her. Der EM-Neuling schielt derweil gar auf den Gruppensieg und scheint dieses Ziel auch konsequent zu verfolgen. Nach nur 11 Minuten steht es 1:0 durch Aaron Ramsey. Ramsey? Da war doch etwas…

Der Fluch… gilt der auch fürs Nationalteam? #RUSWAL
@minzlkr09

Der walisische Mittelfeldspieler hat einen eigenartigen Ruf als Unglücksbringer. Immer wieder starben große Persönlichkeiten nach seinen Toren für Arsenal London – Whitney Houston, Paul Walker, David Bowie, Robin Williams, und und und…
Lange können wir nicht in Ruhe über den nächsten Toten grübeln, denn schon in der 20. Minute versenkt Taylor einen Konter im russischen Netz.

2 Tore in den ersten 21min? Das ist nicht mehr unsere #EURO2016
! #RUSWAL
@burn_picture

Sehr freundlich und erfrischend von den Walisern, dass sie ihre Tore gleich am Anfang machen und nicht erst in der Nachspielzeit. #RUS-
WAL
@freunewman

... bin mir zu 100% sicher, wenn ich jetzt zu #RUSWAL wechsel, dann fallen bei #SVKENG die Tore. #EURO2016
@bloggdoch

Schon nach knapp zwanzig Minuten scheinen die russischen Achtelfinalambitionen komplett begraben.

Mein Vater vor 4 Wochen: „Wie schlecht müssen die Russen sein, dass die den Neustädter wollen?" Jetzt wissen wir es. #RUSWAL
@SpringerHerten

Macht nichts, Russland, es gibt ja noch Olympia...oh wait #RUS-WAL #EURO2016
@Kleinekoenen

Nach zwei Toren nach so kurzer Zeit sind nun auch die meisten Fußballfans bei Russland gegen Wales angekommen.

Gefühlt gucken 60 Prozent der Fußballtimeline #ruswal, der Rest sucht immer noch Sat 1. #euro2016
@yellowled

Die Zeit bis zur Pause nutzen die Waliser um sich etliche Chancen herauszuarbeiten, schaffen es aber nicht mehr an Torwart Akinfeev vorbei. Dem Rest des russischen Teams gelingt aber rein gar nichts.

Putin schaut im Panini Album bereits nervös nach, wen er noch einbürgern könnte... #RUSWAL #ranEuro2016
@minzlkr09

Putin googelt schon warum #WAL keine eigene Botschaft hat. #RUS-WAL
@BlockN5

Nach der Pause kommt dann die symbolträchtigste Szene der Partie. Als Kapitän Shirokov ausgewechselt wird, weigern sich seine Mitspieler die Binde zu übernehmen. #SinkendesSchiff

53': Wie peinlich! Keiner will bei #RUS Kapitän sein. Am Ende erbarmt sich Torwart #Akinfejew. #RUSWAL 0:2
@dw_sport

Willst du Kapitän sein?
Nö du!
Nö du!
Ach komm, fahren wir nach Hause!
#RUSWAL
@darksun666

Männer, die auf Binden starren #RUSWAL #EMFilme
@SilliSN

Mit neuem Kapitän gelingt den Russen aber kaum mehr. Die Waliser haben das Spiel nun weitestgehend eingestellt und die Russen scheinen von dem plötzlichen Ballbesitz sichtlich verwirrt.

Aber eins ist sicher: die russischen Kicker sind sauber und könnten dann doch die olympischen Leichtathletikwettbewerbe bestreiten.
#RUSWAL
@AufderSchwelle

Sibirische Fussballvereine dürfen wohl bald mit prominenten Neuzuzügen rechnen. #RUSWAL
@d_stroppel

In der 67. Minute kommt dann die endgültige Entscheidung - und schon sehr früh das letzte Highlight des Spiels. Bale setzt mit seinem dritten Turniertor den Schlusspunkt und macht den walisischen Gruppensieg perfekt.

Krass. Am Ende dieses Spieltags hat Wales mehr Punkte als Buchstaben. #RUSWAL
@footagemagazin

„Dieser #Bale ist überragend!"
„Nicht umsonst wurde ein Land nach ihm benannt"
„ "
„Balegien"
„ "
XY hat dich als Freund entfernt #RUSWAL
@DerJulian

3 Löwen < 1 Drache.
#SVKENG #RUSWAL
@goedcorner

Den Rest der Partie lauschen wir, in den Redepausen der Kommentatoren, immer wieder gebannt den Fangesängen auf Tribüne.

Walgesänge, herrlich!
#EURO2016 #RUSWAL
@choreosa

> **"RUSSLAND MIT EINER EINPACKING-RATE VON 100 PROZENT. DIE FAHREN NACH HAUSE."**
>
> *(Matthias Opdenhövel sieht nach zwei Wochen ARD-Moderation nur noch Packing-Werte)*

Russland 0:3 Wales

Aufstellung Russland: Akinfejew – Smolnikow, W. Beresuzki (46. A. Beresuzki), Ignaschewitsch, Kombarow – Mamajew, Gluschakow – Kokorin, Schirokow (52. Golowin), Smolow (70. Samedow) – Dsjuba

Aufstellung Wales: Hennessey – Gunter, Chester, A. Williams, Davies, Taylor – Ramsey, Ledley (76. King), Allen (74. Edwards) – Vokes, Bale (83. Church)

Tore: 0:1 Ramsey (11.), 0:2 Taylor (20.), 0:3 Bale (67.)
Gelbe Karten: Mamajew – Vokes

Stadion: Stadium de Toulouse, Toulouse
Anstoßzeit: 20.06.2016, 21:00 Uhr
Schiedsrichter: Jonas Eriksson

#NIRGER

Das dritte Gruppenspiel der Nordiren steht an. Wer ist Thema? Klar!

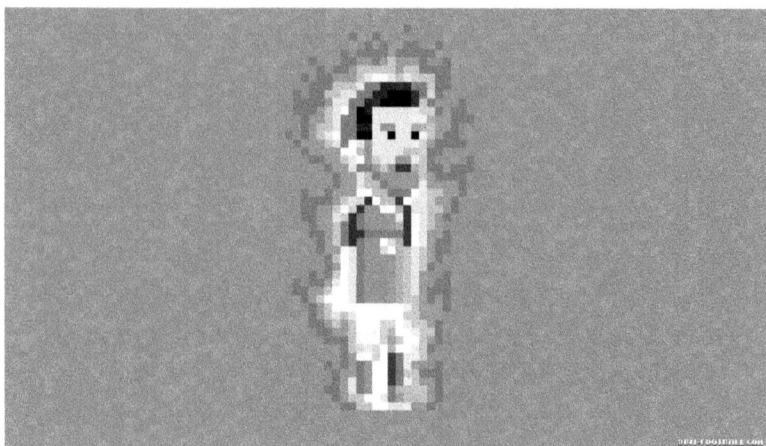

Bisher nur 1968847837383 Tweets über Will Grigg.
Bin enttäuscht von euch. Da geht noch was. #GERNIR
#EURO2016
(@Coocooo266)

In der Startelf steht der Stürmer allerdings auch in dieser Partie nicht. Auf der deutschen Seite spricht man dagegen viel mehr über die tatsächlich aufgestellten Spieler – gerade Kimmich und Gomez in der Anfangsformation überraschen.

Oh Mario, oh Mario - mach uns heute alle froh! #Gomez #NIRGER
@HannahGo1900

Nach dem Anpfiff wird schon sehr schnell klar, wer hier das Heft in der Hand hat. Die deutsche Mannschaft spielt drückend überlegen, wunderschön und lässt den Nordiren keinerlei Chance. Nur das mit den Toren ist eher schwierig...

Ich möchte den Pass von Boateng auf Özil heiraten. #NIRGER
@GNetzer

Keine Sorge. Beim „Packing" steht es schon 150:10 für Deutschland. „Goaling" wird einfach überbewertet. #NIRGER
@spox

Eltern, ich beneide euch nicht. Schließlich müsst ihr euren Kindern erklären, wie diese Mannschaft ein 7:1 gegen Brasilien schaffte. #NIRGER
@Die_Mutti

Fazit bis jetzt: Deutschland auf dem Platz stärker, Nordirland mit den besseren Fangesängen. #NIRGER
@sternde

Chance um Chance verstreicht und die deutschen Fans können nur mit dem Kopf schütteln oder aufschreien.

Diese knappen Kisten lassen mich lauter Stöhnen als... Ach nichts. #NIRGER
@PolitinC

In der dreißigsten Minute dann die Erlösung. Thomas Müller passt auf Mario Gomez, der mehr als verdient zum 1:0 einnetzt.

Oh, diese Torvorlage wird Müller noch bereuen. Ein Pass nach hinten bedeutet schließlich negatives Packing. #NIRGER
@spox

TOR! Wie eine Schülergruppe mit Smartphones: Nach etlichen Versuchen ist endlich einer im Netz. #NIRGER
@BVG_Kampagne

Auch nach der Führung drängen die Deutschen unablässig auf das gegnerische Tor. Besonders Müller ist unglaublich bemüht, schafft es aber, selbst die größte Chance noch am Tor vorbeizulegen – es ist irgendwie nicht sein Turnier.

Das ist jetzt aber Satire, oder? @esmuellert_ trifft den Querbalken. Weiter, immer weiter! #NIRGER #ViveLaMannschaft
@mbfussball

Thomas Müller und Tore bei einer EM ist noch eine komplizierte Beziehung. Spielt allerdings sehr gut. #nirger
@Reporter_vorOrt

Skisprung-Experte Tom Bartels moderiert Thomas Müllers Vierchancentournee. #NIRGER
@Halbzeit3

40. Min: Schüsse aufs Tor: #Nir - @esmuellert_ 1:4
#NIRGER #EURO2016
@bundesliga_de

Müller ist der erste Spieler seit 1980, der bei einer EM in einem Spiel zweimal Aluminium traf. #NIRGER #EURO2016
@welt

Nach der Pause setzen beide Teams ihre Leistung unverändert fort. Nordirland guckt zu wie sich Deutschland immer wieder vor das Tor bringt und dann doch vergibt.

Mario Götze ausnahmsweise nicht bei Instagram, sondern im Abseits. #EURO2016 #NIRGER
@sportschau

In Belfast wird schon das Fundament für das McGovern Denkmal gegossen. #NIRGER
@sport_thies

Es ist zum verrückt werden.

Das Tor ist eindeutig zu klein. Oder steht falsch. Irgendwas stimmt nicht. #GER
#NIRGER
@scoopix

Das Chancenverwertungs Trauerspiel geht weiter :/ #NIRGER #GERNIR #ViveLaMannschaft
*@Felix_Ray_*

Wenn die jetzt nicht noch mindestens zwei Tore machen bei den Chancen,boykottiere ich die EM! #EM #NIRGER
@Frau_Wittchen

Auf der anderen Seite dreht Manuel Neuer derweil fleißig Däumchen ...

Neuer könnte vielleicht in der freien Zeit noch einen Uni-Abschluss machen. Oder wenigstens die Steuererklärung #NIRGER
@AnneVau

Es fängt an zu regnen. Manuel Neuer spannt das Bierzelt auf und holt Briketts. #NIRGER
@drosophila

Das Spiel ist so langweilig, der Neuer macht schon seit 30 Minuten ein kleines #NIRGER chen.
@philippsteuer

und Joshua Kimmich bekommt vor allen Dingen für seine Offensivvorstöße viel Lob.

Und während ihr alle Joshua #Kimmich feiert,sitzen Scooter seit 50Min an den #WillGriggsOnFire-Lyrics,um es auf Kimmich umzutexten…#NIRGER
@DerJulian

Gegen Ende des Spiels kommt dann die Resignation des deutschen Teams – wenn der Ball nicht ins Tor will, dann lässt man das halt mit der Offensive. So bleibt Zeit auch die fantastischen Fangesänge zu bewundern…

Wäre es die #em2016 der Fans, Nordirland wäre schon weiter. Zusammen mit Island #NIRGER
@ItsAnniRoc

Dass ich halb Irin bin, merkt man daran, dass ich auch dann wenn schon alles verloren ist noch Lieder aus den Neunzigern gröhle.
#NIRGER
@klaassenbeste

Singen da eigntlich auch deutsche Fans oder feuern die Iren unsere Mannschaft vor Begeisterung gleich mit an? #NIRGER #EURO2016
@SabineMKern

Während irische Fans aus einem 20fachen Fussballgesangsliederrepertoir schöpfen,stimmen die Deutschen „Deutschland,Deutschland" an.
#NIRGER
@gedankensprudel

… oder zu bestaunen, wie ein Linienrichter nach einem von Ward auf seinen Brustkorb gelenkten Hector-Schuss zu Boden geht.

Der Mann mit der Fahne geht zu Boden. Klingt nach Kotti um drei Uhr nachts. #NIRGER
@BVG_Kampagne

Der Bundestrainer versucht noch einmal neue Akzente zu setzen...

Jetzt kommt Bastian #Schweinsteiger. Alles andere als ein Tor mit dem ersten Ballkontakt wäre natürlich eine Enttäuschung. #NIRGER
@sternde

„Deutschland muss vorne kreativer werden"
Jogi holt Buntstifte
#NIRGER
@derLehnsherr

... und auch die Fans geben alles, ...

Ich glaub, ich geh mal ins Bad. Das hat bisher noch allen von mir gesehenen EM-Spielen zu Toren verholfen...
#NIRGER #EURO2016
@ollibaumgart

> *Die Fünfjährige zu #NIRGER: „Ich bin für alle, das ist sonst ungerecht!"*
> *#Kindermund*
>
> *@IchlebeJetzt1*

... aber hier geht kein Ball mehr in die Maschen. Es bleibt beim knappen Sieg für die deutsche Mannschaft.

Ich habe noch NIE eine Partie mit so vielen vergebenen Torchancen gesehen. Noch nie!!!
(und ich bin schon ziemlich alt)
#NIRGER
@UliWickert

Das Spiel war heute der Grand Prix Eurovision de la Chancen.
#NIRGER
@m_blocksberg

Ich sag mal so: Wenn der #DfB weitere 19.821 Torchancen in diesem Tunier bekommt, gewinnt #GER die #EURO2016.
#NIRGER
@OomenBerlin

Am Schluss bleiben drei Fragen: „Wieso wurde Boateng in der 76. Minute ausgewechselt?",

Boatengs Wade hat zu gemacht. Man kennt das, dieses blöde Wadenschlussgesetz. #GER #EURO2016 #NIRGER
@IngmarStadelman

… „Wieso stellt Boateng kritischere Fragen als der Fieldreporter?" …

Was macht die ARD da? Wenn die Akteure selbst kritischer sind als die „Journalisten", dann hat der Journalismus ein Problem. #NIRGER
@stammplatz

… und „Wieso wurde eigentlich Podolski nicht mehr eingewechselt?"

Im Finale zeigt Poldi der Welt, dass er besser als Schürrle ist. #jogiplan #NIRGER
@oliverwurm

Die Fans der Nordiren feiern derweil ausgelassen weiter – mit der knappen Niederlage gegen Deutschland sind weiter alle Chancen offen, doch noch in das Achtelfinale zu kommen.

Nordirland ist das Argument für und gegen eine EM mit 24 Mannschaften. #nirger
@Reporter_vorOrt

Nordirland 0:1 Deutschland

Aufstellung Nordirland: McGovern – Hughes, McAuley, Cathcart, J. Evans – C. Evans (84. McGinn), Norwood, Davis – J. Ward (70. Magennis), Washington (59. K. Lafferty), Dallas

Aufstellung Deutschland: Neuer – Kimmich, Boateng (76. Höwedes), Hummels, Hector – S. Khedira (69. Schweinsteiger), Kroos – T. Müller, Özil, Götze (55. Schürrle) – Gomez

Tor: 0:1 Gomez (30.)
Gelbe Karten: Giroud – Chiricheş, Rat, Popa

Stadion: Parc de Princes, Paris
Anstoßzeit: 21.06.2016, 18:00 Uhr
Schiedsrichter: Clement Turpin

Der FUMS-Arbeitsnachweis

–

Nur echt von glücklichen Redakteuren

DER GROSSE #EM2016

FUMS — FUSSBALL.MACHT.SPASS.

TOM BARTELS ARBEITSNACHWEIS

FÜR MICHAEL O'NEILL KANN DAS EIN KARRIERE-SPRUNG SEIN.	JOZHUA KIMMICH	DIE MACHEN AUA. DAS TUT WEH.	CHANCEN-VERWERTUNG	SIE KRIEGEN DIE CHANCEN.
GROSS-CHANCEN	KIMMICH. MEIN GOTT, WAS WILL ER DA MACHEN?	BISLANG KEINE TORE. (17. MINUTE)	GOMEZ - MÜLLER. WIE EINST BEI DEN BAYERN.	UND MÜLLER HAT SEINE CHANCEN.
UND WIEDER WAR KIMMICH BETEILIGT...	GOMEZ. HAT SOOO VIEL ZEIT. VIELLEICHT ZU VIEL ZEIT.	ENTSCHULDIGUNG, DASS ICH LACHE. DER GING VOLL IN DIE ZWÖLF.	WILL GRIGG	Ü-BER-RA-GEND VON JOSHUA KIMMICH.
FAST DIE NÄCHSTE CHANCE!	PECH (3)	GLÜCK (2)	TOPGELEGEN-HEITEN.	KHEDIRAAAAA-AAAAAAAAAAAA AAAAAAAAAAAA AAAAAAAAAAAA
DAS HABEN SIE MIT MARCUS SORG ERARBEITET.	DAS HABEN SIE MIT THOMAS SCHNEIDER ERARBEITET.	POSTBOTE	WIE HEISST ES SO SCHÖN - WENIGSTENS EIN ABSCHLUSS.	VIEL MEHR TORCHAN-CEN KANN MAN NICHT HABEN. ICH WEISS NICHT, WAS SIE NOTIERT HABEN. AUF MEINEM ZETTEL SIND ES 17.

WWW.FUSSBALLMACHTSPASS.DE

#UKRPOL

Ukraine gegen Polen – das einzige Spiel einer bereits aus-
geschiedenen Mannschaft bei diesem Turnier. Ob sich der
sichere letzte Platz der Ukrainer im Spielverlauf niederschla-
gen wird? Zumindest zum Start geben erst einmal die Polen
den Takt vor.

Lewandowski hat das 1:0 auf dem Fuß, grüßt mit seinem Schuss
aber eher die Fans. #UKRPOL
@BRsport

Aber wer bekommt das eigentlich mit? Es gucken doch eh
alle Nordirland gegen Deutschland.

Kennt jemand die beiden, die gerade auf @sat1 #UKRPOL gucken?
#EURO2016 #NIRGER
@drdrdietz

Schon lustig das Sat1 gerade jeden einzelnen Zuschauer persönlich
begrüßt!
Die scheinen Langweile zu haben
#UKRPOL
*@_Tigerlady86_*

Vor der Halbzeit geben die Ukrainer dann, der Ehre halber,
noch einmal etwas mehr Gas – können aber ihren Ballbesitz
nicht in Tore ummünzen.

Währenddessen verfolgen die Ukrainer eine einfache Taktik: Wenn
Polen nie den Ball bekommt, können sie kein Tor schießen. #UKR-
POL
@wiase

Es geht torlos in die Halbzeit.

Seitenwechsel! Die zweite Halbzeit #NIRGER zeigt jetzt @sat1, die zweite Halbzeit #UKRPOL dann @DasErste. So war das doch..?
@medienkuh

Nach der Pause kommt dann ziemlich schnell der erste Treffer für Polen durch Kuba Blaszczykowski. Gerade als die Ukraine an Oberwasser gewinnt, netzt der frisch eingewechselte Spieler in der 54. Minute zur Führung ein.

Kuba befreit Polen. #UKRPOL #AllezGegenAllez
@SammyKuffour

4/5 - Jakub Blaszczykowski war an 4 der 5 Tore in Polens EM-Historie direkt beteiligt (2 Treffer, 2 Assists). Unverzichtbar. #UKRPOL
@OptaFranz

Mit dem Tor von Kuba Blaszczykowski haben nun mehr Dortmunder als Bayerner bei der #EURO2016 getroffen. #BVB #UKRPOL
@BuliInsider

„Kuba rettet Polen"
Weltgeschichtlich nicht ganz die Schlagzeile, mit der man rechnen konnte. #UKRPOL #EURO2016
@Pilzeintopf

Zwar fängt sich die Ukraine wieder und drückt auf den Ausgleich, …

Ich schreib den Text diesmal einfach schon in Erwartung eines späten Tores. Ha! Nimm das, Fußballgott! #UKRPOL #EURO2016
@Daniel_George92

… aber trotz zahlreicher Torschüsse bleibt es bei der 0:1 Niederlage.

Ukraine 0:1 Polen

Aufstellung Ukraine: Pjatow – Fedezki, Chatscheridi, Kutscher, Butko – Rotan, Stepanenko – Jarmolenko, Sintschenko (73. Kowalenko), Konopljanka – Sosulja (90. Tymoschtschuk)

Aufstellung Polen: Fabianski – Cionek, Glik, Pazdan, Jedrzejczyk – Zielinski (46. Blaszczykowski), Jodlowiec, Krychowiak, Kapustka (71. Grosicki) – Milik (90. Starzynski), Lewandowski

Tor: 0:1 Blaszczykowski (54.)
Gelbe Karten: Rotan, Kutscher – Kapustka

Stadion: Stade Vélodrome, Marseille
Anstoßzeit: 21.06.2016, 18:00 Uhr
Schiedsrichter: Svein Oddvar Moen

#CROESP

Auch in der Partie zwischen Kroatien und Spanien sind beide Teams bereits für das Achtelfinale qualifiziert. Bevor man sich mit einer zu langweiligen Partie beschäftigen muss, schweift man da lieber einmal wieder in eine Trikotdiskussion ab. Die Spanier geben uns da aber auch einen Steilpass.

Sind die Trikots der Spanier von Desigual? #CROESP
@ridgessback

Vielleicht ist mein HD nicht so gut, aber welcher fiese Bussard hat den Spaniern aufs Trikot geschissen? #CROESP
@Horst_Hutzel

Man weiß nicht genau, ob die Spanier die Kroaten am Trikot zupfen oder es ausleihen wollen. #EURO2016 #CROESP #ESP
@BruneKerstin

EM-TRIKOTS EINFACH SELBER MACHEN, HEUTE: SPANIEN ...

„Oje, mir ist die Pizza auf den Designentwurf gefallen!"   „Egal, das lassen wir jetzt. Das spanische Trikot muss heute noch raus!"
#CROESP
@555SCHUH

Als meine Söhne klein waren sahen ihre Lätzchen nach dem Essen aus wie Spaniens Trikots heute!. #CROESP #EURO2016
@FlorianKönig1

Vielleicht ist es aber auch einfach nur das passende Trikot für den heutigen Hashtag?

„#CROESP!" „Na, musst du auch so aufstoßen?"
@NurEinePhrase

Das zweite große Thema des Spiels ist der angekündigte Platzsturm. Immer wieder thematisiert die ARD-Berichterstattung und ihr Kommentator Steffen Simon die Drohung kroatischer Ultras, in der dreißigsten Minute den Platz zu stürmen und für einen Spielabbruch zu sorgen. Es macht sich etwas Angst breit …

Nur noch 17 Minuten bis zum von der ARD angekündigten Platzsturm mit Bengalos und Schiedsrichter-Hinrichtung #CROESP #EURO2016
@benedetusmc

Gibt es gleich ab 29:50 eigentlich auch einen Countdown wie vor dem Anpfiff? #CROESP
@DolanMaxx

Letztlich passiert aber zum Glück nichts.

30. Minuten Steffen Simon am Mikrofon. Viel gefährlicher und viel wilder wird es heute nicht mehr. #ARD #CROESP
@tobeilinho

Steffen Simon oder eine führende spanische Mannschaft: Ich weiß nicht, was schlimmer ist und schaue jetzt SAT1. #EURO2016 #CZE-TUR #CROESP
@Vertikalpass

Führende spanische Mannschaft? Genau! In all den Diskussionen ist das Spiel ganz unter den Tisch gefallen. In der siebten Minute traf Morata und seitdem kontrollierten die Spanier das Spiel recht souverän. Trainer del Bosque kann zufrieden sein.

Del Bosque sieht aus wie eine Asterix Figur. #CROESP
@Senfkutte

> "DIE SPANIER VARIIEREN DAS TEMPO WIE SIE WOLLEN. IM MOMENT WOLLEN SIE NICHT."
>
> *(Steffen Simon über die Überlegenheit der Spanier)*

Beide Teams sind fast schon in der Pause, da kommt es dann doch noch zum überraschenden Ausgleich. Kalinic versenkt eine Perišić-Flanke per Hacke ganz lässig im Tor. Es war das erste EM-Gegentor der Spanier seit über 730 Spielminuten!

Hätte Zlatan dieses Tor so gemacht, würden die Medien Kopf stehen. So aber hat es ääääääh Dingsbums gemacht. Und ja. War schön. #CROESP
@MarcelLindenau

#croesp ist das erste Spiel, bei dem beide Teams in der 1. Halbzeit ein Tor erzielten.
@senSATZionell

Nach dem Wiederanpfiff scheinen beide Teams nicht so ganz auf dem Platz zu sein – die ersten Chancen lassen auf sich warten. Aber auch die Zuschauer sind nicht sofort bei der Sache.

Ach, #CROESP ist ein Fußballspiel. Ich dachte, Wasa hätte eine neue Sorte rausgebracht.
@rock_galore

Ich erkenne Cro ohne seine Maske auf dem Spielfeld gar nicht. #CROESP
@tomfunker

Die Spieler kicken sich in eine Art Trance, bis Björn Kuipers Elfmeterpfiff beide Teams aus ihren Träumen reißt. Silva kam im Strafraum zu Fall, aber nach ein paar Zeitlupen glaubt keiner so Recht an ein Foul von Vrsaljko.

Sagen wir es mal so: Die Kroaten werden nach dem Spiel mit dem Schiedsrichter hadern. #CROESP
@spox

Trotzdem: der Elfmeter wird von Sergio Ramos in der 72. Minute ausgeführt – landet aber an den Händen von Subašić. Es steht weiter 1:1.

Hätte er mal mit Piqué geschossen. #CROESP
@KaiFeldhaus

Der #UCLFinal-Elfmeterschützenfluch! Erst Ronaldo, jetzt Ramos.
#bekloppteTheorienkannichauch #CROESP
@fluestertweets

Genauso zweifelhaft wie der Pfiff war aber auch die Ausführung des Elfmeters – irgendwie stand Torhüter Subašić beim Schuss Ramos schon fast auf den Füßen.

Bei diesem Elfer passte aber auch nix. Zweifelhafte Entscheidung, reingelaufen, nicht auf der Linie gestanden, schlecht geschossen #CROESP
@SpringerHerten

3 Schiris müssen genau auf 2 Dinge bei einem Elfer achten und dann ist der Torhüter beim Schuss unerkannt auf Höhe des Fünfers... #CROESP
@schaffertom

Beim nächsten Elfmeter grätscht der Torwart den Schützen um.
@trebond09

So oder so: es geht weiter, aber einigen ist schon eine gewisse Müdigkeit anzumerken. Sowohl vor den Bildschirmen …

Der Piqué   ist ganz oké   Doch Iniesta ist Spaniens besta (Sorry, es ist spät) #CROESP
@Nacktmagazin

… als auch auf dem Feld. Als Kroatien noch einen letzten Anlauf in der 87. Minute startet, kommt es dann tatsächlich zur Überraschung – Perišić zieht ab und versenkt den Ball zum 2:1 für Kroatien.

Klar zu sehen: Die Spanier wollen österreich aus dem Weg gehen. #CROESP
@FritzNeumann1

So! Perisić. Das ist definitiv einer für den VfL Bochum. #CROESP
@ruhrpoet

Wenig später pfeift Kuipers das Spiel ab – Spanien hat tatsächlich verloren und Kroatien hat sich überraschenderweise den Gruppensieg gesichert.

Kroatien 2:1 Spanien

Aufstellung Kroatien: Subašić – Srna, Ćorluka, Jedvaj, Vrsaljko – Rog (82. Kovačić), Badelj – Perišić (90. Kramaric), Rakitić, Pjaca (90. Cop) – N. Kalinic

Aufstellung Spanien: de Gea – Juanfran, Piqué, Sergio Ramos, Alba Ramos – Fàbregas (84. Thiago), Busquets, Iniesta – David Silva, Morata (67. Aduriz), Nolito (60. Soriano Llido)

Tore: 0:1 Morata (7.), 1:1 N. Kalinic (45.), 2:1 Perišić (87.)
Gelbe Karten: Rog, Vrsaljko, Srna, Perišić – -

Besondere Vorkommnisse: Subašić hält Foulelfmeter von Sergio Ramos (72.)

Stadion: Stade de Bordeaux, Bordeaux
Anstoßzeit: 21.06.2016, 21:00 Uhr
Schiedsrichter: Björn Kuipers

#CZETUR

Auch die Partie zwischen Tschechien und der Türkei beginnt mit einer Trikotdiskussion. Auf der einen Seite geht es um Trikotklau…

Warum tragen die Tschechen unsere Trikots? …
#CZETUR
@Nihan0311

… und auf der anderen Seite wird wieder am Design gemäkelt.

Wurde gegen die Trikots der Türkei schon ein Verfahren eingeleitet?
#CZETUR
@davidgohla

So oder so – es ist eine verwirrende Trikotwahl heute!

Hat jetzt rund eine Minute gedauert, bis ich gerallt habe, wer welches Trikot trägt. Ist ja auch schon spät. #czetur
@ktschk

Im Spiel zeigen zuerst die Tschechen ihr Können, bevor die Türkei aber gleich die erste Chance zur Führung nutzt. Der Neu-Dortmunder Mor erobert erst den Ball und legt ihn dann in die Mitte auf Burak. Der Stürmer macht in der 10. Minute das erste Turniertor für die Türkei.

TOOOOOR für die Türkei! Das erste bei dieser EM - wird ja auch Zeit! #ranEuro2016 #CZETUR
@sat1

Give me Mor! Dortmunds Neuzugang hat soeben das 1:0 für die Türkei vorbereitet. #CZETUR
@spox

Ballon m'Or.
@LarsPollmann

21 - Petr Čech kassierte seinen 21. Gegentreffer bei einer EM, mehr als jeder andere Torhüter der Geschichte. Alleingelassen. #CZETUR
@OptaFranz

Die Partie verläuft weiter munter. Beide Teams müssen für eine Achtelfinalchance gewinnen, sodass sich auf beiden Seiten viele Chancen auftun. Während die Tschechen etwas häufiger vors Tor kommen, sind die Türken aber effektiver. In der 65. Minute trifft Tufan und gibt den türkischen Fans endlich Grund zum Jubeln …

Ist die Türkei eben Europameister geworden? Hört sich auf jeden Fall draußen so an.
#CZETUR #bremen
@andy_vom_deich

Der Kreuzberger Tor-Böllerservice funktioniert #CZETUR
@elquee

… und zum Rechnen. Als Gruppendritter wäre man mittlerweile auf etwas Glück oder auf noch mehr Tore angewiesen.

Aufgeregte Rechenspiele in halb Europa! Für #TUR gilt: Noch 2 Tore und man ist im 1/8-Finale. #EURO2016 #CZETUR 0:2
@TwitterSportDE

Mehr Tore werden es nicht mehr. Zwar kommen die Tschechen nach dem zweiten Gegentor nicht noch einmal zurück, aber die Türkei hat auch keine Pfeile mehr im Köcher. So bleibt nur noch einen Tag gebannt auf die Ergebnisse der Konkurrenz zu gucken und auf ein Weiterkommen zu hoffen.

Tschechien 0:2 Türkei

Aufstellung Tschechien: Čech – Kaderabek, Sivok, Hubnik, Pudil – Plasil (90. Kolar), Darida, Pavelka (57. Škoda) – Dockal (71. Sural), Necid, Krejci

Aufstellung Türkei: Babacan – Gönül, Topal, Balta, Köybasi – Tufan, Inan – Mor (69. Sahan), Turan, Sen (61. Özyakup) – Yilmaz (90. Tosun)

Tore: 0:1 Yilmaz (10.), 0:2 Tufan (65.)
Gelbe Karten: Plasil, Pavelka, Sural – Köybasi, Balta

Stadion: Stade Bollaert-Delelis, Lens
Anstoßzeit: 21.06.2016, 21:00 Uhr
Schiedsrichter: William Collum

#HUNPOR

Manche Traditionen haben sich bei diesem Turnier schon herausgebildet – jedes Island-Spiel bekommt seine Son-Wortspiele, jedes Nordirland-Spiel irgendwas mit Will Grigg und spielt Ungarn, sind Jogginghose-Tweets nicht weit.

Mama, Mama! Schau mal! Du sagst doch immer ich soll Fußballer als Stilvorbild nehmen. Der trägt auch Jogginghose! Mit Socken!
#HUNPOR
@NinaMue17

> "ICH ZIEHE MIR ZUM SPIEL JOGGINGHOSEN AN, WEIL SIE BEQUEM SIND. ICH BIN EIN TORWART UND KEIN MODEL."
>
> *(Gábor Király hat Recht.)*

Fußballerisch liegt der Fokus zu Beginn allerdings auf den Portugiesen. Da stimmt schon sehr viel – bis auf den Abschluss. So geht in der 19. Minute etwas überraschend Ungarn in Führung. Beim aktuellen Stand wäre Portugal gar ausgeschieden!

Das „F" in der Gruppe F steht übrigens für Fußballromantik & Fußballwunder. #HUNPOR #ISLAUT
@FFligge

Ungarn: Gulasch
Portugal: Lasch
@siegstyle

Nach dem Gegentor flacht das Spiel ersteinmal ab. Lange gelingt weder den Ungarn noch den Portugiesen etwas ansehnliches oder zählbares. Kurz vor der Pause sorgt ein Zuckerpass von Ronaldo und Nanis Vollendung für den 1:1-Pausenstand. Ist Portugal jetzt sicher weiter? So ganz sicher ist man sich da bei dem komplizierten Modus nicht.

Überlege grad ob ich die Weltformel löse oder ausrechne wer die besten Gruppendritten werden? #HUNPOR #ISLAUT #EURO2016
@Sebdive

Der neue Modus mit den Gruppendritten sorgt auf jeden Fall dafür, dass wir alle das kleine Einmaleins nochmal üben #ISLAUT #HUNPOR #EURO2016
@Sportschau

Nach der Pause wird es dann wild und unübersichtlich. Erst landet in der 47. Minute ein direkter Freistoß von Dzsudzsák im Netz, …

Da brat mir doch einer einen #Storck, äh Storch! #HUNPOR
@holgereluard

… bevor die Portugiesen eine weiteres Mal ausgleichen können. Ganz standesgemäß macht es der Kapitän Ronaldo selbst mit der Hacke.

unter Druck entstehen Diamanten.
#HUNPOR #cr7
@oliverwurm

#Ronaldo schießt den Anschlusstreffer. Sohn rennt aufgeregt zu Papa und sagt: „Siehste Papa, Ronaldo ist doch keine Pappnase!
@Nady_Sylt

Jetzt jagen beide Teams einfach nur noch von Strafraum zu Strafraum und drücken gleichermaßen auf den Siegtreffer. Endlich haben wir einmal ein spektakuläres Spiel zu bewundern.

Dieses Konzept, einfach mal ohne Abwehr zu spielen, überzeugt mich durchaus. #HUNPOR #EURO2016
@WernerDoye

Was die #UEFA vorher keinem gesagt hat: Die #Euro2016 fängt heute erst richtig an.
#HUNPOR #ISLAUT
@tmsklein

So kommt es wieder dazu, dass Dzsudzsák wieder einen direkten Freistoß auf das portugiesische Tor schießt. Dieses Mal landet er in der Mauer, aber im Nachsetzen bringt der Kapitän seine Ungarn zum dritten Mal in Führung.

Freakspiel. #hunpor
@JungeMitDemBall

Ich dachte Twitter ist verrückt, aber das Fußballspiel ist verrückter!
#HUNPOR
@Solheure66

Während ich einen Tweet verfasse, ändert sich alle paar Sekunden die Grundlage für meine Aussage. So kann ich nicht arbeiten.
#HUNPOR
@duBuzzaBas

Tag des offenen Tors #HUNPOR
@RegenSally

Auf der Gegenseite übernimmt auch wieder der Kapitän das Ruder. Der neu eingewechselte Quaresma flankt in den Strafraum und Cristiano Ronaldo macht seinen zweiten Treffer des Abends. Es steht 3:3.

gucke #HUNPOR
lw, auf #ISLAUT umschalt
2:2
umschalt, wieder umschalt
3:2 umschalt, stay
ISAT 1:1 *umschalt*
3:3 *wieder verpasst*
@berlinerborusse

Beim Kartenkauf noch so:
„Na toll, Vorrunde. Kackspiel. Ungarn gegen Portugal."
Heute:
„Oh. Ganz geil!"
#HUNPOR #EURO2016
@koeppenjan

Was ist denn hier los? Tor, Toor, noch ein Tor, Ausgleichstor., Tor, Toooor! #HUNPOR
@ZDF

Mit großen Augen verfolgen die Fans das Spektakel - wir sind schließlich erst in der 62. Minute und haben gefühlt schon mehr Tore gesehen, als in der gesamten Vorrunde zuvor.

Das kommt dabei raus, wenn 22 Leute einfach nur mal Fußball spielen. Und die Trainer verzweifeln. #EURO2016 #HUNPOR
@HannahGo1900

Schützenfeste sind ja traditionell Ende Juni.
Da geht noch was.
#HUNPOR
@TrishaSiobhan

Nach zwanzig Minuten Vollgas brauchen dann aber beide Mannschaften eine Verschnaufpause – eine Verschnaufpause für den Rest des Spiels. So bleibt es nach einer furiosen Partie beim 3:3 und Portugal ist tatsächlich das Kunststück gelungen, ohne Sieg im Achtelfinale zu stehen. Ein gutes Vorzeichen?

Nach drei Remis in der Vorrunde ist Italien ja 1982 Weltmeister geworden. Just sayin'. #HUNPOR #ISLAUT
@MarcoFuchs74

Ungarn 3:3 Portugal

Aufstellung Ungarn: Király – Lang, Guzmics, Juhász, Korhut – Gera (46. Bese), Pintér – Lovrencsics (83. Stieber), Elek, Dzsudzsák – Szalai (71. Németh)

Aufstellung Portugal: Patricio – Vieirinha, Pepe, R. Carvalho, Eliseu – W. Carvalho – Mário, Moutinho (46. Sanches), Gomes (61. Ricardo Quaresma) – Cristiano Ronaldo, Nani (81. Pereira)

Tore: 1:0 Gera (19.), 1:1 Nani (42.), 2:1 Dzudzsák (47.), 2:2 Cristiano Ronaldo (50.), 3:2 Dzudzsák (55.), 3:3 Cristiano Ronaldo (62.)
Gelbe Karten: Giroud – Chicheş, Rat, Popa

Stadion: Stade de Lyon, Lyon
Anstoßzeit: 22.06.2016, 18:00 Uhr
Schiedsrichter: Martin Atkinson

„Szalai hat die Nummer 9." „Ich dachte, er wäre die 680." #Panini-Talk #euro2016 #HUNPOR

@wigansalazar

Der unglaubliche
FUMS-Arbeitsnachweis

DER GROSSE #EM2016

FUMS
FUSSBALL.MACHT.SPASS.

BÉLA RÉTHY
ARBEITSNACHWEIS

DER RASEN IN LYON IST GEDECKT.	SCHOLLOI	UNGARN FÜHRT. UNGLAUBLICH.	UNGLAUBLICH	WER SICH FÜR STATISTIKEN INTERESSIERT, DEM EMPFEHLE ICH DRINGEND UNSERE ZDF APP.
SALLA-I	DER UNGAR SPIELT IN POLEN, WORAN SIE ERKENNEN, DASS DEN UNGARN JEGLICHE INTERNATIONALE ERFAHRUNG KOMPLETT FEHLT.	DIE RECYCELTE UNGARISCHE MANNSCHAFT.	HERTHA BSC BERLIN	ZOLTÁN GERAOUI
BÜHNE FREI FÜR RONALDO WIEDER. NÄCHSTE STANDARD-SITUATION. WIEDER NICHTS.	DER TORSCHÜTZE, DER ÄLTERE HERR, ZOLTÁN GERA, HAT DEN PLATZ VERLASSEN.	IST AUCH VIEL ZU HEISS FÜR NEN 37-JÄHRIGEN.	HAT DAS TRIKOT NUR EIN BISSCHEN AUSGEZOGEN UM EINE GELBE KARTE ZU VERMEIDEN.	WAS IST DENN HIER LOOOS?
BEVOR MAN WINKT UND REKLAMIERT, KANN MAN JA ERST MAL VERSUCHEN ZU VERTEIDIGEN.	CRISJANO RONALDO	ER HAT SICH ANSCHEINEND AN DER KEHLE VERLETZT, BEIM JUBEL. SIE HABEN IHN FAST ERDRÜCKT.	UNGLAUBLICH	UND DIE HITZE LÄSST NICHT NACH.
STAND JETZT IST RONALDO ,IM MOMENT, DER RETTER PORTUGALS. IM TURNIER.	JEAN MARIO	UNGLAUBLICH	DREI MINUTEN NACHSPIELZEIT. HEISST ALSO NE HALBE MINUTE PRO TOR.	EIN TOLLES SPIEL. AUCH RONALDO KÖNNTE JETZT EIN BISSCHEN WENIGER VERÄRGERT SCHAUEN.

WWW.FUSSBALLMACHTSPASS.DE

215

#ISLAUT

#ISLAUT! Sag' ich in der 5a täglich. #EURO2016
@BruneKerstin

Die Partie gegen Island ist die letzte Chance des Geheimfavoriten Österreich noch zumindest einen Hauch einer „Favoriten"-Aura auszustrahlen. Schließlich können Sie mit einem Sieg immer noch sicher in das Achtelfinale einziehen. Dafür müssen sie aber erst einmal an den Isländern vorbei.

ISLAND	
EinwohnerInnen	334.319
Frauen	-170.503
Männer unter 18	-40.121
Männer über 35	-85.670
Viel zu Dicke	-24.775
Beim Walfang Unabkömmliche	-788
Vulkan-Beobachter in ständiger Bereitschaft	-321
Schaf-Scherer (dzt. Hauptsaison!)	-2.856
Inhaftierte Bankmanager	-23
Einbeinige	-189
Blinde	-265
Isländische Fans im Stadion	-8.781
Teamarzt, Koch und Masseur	-3
Trainer	-1
Rest	**23**

Ein Wunder, dass ein so kleines Land überhaupt eine funktionierende Nationalmannschaft aufstellen kann!
(@VolkerPlass)

Trotz des kleinen Landes keine einfache Aufgabe. In den ersten Minuten gehören die einzigen Großchancen den Isländern – aber zwei Aluminiumtreffer in der Anfangsviertelstunde sind anscheinend nicht genug Weckruf.

OK Österreich, du hast uns genug an der Nase herum geführt und kannst uns jetzt das wahre Können zeigen
#EURO2016 #ISLAUT
@foodqueenlilli

Alaba spielt so, als wäre er in Frankreich jede Nacht mit Ribery unterwegs. #ISLAUT
@guek62

In der 18. Minute dann die verdiente Führung. Der aus einer Handballerfamilie stammende Gunnarsson packt einen seiner berühmten Einwürfe aus, zimmert ihn in Richtung Strafraum und Bödvarsson versenkt den Ball nach einer Weiterleitung von Arnason.

Österreich ist schon ein ulkiger Geheimfavorit. #ISLAUT
@WoZechner

Kommst du nach Hause, siehst die Zwischenstände und fängst an zu lachen.
Sie kennen das.
#HUNPOR #ISLAUT
@BlockN5

Wann hat sich eigentlich Österreich eigentlich das letzte Mal blamiert? War da nicht einmal etwas mit den Faröer Inseln?

Nordseeinseln. Österreichs Waterloo. #ISLAUT
@MSneijder

Nach dem Rückstand kommen die Österreicher noch schwerer wieder ins Spiel.

Österreichs Mittelfeld bleibt öfter hängen als der ORF-Livestream
#ISLAUT
@SebastianHbr

Immerhin bringt Österreich bisher in allen drei Spielen eine konstante Leistung. #ISLAUT
@phil_aich

Für die nächste Großchance bedarf es schon der Hilfe des Schiedsrichters. Skulason zieht Alba im Strafraum zu Boden, Dragović setzt den berechtigten Elfmeter aber treffsicher an den Pfosten.

Österreich hat auch einen Ronaldo.
#ISLAUT
@Kipp_Dotter

Man sollte sich nicht alles vom Ronaldo abschauen #ISLAUT
@liabellafi

Zur Halbzeit bleibt eine absolut ernüchternde Bilanz für die Österreicher. Mit dem EM-Titel wird es so eher schwer...

Spielen wir halt gegen die ukraine gegen den abstieg in die B-WM.
#islaut
@tschahnschpange

Nach der Pause kommt dann mehr Schwung in die Partie der Österreicher. Gerade der eingewechselte Schöpf bringt mehr Schwung in die Partie und sorgt für einige gute Chancen. Folgerichtig belohnt er sich in der 60. Minute dann auch mit dem Ausgleich für sein Team.

Das Glück beim Schöpf gepackt. #1:1 #islaut
@phil_aich

Dieses Tor haben die Österreicher gebraucht. Jetzt ist endlich Leben im Offensivspiel, aber die Isländer sind bereits trainiert im leidenschaftlichen Verteidigen. Mit Mann und Maus stellen sie sich in den eigenen Strafraum und lassen Österreich keine Chance.

Ihr wisst schon, dass zur klassischen österreichischen Sport-Story jetzt ein demoralisierendes Traumtor von #ISL gehört ;-) #ISLAUT
@AnChVIE

Eine erstaunlich zutreffende Prognose. Die anstürmenden Österreicher belohnen sich nicht und stattdessen sorgt Island in der letzten Sekunde der Nachspielzeit noch für den 2:1 Endstand. Die Einwechselspieler Bjarnason und Traustason kommen mit ihrem Konter vor das gegnerische Tor und Traustason schiebt den Ball ins Netz.

Das war Thors Hammer! #ISLAUT
@pets4cats

Der letzte Isländer, der die Westeuropäer so geärgert hat war Eyjafjallajökull. #ISLAUT
@KickSatzer

Der erste Sieg der isländischen EM-Geschichte – die Fans sind außer sich und die Österreicher können ihr bitteres Abschneiden kaum fassen.

Richtig hart wirds erst, wenn ein Isländer die Vierschanzentournee oder auf der Streif gewinnt. #ISLAUT
@oliverwurm

> *Wenn man heute noch zum TV rennen müsste, um umzuschalten, wäre ich in der 2. HZ genauso viel gelaufen wie die Spieler.*
>
> *@HannahGo1900*

Island 2:1 Österreich

Aufstellung Island: Halldorsson – Saevarsson, Arnason, R. Sigurdsson, Skulason – Gudmundsson (86. Ingason), Gunnarsson, G. Sigurdsson, B. Bjarnason – Sigthorsson (80. Traustason), Bödvarsson (71. E. Bjarnason)

Aufstellung Österreich: Almer – Prödl (46. Schöpf), Dragović, Hinteregger – Klein, Baumgartlinger, Ilsanker (46. Janko), Fuchs – Alaba – Arnautović, Sabitzer (78. Jantscher)

Tore: 1:0 Bödvarsson (18.), 1:1 Schöpf (60.), 2:1 Traustason (90.+4)
Gelbe Karten: Skulason, Sigthorsson, Arnason, Halldorsson – Janko

Besondere Vorkommnisse: Dragović verschießt Foulelfmeter (37.)

Stadion: Stade de France, Paris St. Denis
Anstoßzeit: 22.06.2016, 18:00 Uhr
Schiedsrichter: Szymon Marciniak

#ITAIRL

Irland braucht einen Sieg – Italien braucht rein gar nichts. Als einziges Team stand für die Italiener sogar schon der Gruppensieg nach zwei Spielen fest, sodass sie heute mit einer B-Elf auflaufen können. Das gibt den Iren den Raum um ordentlich loszulegen – zunächst fallen beide Teams aber mehr durch ihre Zweikämpfe auf.

Die Taktik der Italiener ist : Auffallen durch hinfallen. #ITAIRL
@katrisha11

Sehr sympathisch bei den Iren: Egal, wie sehr sie von den Italienern umgesenst werden, sie beschweren sich nie. #ITAIRL
@sportschau

Die Italiener stehen in der Defensive gut geordnet und haben kaum Interesse, in die Offensive umzuschalten. Da braucht es schon besondere Tricks.

Jetzt beim #Italiener #pizza bestellen ist gemein, oder? #ITAIRL #EURO2016
@IdefixV

„Der erste Versuch den Ball reinzusingen" #irl :D #ranEuro2016 #ITAIRL
@Kar0ne

Es hat aber keine Chance – es fallen einfach keine Tore. Zur Pause sind die Fans nach den frühabendlichen Herzinfarkten wieder ganz beruhigt.

Endlich wieder schlechte 0:0 Spiele, das #HUNPOR Spiel war zu viel für mich.
#ITAIRL #SWEBEL
@Kitto29O9

Offenbar hat man das Torkontingent für heute schon in den ersten beiden Spielen aufgebraucht.
#SWEBEL #ITAIRL #EURO2016
*@_sebbl_*

Aber nicht alle sind so froh über die eintretende Ruhe.

Bei beiden Spielen ist genau so viel los, wie bei mir auf Arbeit. Also wenn das Licht aus ist. Und wir geschlossen haben. #ITAIRL #SWE-BEL
@sylli09

Nach der Pause geht es aber wieder munterer weiter. Vor allen Dingen auf den Tribünen findet eine beispiellose Party statt!

Vielleicht qualifiziert sich Irland doch noch fürs Achtelfinale. Durch den UEFA-Stimmungskoeffizient. #ITAIRL
@lovisbinder

Macht gerade Spaß, in Rufweite eines belgischen Irish Pub zu wohnen. #SWEBEL #ITAIRL
@JanRoessmann

Grund genug, den Iren bedingungslos die Daumen zu drücken.

Irland sollte diesem italienischen Defensiv-Wahnsinn ein Ende setzen
#ITAIRL
@TineMaschine

Jetzt gebt den Iren doch endlich mal den Zaubertrank! Man reiche ihnen den Baileys rüber.
#ITAIRL
@angelucifa666

Die Italiener, die absolut stabil verteidigen bekommen derweil nur etwas Häme zu spüren.

Kann mal jemand den Italienern die Rollatoren bringen? #ITAIRL
@rutziporiu

Der Wille der Fans wird kurz vor Schluss tatsächlich noch erhört. Erst scheitert Hoolahan noch knapp am italienischen Torhüter, bevor Brady es eine Minute später macht und zum 1:0 einköpft.

84 Minuten nichts und dann treffen die gleichzeitig. Pffff. #SWEBEL
#ITAIRL
@torhamster04

WUNDER
TÜTE
DINGELINGELING!!!
#EURO2016 #ITAIRL
@C_Holler

Noch einige Minuten Vollgas und die Iren haben tatsächlich gewonnen und sind tatsächlich im Achtelfinale!

Die Iren sind in feierlaune, passt auf! Gleich kommen die Todesser!
#ITAIRL
@Vollatina

Italien 0:1 Irland

Aufstellung Italien: Sirigu – Barzagli, Bonucci, Ogbonna – Bernardeschi (60. Darmian), Sturaro, Motta, Florenzi, De Sciglio (82. El Shaarawy) – Zaza, Immobile (74. Insigne)

Aufstellung Irland: Randolph – Coleman, Duffy, Keogh, S. Ward – Hendrick, McCarthy (77. Hoolahan), Brady, McClean – Murphy (70. McGeady) – Long (90. Quinn)

Tor: 0:1 Brady (85.)
Gelbe Karten: Sirigiu, Barzagli, Zaza, Insigne – Long, S. Ward

Stadion: Stade Pierre-Mauroy, Lille
Anstoßzeit: 22.06.2016, 21:00 Uhr
Schiedsrichter: Ovidiu Hategan

McClean. Jetzt weiß ich wonach die Klos am Kölner Hbf benannt wurden. #ITAIRL

@diesergianni

#SWEBEL

Schweden gegen Belgien – die letzte Partie der Vorrunde und ganz traditionell beginnen die Zuschauer das Spiel mit Trikot- und Hashtagdiskussionen. Von der bisher kläglichen schwedischen Offensive kann man schließlich wenig erwarten.

Ein #SWEBEL könnte auch so ein kleines rundes Dingens von IKEA für die Küche sein.
@barfuessler

Die Trikots der Belgier waren eigentlich weiß, aber irgendjemand hat eine blaue Socke mit in die Waschmaschine gegeben.
#SWEBEL
@Patrick_0304

Aber es geschehen noch Zeichen und Wunder. In der fünften Minute kommt Marcus Berg tatsächlich zur allerersten Chance der Schweden in diesem Turnier. Im dritten Spiel.

1. Torschuss nach 3h und 5 min. - Fußball kann so aufregend sein.
#SWEBEL
@siegstyle

Ein Tor gleich mit der ersten Großchance wäre aber auch zu viel verlangt gewesen.

Man bekommt Marcus Berg aus dem HSV, aber nicht den HSV aus Marcus Berg! #SWEBEL #EURO2016
@Ghost_7

Wirklich gefährlich werden die Schweden nicht – dabei muss ohne Frage ein Sieg her. Es bleibt nur zu beten – am besten zu Ibrahimović.

Oooh... der schwedische Prinz ist auch da... nun ja, logisch, wenn der König spielt! #SWEBEL
@minzlkr09

Aber was soll er denn ganz alleine gegen die Belgier ausrichten? Diese spielen heute zwar auch nicht sonderlich stark, aber immer noch sicherer als die Schweden.

Ibrahimović in der Nationalelf wie Asterix ohne Zaubertrank. #SWEBEL #EURO2016
@Pilzeintopf

Selbst wenn drei Schweden vor dem leeren Tor stehen, werden die noch #Ibrahimović anspielen, der sich gerade die Schuhe bindet. #SWEBEL
@ElasUniverse

Gibt es auf Schwedisch eigentlich ein Wort für die pathologische Ibrahimović-Fixierung im Nationalteam #SWEBEL
@chbiermann

Zur Pause stehen endlich ein paar Schweden-Chancen auf dem Spielplan, aber von einem Tor sind die Skandinavier immer noch ein Stückchen entfernt.

Endlich ist die @UEFAEURO wieder die alte! Null Tore in zweimal 45 Minuten. #SWEBEL #ITAIRL
@ERedemann

Tore sind in deinem Land nicht verfügbar. #EURO2016 #ITAIRL #SWEBEL
@KevinKafka

Für den Mist dürfte keine der beteiligten Mannschaften Punkte be-
kommen! #SWEBEL #ITAIRL #EURO2016
@Ghost_7

Die zweite Halbzeit plätschert zu Beginn ähnlich vor sich hin – einige Torschüsse, nichts zwingendes, nichts spektakuläres.

Ich bin froh, dass wir hiernach 2 Tage Pause haben. Ich hab nämlich
keinen Plan mehr, was ich überhaupt noch twittern soll #SWEBEL
#EURO2016
@T_Westside95

Zwar kommen nach und nach immer mehr Torschüsse zustande, auch auf Seiten der Schweden, aber der einzige Treffer der Partie ist letztlich den Belgiern gegönnt. Nainggolan trifft zur Führung und zum Endstand. Jetzt ist klar, dass das schwedische Team nachhause fahren muss – mit Ihnen geht aber auch einer der ganz, ganz, ganz großen von der EM-Bühne.

#hallohallo Alter Schwede. Gott verlässt Frankreich #EURO2016
#SWEBEL
@Sky_Rollo

> "AUCH ICH MACHE FEHLER. ABER WAS EIN FEHLER IST, BESTIMME ICH."
>
> *(Zlatan Ibrahimović mit dem schon vor dem Turnier geäußerten Fazit von Schwedens EM-Teilnahme.)*

Immerhin hat Ibrahimović als einziger Spieler bei der #EURO2016
wie Gott in Frankreich gelebt. #SWEBEL
@footagemagazin

Sein Abschied ist die letzte Szene der Vorrunde, bevor die Spieler und Fans zwei Tage Spielpause gegönnt bekommen.

Schweden 0:1 Belgien

Aufstellung Schweden: Isaksson – Lindelöf, Johansson, Granqvist, Olsson – Larsson (70. Durmaz), Ekdal, Källström, Forsberg (82. Zengin) – Berg (63. Guidetti), Ibrahimović

Aufstellung Belgien: Courtois – Meunier, Alderweireld, Vermaelen, Vertonghen – Witsel, Nainggolan – Carrasco (71. Mertens), De Bruyne, Hazard (90. Origi) – R. Lukaku (87. Benteke)

Tor: 0:1 Nainggolan (84.)
Gelbe Karten: Ekdal, Johansson – Meunier, Witsel

Stadion: Stade de Nice, Nizza
Anstoßzeit: 22.06.2016, 21:00 Uhr
Schiedsrichter: Dr. Felix Brych

Unnützes EM-Wissen #3425: Die mit jeweils einem Pünktchen Gruppenletzten #AUT, #RUS und #SWE kamen alle aus der EM-Quali-Gruppe G.

@davidgohla

ACHTELFINALE

#SUIPOL

Endlich Achtelfinale! Nach zwei Wochen eher gemächlicher Vorrundenspiele, freuen sich alle Fans nun auf ein Spektakel – schließlich müssen jetzt beide Teams auf Sieg spielen. Die deutschen Fans schwanken noch, welchem Team Sie zujubeln sollen – es sind schließlich auf beiden Seiten viele Bundesligaspieler auf dem Feld.

„Für wen bist du bei #SUIPOL?"
„Boah, da bin ich neutral, glaube ich..."
„...okay, also für die #SUI!"
#EURO2016
@s_domb02

Gleich in der ersten Minute müssen die Schweizer tief durchatmen, nachdem Djourous Rückpass bei Lewandowski landet, kann der Schweizer Keeper Sommer nur mit größter Mühe klären.

Die Schweiz bitte auf den Platz zum Achtelfinale, die Schweiz bitte.
#suipol
@sperrenohneball

Sohn (8) hält sich nun immer die Augen zu, wenn Djourou den Ball hat. #SUIPOL
@froumeier

Auch im weiteren Verlauf der Anfangsphase sind die Polen stärker, …

Die Schweiz ist so neutral, das sie noch nicht einmal am eigenen Spiel teilnimmt.
@dogfood

Wenn das Geschehen so spannend ist, dass du dich fragst, was die chinesischen Schriftzeichen auf der Bandenwerbung bedeuten #SUI-POL
@spieltagslyrik

… allerdings bleibt Lewandowski weiter glücklos im Abschluss.

Robert Lewandowski ist ja diese EM so on fire wie Aqua-Man in der Eistonne. #SUIPOL
@CohnWilliam

Sein ehemaliger BVB-Kollege Blaszczykowski macht es da deutlich besser. Nach einer Schweizer Ecke wird die Nati beispielhaft ausgekontert und Kuba schiebt auf der Gegenseite zur polnischen Führung den Ball durch Sommers Beine.

Yann Sommer gegotthardtunnelt. #SUIPOL
@MSneijder

Wenig später folgt der Pausenpfiff. Bisher konnte die Schweiz wenige erfolgsversprechende Mittel gegen die polnische Defensive präsentieren. Ob das noch etwas wird?

Wie hoch stehn eigentlich die Schweizer Flanken?
#EURO2016 #suipol
@S_Braum

Nach der Pause finden die Schweizer aber tatsächlich ins Spiel und sind plötzlich die deutlich bessere Mannschaft. Weder Mehmedi …

Admir die Sintflut. #SUIPOL
@MarcoFuchs74

… noch Seferović können allerdings den Schweizern den verdienten Ausgleich bringen.

Haris bereits drin gesehen. #SUIPOL #EURO2016
@neunzig_plus

Dafür braucht die Nati schon ihren Star Shaqiri. In der 82. Minute packt dieser ein besonderes Sahnetor aus, indem er eine Flanke per lehrbuchreifem Seitfallzieher im polnischen Kasten platziert.

Fallrückscherenschlaquiri !!! #SUIPOL
@riedeldavid

Mach ich auch immer so, dienstags in der Halle. Danach bis Freitag krank geschrieben. #suipol #shaqiri
@sperrenohneball

Aus dem Kraftwürfel wird der Zauberwürfel. #SUIPOL
(@ruhrpoet)

Fallrückzieherli.
#SUIPOL
@itstheicebird

Dieses Tor war dann wohl Kraftwürfelzucker. #SUIPOL
@MSneijder

Nach dem Ausgleich kommt nicht mehr viel von Polen, …

Polen wirkt plötzlich ziemlich blassikowski… #suipol #Euro2016
@HarryHunger

… sodass folgerichtig die erste Verlängerung des Turniers ansteht – Zeit für eine kurze Pause.

„Auch der Schiedsrichter greift zur Flasche."
Prost! #SUIPOL
@PolitinC

Dasselbe denken sich allerdings auch die Spieler in den folgenden dreißig Minuten. Keine der beiden Mannschaften will durch eine unbedachte Aktion das Gegentor kassieren. Kurz vor Schluss wirft die Schweiz noch einmal alles in die Waagschale, aber das erste Spiel mit Verlängerung wird auch das erste Spiel mit einem Elfmeterschießen.

Unser legendärer Zettel von 2006 wäre bei #POL ein legendäres IPad. Lehmann gefällt das nicht, passt nicht in die Stutzen. #SUIPOL
@neunzig_plus

Erst verwandeln die beiden Kapitäne Lichtsteiner und Lewandowski sicher, bevor Granit Xhaka den Ball deutlich über das Tor hinweg schießt. Sehr deutlich.

Granit mal so gut. #SUIPOL
@ChristianHelms

Einwurf Polen. #Xhaka #SUIPOL
@derhuge

Tschakka, hier in Bremen flog eben ein Fußball vorbei, vermisst den jemand?
@Garpswelt

Das Flughafen-Personal in Saint-Etienne hat angerufen. Der Ball von #Xhaka ist gerade gelandet. #SUIPOL #EURO2016 #SUI
@dirk_adam

Xhaka's Ball trifft jetzt die von Ramos und Wagner im Weltall. #SUIPOL
@lukgia

War ja klar – Xhaka hat ja auch gerade erst seinen Wechsel zu Arsenal London bekannt gegeben.

Herzlich willkommen in England, Granit Xhaka! #SUIPOL
@Dercheef

Der Rest des des Elfmeterschießens verläuft unspektakulär – nur auf den Handys wird es etwas chaotisch.

Elfmeterschießen und Pushnachrichten können keine Freunde sein. #SUIPOL
@TorstenBeeck

Nachdem alle weiteren Schützen ihrem Ball im Netz versenkt haben, gewinnt Polen mit 6:5 nach Elfmeterschießen. Dabei haben die Schweizer doch zumindest gegen Ende so gut gespielt…

Die schlechtere Mannschaft mit den besseren Elfmeterschützen ist weiter. Schade, @SFV_ASF #SUIPOL #EURO2016
@MartinVolkmar

Ein Tor wie das von Shaqiri müsste in einem K.o.-Spiel einfach doppelt zählen. #SUIPOL
@fraugrasdackel

Schweiz 5:6 Polen (n.E.)

Aufstellung Schweiz: Sommer – Lichtsteiner, Schär, Djourou, Ricardo Rodriguez – Behrami (77. Fernandes), G. Xhaka – Shaqiri, Džemaili (58. Embolo), Mehmedi (70. Derdiyok) – Seferović

Aufstellung Polen: Fabianski – Piszczek, Glik, Pazdan, Jedrzejczyk – Krychowiak, Maczynski (101. Jodlowiec) – Blaszczykowski, Grosicki (104. Peszko) – Lewandowski, Milik

Tore: 0:1 Blaszcykowski (39.), 1:1 Shaqiri (82.)
Gelbe Karten: Schär, Djourou – Jedrzejczyk, Pazdan

Elfmeterschießen: 1:2 Lichtsteiner; 2:2 Lewandowski; G. Xhaka verschießt; 2:3 Milik; 3:3 Shaqiri; 3:4 Glik; 4:4 Schär; 4:5 Blaszczykowski; 5:5 Ricardo Rodriguez; 5:6 Krychowiak

Stadion: Stade Geoffroy-Guichard, Saint-Etienne
Anstoßzeit: 25.06.2016, 15:00 Uhr
Schiedsrichter: Mark Clattenburg

#WALNIR

Wales scheut bei diesem Turnier kein Inselduell – nach der knappen Vorrundenniederlage gegen England steht nun Nordirland bereit. Gerade nach dem britischen Brexit-Votum eine spannende Partie.

Um den britischen Nachmittag komplett zu machen, pfeift ein englischer Schiri. Wir sind gespannt. #EURO2016 #WALNIR
@sportschau

#WALNIR wird wirklich von einem englischen Schiedsrichter geleitet!? Die UEFA hat Humor. #EURO2016
@RheinReporter

All meine Liebe für die Frau auf der Tribüne bei den Walisern, die eine Europaflagge hochhielt. #WALNIR
*@schmollbraten_*

Bisher sind beide Teams insbesondere durch ihre großartigen Fans beliebt geworden – kein Wunder, dass die inoffizielle Nordirische Hymne da schon mit dem Anpfiff das Hauptthema ist.

5.Min
„Naja,sie werden #WillGriggsOnFire ja nicht 90Min lang singen"
90.Min
„Sie...Sie hören einfach nicht auf"
11m-Schießen
„...." #WALNIR
@DerJulian

Liebe #ARD, solange #WillGriggsOnFire ertönt bitte Gerd Gottlob
stummschalten. Danke.
NA NA NA NANANA NA NA
#EURO2016 #walnir
@S_Braum

Bei den fantastischen Fans und mit dem Außenseitercharme
auf beiden Seiten – wer ist da jetzt der Favorit oder Fanlieb-
ling?

Probleme eines Fußball-Fans: Wenn beide Teams so sympathisch
sind, dass man nicht weiß, für wen man jetzt sein soll #WALNIR
#EURO2016
@spox

Egal! Es ist auf den Rängen eine einzige Party!

Ich wüsste gerne wie lange die Fans aus #NIR brauchen würden das
Stadion abzureissen, wenn Will Grigg in der 90+X das 0:1 erzielt.
@flocaputmundi

Auf dem Platz dagegen ... puh ... die Mittel beider Teams
sind da eher überschaubar.

Fans Weltklasse , Spiel Kreisklasse #WALNIR #EURO2016
@Ter2303

Das ist hier aber zum Teil ein ziemlich hohes Niveau. Also: des Bal-
les. #EURO2016 #WALNIR
@sportschau

Zur Pause steht zwar ein Abseitstor der Waliser auf dem
Spielbericht, aber ansonsten mangelte es an jeglichen Chancen.

Is Halbzeit? überschaubarer Kick, geiler Soundtrack!! #WALNIR
@WolffFuss

Wales und Nordirland arbeiten den #Brexit spielerisch auf. #WAL-NIR #gruselkick
@FensterRentner (Otto Redenkämpfer)

Beste Szene dieses Spiels: Shaqiri-Tor wird in der Pause auf der Leinwand gezeigt. Entsprechendes Staunen der walisischen Fans. #WALNIR of
@zeitonlinesport

> SIEHT AUS WIE 4. LIGA ENGLAND, ABER MIT UNSERER SPORTART HAT DAS NIX ZU TUN."
>
> *(Mehmet Scholl - ehemaliger 4.-Liga-Trainer)*

Nach der Pause geht es ähnlich weiter. Zwar versuchen die Waliser nun mehr, die Torchancen lassen sich aber weiter an einer Hand abzählen.

Die Distanz zum Tor ist nicht 27m sondern ca. 66 Minuten.
#WALNIR
@wortwicht

Wahrscheinlich wird das das erste 0:0 in der Geschichte der Achtelfinale, weil keiner Bock hat noch länger zu bleiben. #WALNIR
@CohnWilliam

Statt der etwas öden Partie wollen die Zuschauer lieber die Ränge bestaunen ...

können wir statt des spiels nicht einfach nur die fans sehen?
#WALNIR
@katjaberlin

… oder endlich ihren Star dieser EM auf dem Platz sehen: Will Grigg.

Dieser Will Grigg ist doch auch nur eine Erfindung der Fans.
Oder hat den schon mal jemand gesehen?
#WALNIR
@TineMaschine

Will Grigg wird nicht spielen, macht euch keine Hoffnungen. Der hat mindestens Verbrennungen 3ten Grades.
#WALNIR
@m_blocksberg

Hauptsache es passiert etwas und dem Elend wird ein Ende gesetzt.

Bei diesem Spiel beneiden neutrale Zuschauer im Stadion die Stewards, die mit dem Rücken zum Rasen sitzen. #WALNIR #EURO2016
@sportpmueller

Abpfiff. Beide Mannschaften tun sich fürs Viertelfinale zusammen. Fertig. Verlängerung ertrage ich bei diesem Spiel nicht. #WALNIR #Euro2016
@bloggdoch

Ich biete dem Spieler 50 Euro, der ein Eigentor schießt und damit den Zuschauern eine Verlängerung erspart. #WALNIR
@emshapro

Das Spiel wird bestimmt durch ein Eigentor entschieden. Die Vorlage wird ein Fehlpass sein. #WALNIR
@Dercheef

Es war wohl zu offensichtlich, worauf das hier hinaus läuft. Es kommt tatsächlich in der 75. Minute das Eigentor der Nordiren. Nach einigen besonders flauen Minuten versucht McAuley eine Flanke von Bale abzuwehren, sorgt aber unglücklich für die 1:0 Führung der Waliser.

Es konnte nur durch ein Eigentor gelöst werden. Brexit Style. #WAL-NIR
@rammc

Nicht übertreiben mit dem Lästern über das Spiel. Die Flanke von Bale ist perfekt. #walnir
@Reporter_vorOrt

McAuley ist nun sowohl der erste Torschütze als auch der erste Eigentorschütze der nordirischen EM-Geschichte – Respekt! Für die Fans bleibt er aber auch weiterhin ein Held.

Der Verteidiger macht das vielleicht entscheidende Eigentor, wird ausgewechselt und was machen #nir Fans? sie klatschen! Weltklasse #walnir
@gelsen

#WALNIR schlechtes spiel, aber TOLLE Fans - erste gemischte fankurve #EURO2016 und null stress - respekt!
@alexwuerzbach

Für McAuley kommt in der 84. Minute kommt Magennis – es ist der dritte Wechsel der Nordiren. WAS? Kein Will Grigg? Das muss man erst einmal verdauen!

Wenn O'Neill heute nicht Grigg einwechselt, hat er den Fußball nie geliebt. #WALNIR
@guek62

Der nordirische Trainer weiß einfach ein gutes Meme nicht zu schätzen. #euro2016 #walnir
@horn

Und am Ende hat der inzwischen wohl bekannteste Spieler der #EURO2016 nicht eine Sekunde gespielt. #WillGriggsOnFire #WAL-NIR
@derSchahidi

Ich vermute das Will Grigg trotzdem Spieler des Turniers wird. #Euro2016 #WALNIR
@OlisCartoons

Auf der anderen Seite steht Will Grigg noch immer in Flammen. #WALNIR of
@zeitonlinesport

Ohne Grigg geht in den letzten Minuten auf beiden Seiten nicht mehr viel. Ein paar Hakeleien …

„Die beiden Williams kollidieren". Bis eben dachte ich, den Satz gibt's nur in der #Formel1 #WALNIR #WAL
@vcatalina96

… und das Spiel ist aus. Berauschend war es nicht, aber Wales steht verdient im Viertelfinale.

„Wir haben gewonnen!"
„Toll! Was habt ihr gemacht?"
„Nichts."
@emshapro

Ihr könnt übers Niveau meckern. Was es hier aber nicht gibt: elende Zeitschinderei und Schauspielerei. #WALNIR
@a_rickmann

Ich stelle mir gerade vor, was ihr über die Spiele der Griechen 2004 getwittert hättet. #WALNIR
@FedorFreytag

Ihren größten internationalen Erfolg feiern die Waliser gemeinsam mit ihren Kindern auf dem Rasen – ein rührendes Abschlussbild!

Herrlich! Die Kids der Spieler kicken aufs leere Tor und tausende Wales-Fans feiern jeden Treffer. #WALNIR
@zeitonlinesport

Hab eben laut „TOOOR!" in den Innenhof gebrüllt.

In mindestens 5 Wohnungen gingen hektisch Fernseher an.

Wie man spielfreie Tage auflockert.

@plahnungslos

> *Wenn wir nochmal auf Nordirland treffen, dann sollten wir der Fairness halber auch nur Spieler aus Norddeutschland aufstellen. #WALNIR*
>
> *@rebel_berlin*

Wales 1:0 Nordirland

Aufstellung Wales: Hennessey – Gunter, Chester, A. Williams, Davies, Taylor – Ramsey, Ledley (63. J. Williams), Allen – Vokes (55. Robson-Kanu), Bale

Aufstellung Nordirland: McGovern – Hughes, McAuley (84. Magennis), Cathcart, J. Evans – Norwood (79. McGinn) – J. Ward (69. Washington), C. Evans, Davis, Dallas – K. Lafferty

Tor: 1:0 McAuley (75./Eigentor)
Gelbe Karten: Taylor, Ramsey – Dallas, Davis

Stadion: Parc de Princes, Paris
Anstoßzeit: 25.06.2016, 18:00 Uhr
Schiedsrichter: Martin Atkinson

#CROPOR

Dank der besonderen Turnierbaumkonstellation kegeln sich Spanien, Italien, England, Frankreich und Deutschland schon auf dem Weg ins Finale gegenseitig raus. Für viele ist daher klar: hier wird heute ein Finalteilnehmer gekührt.

Sportjournalisten und viele hier auf Twitter haben Kroatien als neuen Geheimfavoriten ausgemacht.
Also scheiden sie heute aus #CROPOR
@TobiasEscher

Fußballerisch wird es jetzt sicher besser als bei #WALNIR. Wird spannend. #CROPOR #EURO2016
@FlorianKoenig1

Er hat ja keine Ahnung… Aber schauen wir lieber erst einmal auf die Trikots. Ist ja eine alte Tradition und gerade die mint-farbenen Portugiesen sind eine wahre Augenweide.

Portugal in Schlafanzügen. Das kann ja was werden. #CROPOR
@Sprachpingel

Die gegnerische Mannschaft mit den Trikots hypnotisieren und dann schnell Tore schießen. Schlau von den Kroaten! #EURO2016
#CROPOR
@sportschau

Von Weitem sehen die 22 Pastell-Männchen aus wie eine Lillifee-Tapete. #EURO2016 #CROPOR
@BruneKerstin

Umweltbewusst. Für die Trikots der Portugiesen wurde offensichtlich ausrangierte OP-Bekleidung recycelt. #CROPOR
@DasHausDieFrau

Mindestens genauso spannend ist die rot-weiße Karofrisur von Perišić.

Rasenschach. Und Perišić hat's kapiert und sich ein Schachbrett in die Haare gemacht. #EURO2016 #CROPOR
@sportschau

Krass, die Kroaten haben ihre Trikots nach der Frisur von Perišić gestaltet. #CROPOR
@goedcorner

Wieso sprechen wir eigentlich nicht über das Spiel?

Trikots, Frisuren und Bela Réthy. Das spricht nicht gerade für das Spiel, wenn Zeit ist über diese Themen zu diskutieren.
#CROPOR
@Patrick_0304

Keine Offensivaktionen auf beiden Seiten sprechen nicht gerade für ein spannendes Spiel. Anscheinend wollen die Teams demonstrieren, wie man das Niveau von Wales gegen Nordirland noch einmal klar unterbieten kann.

Hey @ZDFsport, damit endlich jemand die Funktion nutzt, schauen wir jetzt mal das komplette Spiel in der Coach-Cam #CROPOR
#EURO2016
@spox

Ein Elfmeterschießen würde dem Spiel guttun. Jetzt.
#CROPOR
@LittleHorney

Wozu eigentlich diese 120 Minuten Aufwärmen vor dem Elfmeter-schießen? #CROPOR
@Halbzeit3

Bei #WALNIR wurde wenigstens noch schön gesungen! #CROPOR #EURO2016 @UEFAEURO #skyEM
@CMetzelder

Manchmal sollte man die Spiele von Geheimfavoriten einfach ge-heim halten. #CROPOR
@footagemagazin

Zur Pause steht es weiterhin 0:0 – leider auch in der Tor-schussstatistik.

„Für Taktikinteressierte ein tolles Spiel, für normale Fußballfans sterbenslangweilig" - was für eine subtile Beleidigung. #CROPOR
@drosophila

Immerhin haben wir alle mehr Zeit für Twitter. #CROPOR
@JoRoe14

Motto dieser #EURO2016: Wenn alle ungefähr gleich schlecht sind, wird es irgendwie schon wieder spannend #CROPOR
@Hossaar

Nach der Pause genau dasselbe Bild – so langsam macht sich Verzweiflung breit. Wer kann einen da noch retten?

#CROPOR ist wie #WALNIR ohne Will Grigg.
@tschroeder1975

Ein Isländer würde der Partie jetzt gut tun. #CROPOR
@wortuose

Aber andere Spieler lassen sich nicht so schnell einbürgen. So scheint der einzig sinnvolle Weg die Ablenkung zu sein.

Das Trikot der Kroaten hat 117 rote und 116 weiße Rechtecke. Für euch gezählt #CROPOR
@minzlkr_09

Jetzt ist es soweit.Ich lese die Bandenwerbung.Und ich glaube, ich bin nicht allein, sonst wären die Spieler schneller... #CROPOR #EURO2016
@AnjaHeyde

Und die portugiesischen Fans denken sich: „So. Wir singen den Ball jetzt einfach ins Tor"
#CROPOR
@gedankensprudel

Um die sechzigste Minute dürfen die Fans dann ganz leicht aufhorchen – es spricht aber nicht gerade für die Partie, dass zwei mittelmäßige Chancen schon das Maximum an Spannung darstellen.

Wem kein Sieg. 3 Punkte. Und mäßige Leistungen nicht als Begründung reichen, warum #por nichts im 1/8 Finale zu suchen hat, guckt...#CROPOR
@c_stra

Die eigentliche Überraschung: Nach 65 Min #Pepe gegen #Mandžukić trägt noch immer niemand auf dem Platz nen Turban. #CROPOR #EURO2016
@Alex_Schlueter

Ein Spiel wie eine Rede von Stoiber. #CROPOR #Ähhm
@frankie1960

Wie macht man mit so einer Partie? Man schaltet um, …

Wie haben bei #CROPOR einen Gewinner!! Netflix.
@gemuellert

Würden ja gerne #CROPOR weitergucken,
aber auf ZDFneo senden sie gerade eine Echtzeit-Dokumentation
über den Winterschlaf des Murmeltiers.
@3mausimhaus

… man grübelt über den Hashtag, …

Der Hashtag für dieses Spiel sollte NOEL sein.
Not gegen Elend. #CROPOR
@gedankensprudel

Dieses Spiel ist so spannend, dass ich darüber nachdenke, wie wohl
ein #Cropor als Tier aussehen würde.
@Timotion

… oder man schläft einfach.

Dass es bisher keine gelbe Karte in diesem Spiel gab, liegt vermutlich
daran, dass auch der Schiedsrichter eingeschlafen ist. #CROPOR
@koerbi

Ich finde, die Mannschaft, die alle anderen tot gelangweilt hat, soll
die EURO gewinnen. #CROPOR
@siegstyle

Ab den Achtelfinalen wird's spannend. Haben sie gesagt. Da müssen
die Mannschaften viel mehr riskieren. Haben sie gesagt. #CROPOR
@timjope

Ich habe schon Raufasertapeten erlebt, die mich emotional mehr
mitgenommen haben. #CROPOR
@GNetzer

Wer sich #CROPOR reinzieht, kann sich auch ne #RWO Dauerkarte kaufen...schlimmer ist's bei uns auch nicht! #EURO2016 – gelangweilt
@RWO_offiziell

So langsam schlägt die Langeweile in leichte Aggressionen um.

Glaub, Marcel Reif wäre angesichts dieses Kicks (völlig zurecht!) persönlich beleidigt und würde den inneren Klaus Kinski rauskehren #CROPOR
@voegi79

Ich mag Bela Réthy, aber was würde ich dafür geben, dass Marcel Reif diese Partie in Grund und Boden beleidigt #CROPOR
@TobiasEscher

Zur Strafe muss sich jeder Beteiligte noch heute Nacht dieses Spiel in der Wiederholung anschauen. #CROPOR
@BenniZander

Hier passiert so wenig – anscheinend sind beide Teams schon gedanklich im Elfmeterschießen.

Elfmeterschießen ist übrigens nie ein Plan, sondern ein Eingeständnis des eigenen Scheiterns #CROPOR
@TobiasEscher

Ich kann verstehen, warum niemand ein Tor schießt. Wenn man schon Elfmeterschießen geübt hat, will man das den Menschen auch zeigen
@Patrick_0304

Wobei selbst das schwierig werden könnte.

Elfmeterschiessen ist auch ziemlich fies, wenn die Torhüter quasi „kalt" sind... #CROPOR
@polyvalenz

Shots on Target: 0
Und ich hab Angst, dass das nach den ersten 10 Elfern immer noch so ist... #CROPOR #EURO2016
@Curi0us

Das Spiel #CROPOR wird morgen unter Ausschluss der Öffentlichkeit beim Stand von 0:0 i.E. nach drölfzigtausend Schützen fortgesetzt!
@platscher

Um sicher zu gehen, dass Tore fallen, muss das Spiel eigentlich durch ein Dreimeterschießen entschieden werden. #CROPOR
@footagemagazin

Nach diesem Offensivfeuerwerk werde ich mich vor jedem einzelnen Elfmeter höllisch erschrecken. #CROPOR
@BenniZander

Zumindest die Verlängerung folgt und setzt das Spektakel nahtlos fort.

Die Holländer sind einfach die Schlausten. Das tun die sich nicht an. #EURO2016
@ThomasHitz

#CROPOR - wenn ein Schiedsrichterpfiff es in die Montage mit den Höhepunkten schafft
@lazarbackovic

Die Torhüter werden für heute Abend aber nicht bezahlt, oder? #EURO2016 #CROPOR
@BruneKerstin

Ohne Witz, meine Frau macht gerade Steuererklärung.
Was glaubt ihr wie doof die guckt, wenn ich ihr jetzt sage, dass ich
sie beneide
@Schnudelhuber_8

Fast. Die letzten fünf Minuten bieten dann doch plötzlich noch Fußball. Erst wehrt Vida knapp eine portugiesische Ecke ab, dann trifft Perišić auf der anderen Seite den Pfosten und in der 117. Minute kommt es tatsächlich zum erlösenden Treffer. Irgendwie bringt Nani den Ball in den Strafraum, Ronaldo schießt und Quaresma köpft seinen Abpraller über die Linie.

Und für so nen lapidaren Scheiß haben die jetzt 116 Minuten ge-
braucht? Leckt mich. #CROPOR
@jisabellai

Hö? Da stehen Tore? #EURO2016 #CROPOR
@BruneKerstin

Jetzt sind auch endlich die Kroaten wach, schaffen es aber nicht mehr, die letzten guten Chancen im Tor zu platzieren. Die Partie ist tatsächlich vorbei und endet mit einem 1:0 für Portugal.

Alle, die erst jetzt reingeschaltet haben, bekommen einen völlig fal-
schen Eindruck vom Spiel :D #CROPOR #EURO2016 #skyEM
@CMetzelder

Im Viertelfinale ohne Sieg in der regulären Spielzeit? Auch einzigartig!

1:1 + 0:0 + 3:3 + 0:0 = Viertelfinale.
Portugal bei der #EURO2016. #cropor
@riedeldavid

Den Fans bleibt nur noch übrig, die Wunden zu lecken und auf spannendere Partien an den nächsten Tagen zu hoffen.

Wie haben wir früher solche Spiele eigentlich ohne Twitter überstanden? #CROPOR #EURO2016
@Wissenssucher

Schön, dass sie gestern nochmal das Aufstiegsspiel Wolfsburg-Mainz von 1997 wiederholt haben, aber:
Wo war Roy Präger?
#CROPOR #Euro2016
@MickyBeisenherz

Kroatien 0:1 Portugal (n.V.)

Aufstellung Kroatien: Subašić – Srna, Ćorluka (120. Kramaric), D. Vida, Strinic – Modrić, Badelj – Brozovic, Rakitić (110. Pjaca), Perišić – Mandžukić (88. N. Kalinic)

Aufstellung Portugal: Patricio – Soares, Pepe, Fonte, Guerreiro – W. Carvalho – Mário (87. Ricardo Quaresma), A. Silva (108. Pereira), Gomes (50. Sanches) – Nani, Cristiano Ronaldo

Tor: 0:1 Ricardo Quaresma (117.)
Gelbe Karte: - – W. Carvalho

Stadion: Stade Bollaert-Delelis, Lens
Anstoßzeit: 25.06.2016, 21:00 Uhr
Schiedsrichter: Miguel Carballo

Das ist aber ein kecker
FUMS-Arbeitsnachweis!

DER GROSSE #EM2016

FUMS
FUSSBALL.MACHT.SPASS.

BÉLA RÉTHY
ARBEITSNACHWEIS

BEIM AUFWÄRMEN DACHTE ICH, ER HÄTTE EINE KOPFVERLET-ZUNG, ABER ES IST (...) DIE KORATISCHE FLAGGE.	SAUSHÄMTON	SAUSHEMDEN	SEHR STARK VERDICHTENDE PORTUGIESEN.	JEAN MARIO (7)
HEUTE FÄLLT AUF JEDEN FALL EINE ENTSCHEIDUNG.	WENN SIE NOCH MEHR SEHEN WOLLEN, FINDEN SIE IN DER ZDF APP...	PERÜSITSCH	DAS WAR KEIN FOUL. SONDERN EINE UNGLÜCKLICHE BEGEGNUNG.	JOHN MARIO (9)
MODRIC IST ZUGEDECKT MEHR ODER WENIGER.	DAS IST ABER KECK HIER.	FÜR TAKTIK-INTERESSIERTE EIN TOLLES SPIEL. FÜR NORMALE FUSSBALL-FANS STERBENS-LANGWEILIG.	SIIIIIIRRRNA	MACHT KEINEN SPASS, ABER IST GANZ INTERESSANT.
RENATO SANCHES, DER 18-JÄHRIGE.	EINWURF FÜR KARIERT. FREISTOSS, ES GIBT FREISTOSS.	ELFMETER. ER ZEIGT AUF DEN PUNKT. WAR NE MISSVERSTÄNDLICHE GESTE. ES GIBT ABSTOSS.	ES IST EIN ELFMETER. DAS WAR EINE GANZ SONDERBARE GESTE.	DER NICHT MEHR GEHEIME GEHEIMFAVORIT.
OFENSIVE	VIDA. ALSO WIEDER VIDA.	AUF KNÖCHELHÖHE KANN MAN NICHT KNÖPFEN. KÖPFEN.	DER HAT EINEN BUDDY, DER 18-JÄHRIGE.	MODDUS.

WWW.FUSSBALLMACHTSPASS.DE

#FRAIRL

Nun beginnt auch für den Gastgeber die K.O.-Runde. Vor der Partie müssen die Spieler und Fans aber erst einmal die übliche Show abwarten. Erst gibt es einen kleinen Eröffnungstanz …

Warum man Fußballstimmung mit Ausdruckstanz erreichen will, versteh ich auch im Achtelfinale immer noch nicht #FRAIRL #FRA
@minzlkr09

… und danach kommen die Hymnen.

Iren singen inbrünstig die Marseillaise. Franzosen applaudieren nach der Irland-Hymne. Respekt! #FRAIRL #dpareporter
@Jens0401

Klar ist bis jetzt nur eines.

Ich lege mich fest, einer wird ins Viertelfinale einziehen. #FRAIRL
@JungeMitDemBall

Fans und Spieler sind kaum richtig auf dem Platz, da fällt schon das erste Tor. Was? Für Irland? Wie denn das? Nachdem Paul Pogba Shane Long im französischen Strafraum von den Beiden holt, entscheidet Schiedsrichter Rizzoli direkt und korrekt auf Strafstoß. Brady schießt und versenkt den Ball nach nur 118 Sekunden im Netz.

Mein Fernseher ist kaputt. Der zeigt eine 1:0 Führung für Irland.
#FRAIRL
@kaot50

Ein Tor in der zweiten Minute? Das ist nicht mehr meine EM!
#FRAIRL
@Inschka

#hallohallo #FRAIRL Einfach Ire
@Sky_Rollo

Grandiose Schiri-Leistungen. Kann man nicht oft genug sagen. Die kriegen sonst auch bei jeder Gelegenheit auf den Deckel. #FRAIRL
@fetzi6

Das kann doch nicht mit rechten Dingen zugehen. Vielleicht haben die Iren ja mit etwas Zauberei nachgeholfen?

„Die Iren können doch eigentlich gar nix."
„Die sind Weltmeister im Quidditch!"
EM-Experten-Gespräch #FRAIRL
@skarowski

Jetzt müssen die Iren ihren Vorsprung nur noch 88 Minuten und etwas Nachspielzeit halten und das Team steht im Viertelfinale. Sollte doch machbar sein, oder?

Die Iren haben übrigens weder bei einer EM noch bei einer WM ein Spiel nach einer Führung noch verloren.#FRAIRL
@sportschau

Der Schiri ist rot, Frankreich ist blau. Irland gewinnt, das weiß ich genau. #FRAIRL #EURO2016
@Vassility

Nur noch 4.680 Sekunden überstehen, liebe Iren. Jetzt nur noch 4.675. #FRAIRL
@Marvin_Ronsdorf

Die Franzosen finden zwar erst langsam zurück ins Spiel,

sind aber dennoch drückend überlegen. Gleichzeitig verteidigen aber die Iren um ihr Leben!

Die Iren verteidigen das 0:1 wie ihr letztes Guinness im Kühlschrank ;) #FRAIRL #EURO2016
@pManderfeld

Zumindest in die Halbzeit haben sich die Iren mit ihrer Führung schon einmal gerettet. Zeit sich schon einmal mit den wirklich wichtigen Fragen zu beschäftigen.

Kann denn Frankreich überhaupt nach Hause fahren? #FRAIRL
*@derVossi_*

Nach der Pause kommt Frankreich dann noch stärker zurück aufs Feld und belohnt sich wenige Minuten später gleich doppelt. Erst trifft Griezmann in der 58. Minute per Kopfball zum 1:1 …

Griezmann eiskalt vor der Kiste, genau wie meine Frau. #EURO2016 #FRAIRL
@choreosa

… und drei Minuten später netzt er ein zweites Mal ein.

Planänderung: Hat wer die Nummer von Griezmann? #FRAIRL
@ThommyTuchel

Von Griezmann rausgehauen, Irland also auf Bayern-Augenhöhe.
@Arne1904

Als dann in der 66. Minute Duffy nach einer Notbremse an Griezmann als erster Spieler das Turnier mit glatt Rot verlassen muss, ist Frankreich nicht mehr bezwingbar. Viel mehr Spektakel vertragen die Fans aber auch nicht mehr.

*Drei Tore nach nur einer Stunde, rote Karte, viele Torraumszenen -
das ist nicht mehr meine #EURO2016 #FRAIRL*
@PameFCB

Ein paar Versuche zur Endscheidung starten die Franzosen noch, aber es bleibt letztlich beim knappen 2:1 Sieg. Die Gastgeber dürfen weiter an den Titel glauben und zu den Iren bleibt nur ein Fazit:

Die irischen Fans werden fehlen. #FRAIRL
@kofi2go

(von Hannah Gobrecht)

Frankreich 2:1 Irland

Aufstellung Frankreich: Lloris – Sagna, Rami, Koscielny, Evra – Matuidi, Kanté (46. Coman / 90. Sissoko), Pogba – Griezmann, Payet – Giroud (73. Gignac)

Aufstellung Irland: Randolph – Coleman, Duffy, Keogh, S. Ward – Hendrick, McCarthy (72. Hoolahan) – Brady, McClean (68. O'Shea) – Long, Murphy (65. Walters)

Tore: 0:1 Brady (2./Foulelfmeter), 1:1 Griezmann (58.), 2:1 Griezmann (61.)
Gelbe Karten: Kanté, Rami – Coleman, Hendrick, Long
Rote Karte: Duffy (66.)

Stadion: Stade de Lyon, Lyon
Anstoßzeit: 26.06.2016, 15:00 Uhr
Schiedsrichter: Nicola Rizzoli

#GERSVK

Nachdem der Gruppensieg der deutschen Mannschaft gegen Nordirland perfekt gemacht wurde, trifft man im Achtelfinale in Lille nun auf die Slowakei. Jenes Team, gegen das man kurz vor dem Turnier noch 1:3 unterlag.

#GERSVK heute wird mit dem Spiel von vor vier Wochen genauso viel zu tun haben wie das Achtelfinale mit Österreich – nämlich nichts. #EM2016
@OliverKahn

Während die David-Guetta-Gedächtnis-Show vor dem Spiel gerade vorbei ist und die Nationalhymnen bereits erklingen, ist man auf Twitter noch auf der Suche nach dem richtigen Hashtag. Ist es vielleicht gar nicht die Slowakei (#SVK) auf die man hier trifft, sondern doch Slowenien (#SLO)?!

#GERSLO in den Trends. Einmal mit Profis.
@davidgohla

Die Aufregung über den falschen Hashtag #GERSLO legt sich jedoch ganz schnell wieder, denn Jerome Boateng knallt den abgewehrten Ball nach einer Ecke gekonnt aus 19 Metern links unten ins Eck.

Knaller vom beliebtesten Nachbarn Deutschlands #GERSVK
@gelsen

Der Schuss von Boateng kam von so weit weg, die nächsten Länderspiele macht er vom Home-Office aus. #GERSVK
@GebbiGibson

Die „Wade der Nation" haut das Ding rein! Yes, Boateng!!! #GERSVK
@Rautenliebe1900

Jerome BoaPÄNG erzielt damit nicht nur sein erstes Länder-spieltor im 63. Einsatz, sondern schreibt noch ganz neben-bei ein bisschen EM-Geschichte. Es ist nämlich das bis dato schnellste Tor einer deutschen Nationalmannschaft bei ei-nem EM-Turnier – und dann auch noch so ein Knallerding.

Boatengs Schusskraft wird in Nachbar gemessen. #GerSvk
@LupusCGN

Auch DAS ist #Boateng...Nicht in die Fankurve SICH feiern lassen, sondern zu den Leuten, die seine Wade gepflegt & behandelt haben! #GERSVK
@DerJulian

> „WURDE OFT GEFRAGT, WANN ICH MAL EIN TOR MACHE. HABE GESAGT: DAS HEBE ICH MIR FÜRS TURNIER AUF."
>
> *(Jérome Boateng hätte jederzeit treffen können – war halt nur nie so wichtig!)*

And… always remember…

Liebe #AfD-Wähler: Für euch steht es noch 0:0 #GERSVK
@robvegas

Nur fünf Minuten später wird Gomez im Strafraum zu Fall gebracht. Den folgerichtigen Elfmeter schießt Mesut Özil leider zu lässig in die rechte Ecke. Der slowakische Torwart Kozacik ist in der richtigen Ecke und pariert.

Der Torwart aus Pilsen beim Elfmeter mit einer Bierruhe. #gersvk
@JungeMitDemBall

Nun müssen erstmal grundlegende Dinge geklärt werden...

Was macht Özil eigentlich beruflich? #gersvk
@t_al

Warum man Müller dann da nicht den EM-Torfluch beenden läßt,
bleibt ein Rätsel. #elfmeter #GERSVK
@oliverwurm

80 Mio. Bundestrainer schlagen die Hände überm Kopf zusammen.
So nicht, Herr Özil. #GERSVK
@BeiAnja

Endlich wieder auf dem Sofa sitzen und alles besser wissen #GERSVK
@Patoempf

Was machen eigentlich die Slowaken? Spielen die auch mit?
Oder anders gefragt: Was treibt eigentlich der beschäfti-
gungslose Manuel Neuer so?

Fun fact: Manuel Neuer macht währenddessen gerade seine Steuer-
erklärung.
@m_blocksberg

Manuel Neuer kaut an einem Strohhalm und liest mit einem leich-
ten Schmunzeln live auf seinem Klapphandy unsere Tweets über ihn.
#GERSVK
@drosophila

Neuer könnte ja inzwischen paar Fotos vom Spiel twittern. Zeit hät-
te er ja! #GERSVK
@ornithologin

Manuel Neuer pflanzt im 16er grad ein paar Tomaten an, schneidet sich die Fußnägel und zählt die Löcher im Netz. #GERSVK
@BierhalsensMax

Bei dem 54. Loch muss Manuel Neuer plötzlich aufhören zu zählen, denn die Slowaken tauchen wie aus dem Nichts mit einer riesigen Kopfballchance vor Manuel Neuer auf. Mit einer Reaktionszeit von -2 Sekunden verhindert er den Ausgleich und lenkt den Ball über die Latte.

Wie soll man gegen @Manuel_Neuer ein Tor erzielen? #GERSVK #EURO2016 @UEFAEURO #skyEM
@CMetzelder

Ich denke, das Frustrierendste, das dir das Leben bieten kann, ist Fußball gegen Neuer, Boateng und Hummels spielen zu müssen.
@meBO___

Praktisch im Gegenzug marschiert der neu in die Startelf gerückte Julian Draxler auf der linken Seite und legt den Ball mit einer feinen Vorarbeit rüber zu Mario Gomez, der die Kugel nur noch über die Linie drücken muss.

WIE skurril diese EM ist, sieht man auch daran, dass Gomez plötzlich Tore schießt. #gersvk
@ORasche

*Das hat Draxler toll vorbereitet. *setzt sich wieder auf die Trainer Couch* #GERSVK*
@LittleHorney

Dieser Draxler, das wär mittelfristig mal einer für Schalke. #gersvk #ger #draxler
@FensterRentner (Otto Redenkämpfer)

Mario Götze hat sich gerade bei Amazon ein Sitzkissen bestellt. #GERSVK
@vierzueinser

„JEDER SIEHT DEN RADIUS. 17,5 METER. JEDER, DER SICH DAS NICHT VORSTELLEN KANN, DAS SIND UNGEFÄHR 1.000 M², ALSO UNGEFÄHR DIE GRÖSSE VON OLLI KAHNS WOHNZIMMER."

(Holger Stanislawski erklärt in der Analyse nochmals Boatengs Tor – vielleicht ist er etwas neidisch..)

Nach einer starken und druckvollen ersten Halbzeit, macht #DieMannschaft dort weiter, wo sie aufgehört hat. In der 63. Minute steht Draxler erneut im Mittelpunkt, dieses Mal allerdings als Torschütze. Nach einem Eckball von Kroos ist es Hummels, der den Ball auf den langen Pfosten verlängert, wo Draxler den Ball mit einer Bewegung, in der sich normale Menschen Muskelfaserrisse zuziehen, stehend volley nimmt und den Ball in die Maschen drischt.

Schöne Hütte. Hat er sich verdient! #GERSVK
@Silly09

Hmmm, zeigt #Draxler der Welt gerade, dass ER besser ist als #Messi? #GERSVK
@TVaagt

Dominanz & Geduld - Überzeugend, wie #Löw die Truppe erneut pünktlich zum eigentlichen Turnierstart auf Betriebstemperatur bekommt. #GERSVK
@BurningBush78

Was wäre Deutschland eigentlich ohne Lukas Podolski?

Haben wir wirklich schon genug Vorsprung, um unser Maskottchen (Podolski) einzuwechseln? #GERSVK
@rebel_berlin

Deutschland nimmt das Spiel nicht mehr ernst, wenn jetzt schon das Maskottchen auf den Platz soll. #GERSVK #EURO2016
@szrnjc

Lukas Podolski! Der deutsche Will Grigg! #GERSVK #EURO2016
@tobischaefer

Lukas Podolski (Offline seit 19:29)
#GERSVK #EURO2016
@SoEinAlbrecht

Schnell das Handy in den Stutzen verstecken und auf den Platz rennen, damit die Ü18-Generation ihr zweites Sommermärchen erleben kann…

Schweinsteiger, Podolski und Gomez auf dem Platz, und ich fühle mich auf einen Schlag 10 Jahre jünger. #GERSVK
@mainwasser

Und das war's dann auch schon. 27:1 Torschüsse, 8:1 Ecken, 58% Ballbesitz, 89% angekommene Pässe. Deutschland wird der Favoritenrolle gerecht und sichert sich mit einem nie gefährdeten Sieg das Ticket für's Viertelfinale.

Wie es aussieht, ging die EM mit einem Tag und einer Vorrunde Verspätung los.
@OliFritsch

(von Hannah Gobrecht)

Der erste popelmatische
FUMS-Arbeitsnachweis

DAS GROSSE #EM2016

FUMS — FUSSBALL.MACHT.SPASS.

BÉLA-RÉTHY
ARBEITSNACHWEIS

ES IST CABRIO-WETTER IN NORDFRANKREICH	SCHKRITTEL. DER INNENVERTEIDIGER, DER VIEL BÖSER AUSSIEHT, ALS ER EIGENTLICH IST.	DAS IST JAN KOZAK, DER 62 JÄHRIGE TRAINER DER SLOWAKEI.	ERSTE POPELMATISCHE SITUATION.	DAS SPIEL ERINNERT AN DAS GEGEN IRLAND. (...) NORDIRLAND.
ÖZIL KOMMT GANZ ANDERS HER. MIT EINEM GANZ ANDEREN GESICHTSAUSDRUCK, MIT EINER GANZ ANDEREN PRÄSENZ.	SCHKRITTEL	HECTORS RÜCKGABE NÖTIGT MANUEL NEUER. AUS DEM TOR ZU KOMMEN.	DA FEHLT KIMMICH DIE GRÖSSE. ODER BESSER GESAGT, DIE LÄNGE.	SKRITTL
DER HELD VON NEAPEL	KIMMMICH SPIELT WIE EIN ETABLIERTER.	MÜLLER. BEREITET SICH MÖGLICHERWEISE AUF EIN TOR VOR. WEIL ER DEN RECHTEN SCHUH ETWAS FESTER BINDET.	PATRICK WEISER. MITCHELL WEISER NATÜRLICH.	ZDF APP. EINFACH RUNTERLADEN UND GENIESSEN.
ZWEITES LÄNDERSPIELTOR FÜR DEN JUNGEN WOLFSBURGER.	WARUM IST DAS NE GELBE KARTE? IST ABER EINE.	MUSTAFFI	HAMSIK - RECHTS IST GYÖMBER. (WAR LINKS, AUS JEDER PERSPEKTIVE)	WENN ER DA FALSCH STEHT, GEHT DER BALL HIER RAUS AUS DEM SCHIEBEDACH VON LILLE.
SPANIEN ODER ITALIEN. HAUPTSACHE VIERTELFINALE.	JOSSUA KIMMICH	PAUSENCLOWN	IMPFERTEIDIGER	VIEHLIEB LAHM

WWW.FUSSBALLMACHTSPASS.DE

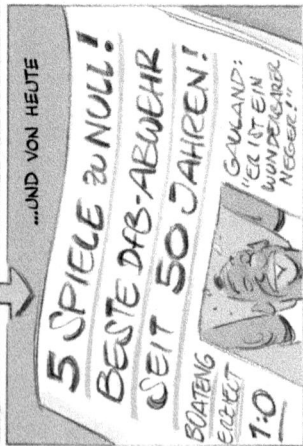

> **„JEROME HAT SCHON 'NEN BUMMS, WENN ER MAL ZUM ABSCHLUSS KOMMT."**
>
> *(Thomas Müller leider in den letzten Tagen nicht.)*

Deutschland 3:0 Slowakei

Aufstellung Deutschland: Neuer – Kimmich, Boateng (72. Höwedes), Hummels, Hector – S. Khedira (76. Schweinsteiger), Kroos – T. Müller, Özil, Draxler (72. Podolski) – Gomez

Aufstellung Slowakei: Kozacik – Pekarik, Škrtel, Ďurica, Gyömber (84. Saláta) – Hrošovský, Škriniar, Hamšík – Kucka, Weiss (46. Greguš) – Ďuriš (64. Šesták)

Tore: 1:0 Boateng (8.), 2:0 Gomez (43.), 2:1 Draxler (63.)
Gelbe Karten: Kimmich, Hummels – Škrtel, Kucka
Besondere Vorkommnisse: Kozacik hält Foulelfmeter von Özil (14.)

Stadion: Stade Pierre-Mauroy, Lille
Anstoßzeit: 26.06.2016, 18:00 Uhr
Schiedsrichter: Szymon Marciniak

#HUNBEL

Das erste K.O. Spiel für Ungarn seit 44 Jahren. Und dann noch gegen den „Geheimfavoriten" Belgien – eine klare Angelegenheit. Nicht für alle.

Ich habe in den letzten fünf Minuten dreimal meinen Tipp geändert. Aber: Ich bleibe bei einem #HUN -Sieg. #HUNBEL
@mmammemm

Für Gesprächsstoff sorgen derweil auch die gewöhnungsbedürftigen Trikots der Belgier...

Dreckigbabyblau ist modisch eher gewagt und macht keinen schönen Teint.
@aenea_jr

Sehr spät schon. Die Belgier haben die Schlafanzüge schon an. #HUNBEL
@Anne__Waffel

Schlafen? Von wegen! Die Belgier legen los wie die Feuerwehr. Vier Torschüsse in den ersten zehn Minuten und schon steht es 1:0.

Konnte es auf die Schnelle nicht genau lesen, aber der Torschütze von Belgien heißt „Alderverwalder", oder? #HUNBEL
@DerPoppe

Tooooooooooor...Der ging durch die Jogginghose! #HUNBEL 0:1
@heinmax50

Gabor Király und seine Jogginghose kann man übrigens nie genug würdigen.

Nix und niemand hat bei der #EURO2016 mehr Tradition als die Jogginghose von Gábor Király. #HUNBEL
@chieff89

Für mich ist #GaborKirály 65, steht im Tor seit ich laufen kann und ohne graue Jogginghose werde ich das nicht ernst nehmen. #HUNBEL
@MarionTreu

Ungarns Defensive schlabbert ja noch mehr als Királys Hose. #HUNBEL
@riedeldavid

Király, ey. Gerade gecheckt, 250.000 Marktwert. Für den Preis setze ich ihn mir auf die Couch. #HUNBEL
@santapauli1980

Halbzeit

> # „DIE UNGARN MÜSSEN IRGENDWAS MACHEN."
>
> *(Oliver Kahn hat zur Halbzeit den Durchblick.)*

Nachdem Hazard den Ball in der 78. Minute zunächst auf Hazard spielt und sich dadurch den Ball in feinster Manier mal eben selbst vorlegt, an allen Gegenspielern vorbeisprintet und den Ball flach vors Tor bringt, muss der eingewechselte Batshuayi nur noch einschieben. Klingt komisch – ist aber so.

Wenn Eden Hazard keine Anspielstation findet, spielt er eben einen Steilpass auf sich selbst - zum 2:0. Genial! #HUNBEL
@carsei

Und prompt legt Hazard das 3:0 nur wenig später höchstpersönlich nach.

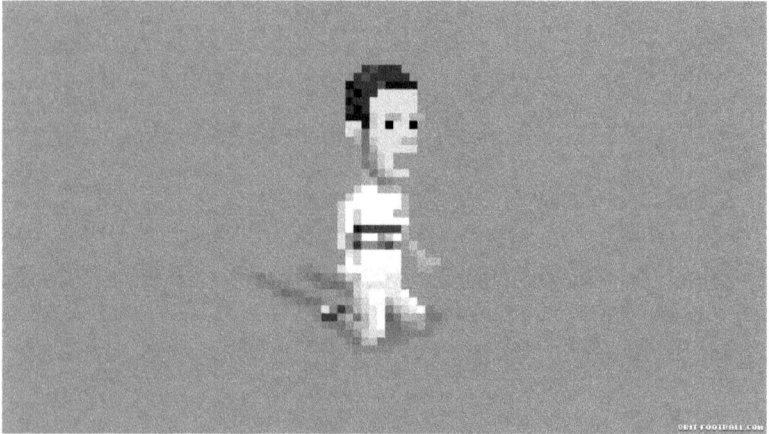

Joar gut, Hazard entscheidet das Spiel einfach mal in 2 Minuten!
(@S04Freddy)

Eden Hazard ist ein Micky mit Eiern und Torabschluss. Wahnsinnszocker
@JH_Gruszecki

Ungarn jetzt wie kurz nach dem Mauerfall 1989: Offen, aber ohne echte Chance. #HUNBEL
@11Freunde_de

Jetzt kriegen die Ungarn aber gezeigt, was Grenzen sind. #HUNBEL
@LittleHorny

Nicht alle scheinen aus dem Spiel gegen Brasilien bei der #WM2014 etwas gelernt zu haben…

Drei Minuten Zähne geputzt, zwei Tore verpasst. Läuft bei mir.. #HUNBEL
@wolfi_wiese

Mit dem 4:0 in der Nachspielzeit steht der bis dato höchste Sieg bei der #EM2016. In Ungarn geht man derweil ganz gelassen damit um, denn…

In #Ungarn trägt man die Jogginghosen jetzt auf Halbmast. #Király #HUNBEL
@ManjaBerber

„DIE DREI GEHÖREN ZUSAMMEN WIE SIAMESISCHE ZWILLINGE.“

(Holger Stanislawski über das belgische Trio Lukaku, De Bruyne und Hazard)

Ungarn 0:4 Belgien

Aufstellung Ungarn: Király – Lang, Juhász (79. Böde), Guzmics, Kadar – Gera (46. Elek), Nagy – Lovrencsics, Pintér (75. Nikolic), Dzsudzsák – Szalai

Aufstellung Belgien: Courtois – Meunier, Alderweireld, Vermaelen, Vertonghen – Witsel, Nainggolan – Mertens (70. Carrasco), De Bruyne, Hazard (81. Fellaini) – R. Lukaku (76. Batshuayi)

Tore: 0:1 Alderweireld (10.), 0:2 Batshuayi (78.), 0:3 Hazard (80.), 0:4 Carrasco (90.+1)
Gelbe Karten: Kadar, Lang, Elek, Szalai – Vermaelen, Batshuayi, Fellaini

Stadion: Stadium de Toulouse, Toulouse
Anstoßzeit: 26.06.2016, 21:00 Uhr
Schiedsrichter: Milorad Mazic

#ITAESP

Gleich im Achtelfinale kommt es zwischen Italien und Spanien zur Neuauflage des letzten EM-Finals. Beide Teams zählen zu den absoluten Turnier-Favoriten – die einen berühmt für ihren Ballbesitzfußball und die anderen Defensivspezialisten.

Wie erwartet: #ITA macht das Spiel, #ESP verlässt sich auf seine gute Defensive.... Häää? Da stimmt doch was nicht... #ITAESP #EURO2016
@JochenStutzky

Tatsächlich finden die Italiener zu Beginn des Spiels deutlich besser in die Partie. Mit einem Plus an Ballbesitz scheinen sie den beginnenden Regen deutlich besser weckstecken zu können ...

Die Frage ist wer jetzt schneller auf Regenreifen wechseln kann. #ITAESP
@stopthehate_de

... und sehen dabei auch einfach gut aus.

Würde man das italienische Team verfilmen, wären die Darsteller u.a. Nick Nolte, Clint Eastwood, Robert Redford & JAck Nicholson #ITAESP
@MarcelLindenau

Giorgio Chiellini. Ein Gesicht wie eine Skulptur aus dem römischen Reich. #ITAESP
@frido03

Immer wieder wird es vor de Geas Kasten gefährlich – immer wieder ist Pellè beteiligt, schafft es aber nicht zu treffen.

Italien rückt dem spanischen Tor auf die Pellè. #ITAESP
@torhamster04

Die verdiente Führung macht dann in der 33. Minute Chiellini. Erst hält der spanische Torwart noch einen Eder-Freistoß, aber im Nachsetzen landet der Ball doch in seinem Kasten.

Spanien kassiert erstes Gegentor in EM-K.O-Runde seit 2000. #ITAESP #skyEM #ssnhd
@SkySportNewsHD

In der ersten Hälfte kommt von den Spaniern aber kaum eine Reaktion. Vielmehr haben Sie es dem Glück und ihrem Torwart zu verdanken, dass es zur Pause nur 1:0 steht.

De Geat noch nicht viel für Spanien, aber das ist natürlich nur eine Durchhalte-Parolo. #ITAESP
@sportschau

Das älteste Team dieses Turniers dominiert die Spanier mit Ballbesitzfußball – erstaunlich, aber die Iberer sind ja auch nicht mehr die Jüngsten!

#ESP: Die kurz vor der Rente stehen und keinen Bock mehr haben.
#ITA: Die schon in Rente sind und morgens um 6 die Straße fegen.
#ITAESP
@jisabellai

Der erste Senioren-Europameister! #Italien #ITAESP
@JoRoe14

Immer wenn bei diesem Spiel ein Spielername fällt ist mein erster Gedanke „Ach lebt der noch?" #ITAESP
@Ninchen7777

Nach der Pause wirkt Spanien deutlich belebter und Morata kommt kurz vor dem gegnerischen Kasten zur Großchance.

Ker, die Kirsche musse abba reinmorattan hömma! #ITAESP
@Dortmunderisch

Der frisch gefundene Kampfgeist wird allerdings nicht belohnt. Im Gegenteil, die offener spielenden Spanier müssen nun höllisch auf Konter aufpassen.

Spielt denn Catenaccio heute gar nicht? #ITAESP
@nichtirgendeine

+++ EIL: Spanische Hintermannschaft mit Verdacht auf Vogelwildgrippe +++ #ITAESP
@GroteRuetze

#ESP erlebt sein blaues Wunder. #itaesp
@koelnsued

Klar, schließlich fehlen auch die Superstars der Primera Division! Moment mal…

Ohne Messi und Ronaldo wirkt Spanien etwas blass. #ITAESP
@C_Holler

Nach einer Stunde Spielzeit wird die Partie zunehmend rauer – Schiedsrichter Cakir kommt aber mit seiner unklaren Linie nicht gegen die Spieler an.

Der Schiri pfeift so konsequent, wie ich „auf ein Bier, aber wirklich nur eines" ausgehe. #ITAESP
@Garpswelt

Gleichzeitig zeigt auch der italienische Trainer sein Temperament und fällt immer wieder durch kleine Wutanfälle oder das Wegschlagen des Balles auf.

Er Conte einfach nicht anders. #ballwegschlagen #itaesp
@ClioMZ

... Auch gegenüber Conte zu konziliant, da wäre ein Tribünenverweis fällig gewesen. Nicht in der CL-Form, schade. (af) | #ITAESP
@CollinasErben

Conte wechselt sich gleich selbst ein und haut alle um, auch seine eigene Mannschaft und die Schiris. #ITAESP
@markuskavka

Dabei kann er eigentlich ganz beruhigt sein. Die Italiener führen verdient und lassen die Spanier nur selten vor ihr Tor. Wenn sie doch einmal durchkommen, steht der Altmeister Buffon aber absolut sicher.

Dass Italien so gut ist, Conte niemand ahnen. #ITAESP #Euro2016
@vertikalpass

Und die Italiener haben sogar Fußball gespielt! #ITAESP
@TineMaschine

Also wenn irgendjemand bei dieser EM wirklich „on fire" ist, dann diese Italiener! Mehr Wucht und Wille geht nicht. Bravo! #ITAESP
@AZ_Strasser

So plätschert die Partie ihrem Ende entgegen, aber den Spaniern gelingt kein Stich mehr.

Kein Wunder, dass man mit einem Trikot mit Pizza uns Pasta drauf von den Italienern vernascht wird. #ITAESP
@kuehles_Blondes

Die Italiener spielen jetzt ihren Stiefel runter. #ITAESP
@siegstyle

Im Gegenzug zu einer letzten spanischen Offensivbemühung setzt Italien mit einem Konter den Schlusspunkt. In der zweiten Minute der Nachspielzeit trifft Pellè zum 2:0 Endstand.

#hallohallo #ITAESP Jetzt ist es passiert. Meine WG: „Spielt Pellè nicht mehr für Brasilien?“
@Sky_Rollo

Fast ein Jahrzehnt Herrschaft der Spanier über Europa geht zuende – eine beachtliche Serie.

Entthront nach 2920 Tagen...
#ITAESP #skyEM #ssnhd
@SkySportNewsHD

Im Rückblick war es aber eigentlich schon vorher klar.

Dorfsportplatzweisheit: Ist immer schwer, gegen Alte Herren. #ITAESP of
@zeitonlinesport

Italien 2:0 Spanien

Aufstellung Italien: Buffon – Barzagli, Bonucci, Chiellini – Florenzi (84. Darmian), Parolo, De Rossi (54. Motta), Giaccherini, De Sciglio – Pellè, Martins (82. Insigne)

Aufstellung Spanien: de Gea – Juanfran, Piqué, Sergio Ramos, Alba Ramos – Fàbregas, Busquets, Iniesta – David Silva, Morata (70. Vázquez), Nolito (46. Aduriz / 81. Pedro)

Tore: 1:0 Chiellini (33.), 2:0 Pellè (90.+1)
Gelbe Karten: De Sciglio, Pellè, Motta – Nolito, Busquets, Alba Ramos, David Silva

Stadion: Stade de France, Paris St. Denis
Anstoßzeit: 27.06.2016, 18:00 Uhr
Schiedsrichter: Cüneyt Cakir

#ENGISL

Mehr David gegen Goliath geht nicht. Während die Engländer für die Buchmacher immer noch zu den Titelfavoriten zählen, ist für Island schon das Erreichen des Achtelfinale eine felsenfeste Überraschung. Noch ein Kommentar zur Größenordnung?

Island hat 100 Profi-Fußballer?
Ziemlich exakt genauso viele wie der FC Chelsea. #Island #engisl
@riedeldavid

> **„WENN BEI UNS EIN SPIELER EINE GELBE KARTE BEKOMMT, TAUSCHT ER EINFACH DAS TRIKOT MIT EINEM ANDERN. UNS KENNT SOWIESO KEINER."**
>
> *(Islands Trainer Heimir Hallgrimsson vor dem Spiel mit Taktiktipps für Underdogs.)*

Schon direkt ab dem Anpfiff bietet die Partie ordentlich Spektakel. England möchte früh seine Stärke ausspielen und attackiert die Isländer von der ersten Minute. Als Sterling in der vierten Minute vor Halldorsson auftaucht, bleibt nur noch ein Foul als letztes Mittel und Skomina pfeift den verdienten Elfmeter. Rooney tritt an und trifft zur frühen Führung.

Die Welt implodiert. England verwandelt einen Elfer. #ENGISL
@ruhrpoet

Wer jetzt ein Schützenfest der Engländer erwartet, hat nicht mit den Wikingern gerechnet. Zwei Minuten später schlägt Island ganz unbeirrt zurück – Sigurdsson macht das 1:1 nach einer Vorlage von Arnason.

#ISL braucht keinen Elfmeter, um ein Tor zu machen! #ENGISL
@Held_des_Chaos

Die besten ersten sechs Minuten des gesamten Turniers bisher #ENGISL #EURO2016
@phornic

Iceland schlägt icekalt zurück! Reset-Knopf gedrückt! #ENGISL #eng #isl #EURO2016
@JochenStutzky

Und so verdient! Island seit mindestens einer Minute klar spielbestimmend :) #teamisland #ENGISL
@pfedorec

Der Vorteil der Isländer war, dass ihnen keiner gesagt hat, dass nach dem 1:0 das Spiel entschieden war. Ich LIEBE diese Einstellung #ENGISL
@DejanFreiburg

Die Isländer können gar nicht rausfliegen, ehe Sigthórsson nicht ein Siegtor geschossen hat. So einfach ist das.
#ENGISL
@NatheaRayne

Es wäre ja auch zu ironisch, wenn Island ausgerechnet durch einen englischen Elfmetertreffer raus wäre. #ENGISL
@RichardINSorge

Jetzt ist klar – für dieses Team ist alles drin!

Die magische 12 !
Denmark 1992
Greece 2004
#ISL 2016??? ;)
@helgepayer

Erst einmal sucht Island nach dem Ausgleich wieder die kompakte Defensivformation, aber kommt dann in der 18. Minute tatsächlich schon wieder vor das englische Tor. Gylfi Sigurdsson und Bödvarsson kombinieren sich über das Feld, bevor Sigthorsson den Ball bekommt und zur Führung einschiebt.

Sigthorsson! Endlich! Abpfeifen! #ENGISL
@stehblog

England trifft einen Elfmeter und Island führt. Das unwahrscheinlichste Spiel des Jahres. #ENGISL
@leanderwattig

Traditionell wird uns dieses Tor präsentiert von einem engagiert helfenden englischen Torhüter.

Pep Guardiola sucht gerade hektisch die Telefonnummer von Tom Starke. #engisl #mcfc
@GrafHiete

Shit. Ich vergaß, dass England ohne Torwart spielt. Traditionell.
@texterstexte

Nach dem verwandelten Elfmeter eines Engländers habe ich schon an der Welt gezweifelt, dann sorgte Joe Hart wieder für Normalität
@sinan_sat

Drei Toree nach 18 Minute – wir brauchen ein Sauerstoffzelt.

Mir sind das zu viele Tore für die Uhrzeit. #ENGISL
@robvegas

Und nicht nur wir!

Kann mal jemand gucken, wie es dem isländischen Kommentator geht? #ENGISL
@derhuge

Erster Wechsel #ISL - Kommentator muss heiser aus der Sprecher-box... #ENGISL #EURO2016
@der_figaj

Zeit das Fanglager zu wechseln. Wie wird man noch einmal Isländer? Muss man dafür das schwarz-rot-goldene Fähn-chen von Autodach abmontieren?

Top 1 der Googletrends in England: ‚Wie komme ich an einen islän-dischen Pass?'
#engisl #euro2016
@ticr_official

... Und in Kreuzberg knallts lautstark. #ISL, mit Sympathien wirk-lich überall. #ENGISL #EURO2016
@zimmerfrau

Wollte gerade isländische Flagge bestellen. In den Sekunden zwi. „Suchen" und „Einloggen" waren die 7 noch vorrätigen ausverkauft!! #ENGISL
@rod66

Okay, ich kauf mir schnell ein Auto und eine isländische Flagge und wir sehen uns dann auf der Leopold, ja? #ENGISL
@ankegroener

Ruft ihr auch mit den Fans zusammen laut „ISLAND!" in euren
Wohnzimmern und klatscht euch auf die Knie?
Doch, ich schon. #engisl
@drosophila

Während daheim die Fans durchdrehen, stehen die Isländer konzentriert um ihren eigenen Strafraum herum. Die Engländer haben zwar den Ball, kommen aber nur vereinzelt zu Halbchancen – zu verwirrt sind sie von dem Rückstand und zu beeindruckend ist das isländische Abwehrbollwerk.

Stellt Euch vor, Twitter eskaliert eines Tages wegen Island. Haha.
Beim Fußball. Hahahaha. Gegen England. Hahahahahaa.
@HannahGo1900

Bei der nächsten EM bitte ALLE teilnehmen lassen. Wer weiß, wozu
in so einem Turnier San Marino und Luxemburg fähig sind. ;)
@gegisa

Im Frühjahr waren Plastikteilchen in Mars und Snickers... nun wer-
den auch noch die Lions zurückgerufen... jemand n Stück Gurke?
@minzlkr09

„Papa, wann haben die Wikinger England erobert?"
„2016."
#ENGICE #ENGISL
@ORasche

Neben der puren Begeisterung sind vor allen Dingen Brexit-Witze ganz hoch im Kurs… Wer hätte diese Niederlage auch kommen sehen können?

Wahrscheinlich hat Boris Johnson den Engländern vor dem Spiel
vorgelogen, dass die Tore des Gegners nicht zählen. #ENGISL #Brexit
@erl_koenigin

Die Engländer nachher so: hätten wir gewusst, dass wir dann wirklich draußen sind, hätten wir anders gespielt. #engisl #eng #isl
@GregorBarcal

Wäre #ENG eigentlich sofort raus oder wird da noch ein paar Jahre verhandelt, ob man ein bisschen ins Viertelfinale kommt? #ENGISL
@TorstenBeeck

Wenn ich für jeden #brexit Witz in meiner Timeline einen Schnaps trinken würde, wäre ich nach 4 Sekunden tot. #ENGISL
@habichthorn

in London gibt's erste Bewegungen, dass notfalls nur die Hauptstadt im Viertelfinale weiter dabei ist. #ENGISL
@oliverwurm

Gut, dass es nach 45 Minuten eine Pause gibt, um sich neue Gags bereit zu legen.

Halbzeit. Alle Brexit-Witze sind schon gemacht. Aber noch nicht von allen. Keep going. #ENGISL
@davidbauer

+++EIL+++ Zur Halbzeit sind ALLE #brexit-Gags und Wortspiele bereits gemacht. Ab Wiederanpfiff dann endlich Fußball. #ENGISL
@FFligge

In der zweiten Halbzeit geht es für England unverändert uninspiriert weiter. Sollte man irgendwo ernsthafte Offensivbemühungen suchen, dann findet man sie stattdessen bei Island.

„Iceland is doing a Leicester on England." Sagt der ITV-Kommentator. Mit Recht. #ENGISL
@Sportradio360

Wahnsinn! Island! So sympathisch war „David" selten #ENGISL
#ANGISL #EURO2016
*@kess_18_*

Noch mehr Aktionen kann man allerdings auf der isländischen Tribüne beobachten – der Jubel der Skandinavier will gar nicht mehr abbrechen.

Ein Kollege zählt gerade durch: „Ich bin mit zehn Isländern auf Facebook befreundet, acht davon sind in Frankreich." #engisl
@sportschau

Können wir #ISL inkl. der Fans in die Bundesliga aufnehmen? Wunder erleben & auswärts unter den Nordlichtern auf ,nem Vulkan tanzen. #ENGISL
@HannahGo1900

Daheim sind die Zuschauer schon einen Schritt weiter. Es werden mögliche Szenarien überlegt und …

England macht noch ein Tor und fliegt dann im Elfmeterschießen raus. Nur, um die Pointe wirklich perfekt zu machen. #ENGISL
@MSneijder

Neues Traumszenario:
Italien schlagen, gegen Island im Halbfinale rausfliegen, Island Europameister. Es wäre filmreif.
#ENGISL #EURO2016
@dieserDopo

… Fans ausgeschiedener Fans finden Trost …

Die einzigen Europäer, die sich aus rein sportlichen Gründen über den aktuellen Spielstand freuen, sind die Österreicher. #ENGISL
#ISLAUT
@mainwasser

… und Hoffnung.

Leicester City Meister, Island im Viertelfinale - ich glaube weiter an eine Meisterschaft des @VfLBochum1848eV. #ENGISL #EURO2016
@AndiErnst

Wenige Minuten vor Schluss steht die größte Überraschung des Turniers unmittelbar bevor.

„England steht vor der bösesten Pleite seit... Donnerstag". #ENGISL
@santapauli1980

Lasst mal alle die blöden Witze über die Engländer. Feiert lieber diese geile Mannschaft! Sport in Urform. #ENGISL
@FrankBuschmann

Die Ein-Mann-Schlussoffensive von Rashford ist aber nicht genug – Island gewinnt und schickt England nach Hause. Seit zwanzig Jahren konnten die Engländer nun kein einziges K.O.-Rundenspiel mehr gewinnen.

Dass gegen Island niemand mehr Gegner ausspielte als #Rashford (3x), sagt eig. alles. Er spielte ab der 87. Min!!!
#engice #engisl #EURO2016
@riedeldavid

Football's coming Home.
Per Flugzeug morgen Mittag. #ENGISL
@marcelLindenau

Als wären sie noch nicht beliebt genug, jubelt sich das Isländische Team nach dem Abpfiff noch tiefer in die Herzen der Fans. Ihre martialischen „Hu"-Schreie mit rhythmische Klatschern sind eindrucksvoll und bieten das Bild dieses einmaligen Abends.

nach diesem hu-klatschen wisst ihr jetzt auch, warum in island die
mücken vom aussterben bedroht sind.
@marktwain64

Mit diesem „UGH!!" wurden in Island schon im 10.
Jahrhundert Drachen von Schafherden ferngehalten.
(@mainwasser)

Ich würde jetzt gerne behaupten, „I was into #ISL before it was cool",
aber das wäre angesichts des dortigen Klimas natürlich Quatsch.
@jensotto83

England: „HA, wir haben ganz Europa
in Beben versetzt!"
Island: „Und? Wir haben ganz Europa
für 1 Woche lahmgelegt!"
#Eyjafjallajökull

@DerJulian

REPORTER: „WIE HÄTTE SICH DAS ENGLISCHE TEAM VON 1966 GEGEN DIE ISLÄNDER GESCHLAGEN?"

BOBBY CHARLTON: „WIR HÄTTEN 1:0 GEWONNEN."

REPORTER: „... NUR 1:0?"

BOBBY CHARLTON: „JA. DIE MEISTEN VON UNS SIND BEREITS ÜBER 70."

(Sir Bobby Charlton zum EM-Aus der Engländer)

England 1:2 Island

Aufstellung England: Hart – Walker, Cahill, Smalling, Rose – Dier (46. Wilshere) – Alli, Rooney (87. Rashford) – Sturridge, Kane, Sterling (60. Vardy)

Aufstellung Island: Halldorsson – Saevarsson, Arnason, R. Sigurdsson, Skulason – Gudmundsson, Gunnarsson, G. Sigurdsson, B. Bjarnason – Bödvarsson (89. Traustason), Sigthorsson (76. E. Bjarnason)

Tore: 1:0 Rooney (5./Foulelfmeter), 1:1 R. Sigurdsson (6.), 1:2 Sigthorsson (18.)
Gelbe Karten: Sturridge – G. Sigurdsson, Gunnarsson

Stadion: Stade de Nice, Nizza
Anstoßzeit: 27.06.2016, 21:00 Uhr
Schiedsrichter: Damir Skomina

VIERTELFINALE

#POLPOR

Polen gegen Portugal – glaubt man der Torberichterstattung könnte man sich 90% der beiden Teams auch sparen in diesem Viertelfinale.

Der Berichterstattung nach könnten auch #CR7 und #Lewy eine Runde Lattenschießen gegeneinander machen und der Gewinner kommt weiter... #POLPOR
@Der_Mazze

Klar - #POLPOR ist ein Spiel, das von einem Superstar überschattet wird. Aber vllt können auch Ronaldo & Lewa heute mal neben Kuba glänzen.
@dani1305

Tatsächlich ist es einer der beiden Stars, der die Partie eröffnet. Exakt 100 Sekunden nach dem Anpfiff trifft Robert Lewandowski zur 1:0-Führung für Polen – es ist das schnellste Tor dieses Turniers und der erste Treffer eines Bayern-Spielers.

Tipp kaputt. Neuer Rekord. #POLPOR
@GNetzer

Schön, dass sie das umgekehrt haben und alle Tore jetzt gleich am Anfang und nicht erst ganz am Ende kommen. #polpor
@MmeSchnuerschuh

Die Wichtigen. #Lewandowski #POLPOR
@ruhrpoet

Vor lauter Twitter das Tor verpasst. Was ist bloss aus meinem Leben geworden. #POLPOR
@AnnetteSalomaHu

Lewandowski hat uns viele unnötige „Ein Tor würde dem Spiel gut tun"-Tweets erspart.
#POLPOR
@tmsklein

Polen stellt in den folgenden Minuten die deutlich aktivere Mannschaft. Sie drücken auf das nächste Tor, während Portugal sich von der frühen Offensive beeindruckt zeigt.

Ist das schlecht von #POR. Blöd, wenn dein Plan ist, nur zu verteidigen, du ein schnelles Tor kassierst und gar keinen Plan B hast.
#POLPOR
@fluestertweets

Schreib' ich nun den Tweet zum 2:0 vor oder überlege ich mir nen Tornaldo -Gag für den Fall der Fälle? Das Twitterleben ist schwer.#POLPOR
@gegisa

Erst nach etwa einer halben Stunde finden die Portugiesen wirklich in die Partie. Erst drischt Cristiano Ronaldo einen Freistoß mit Schwung in die Mauer …

Vielleicht sollte @Cristiano R. aus P. seine Freistoßtechnik überdenken. Bietet @CHELODIAZ_21 Praktika an? #POLPOR #EURO2016
@rebiger

Ronaldo beim Freistoß mit der alten D-Jugend-Weiheit: Den ersten immer volle Lotte in die Mauer, dann macht die beim nächsten Platz. #POLPOR
@Bundesschal

… bevor er zwei Minuten später im Strafraum zu Fall kommt. Schiedsrichter Brych entscheidet sich aber gegen einen Elfmeter – für viele Fans eine zweifelhafte Angelegenheit. Für den ARD-Kommentator hat Dr. Felix Brych aber alles richtig gemacht.

#Bartels hat schon als Kind in #Brych-Bettwäsche geschlafen.
@Heinrichheute

Nach Ronaldos zwei Versuchen macht es der Jungstar des portugiesischen Team besser und belohnt das erstarkende Team. Renato Sanches trifft von der Strafraumgrenze zum 1:1 – schon wieder ein Spieler des FC Bayern.

Nein liebe TL, der #FCBayern hat keine zwei Tore erzielt. #POLPOR
@tmsklein

Die alten Verhältnisse sind wieder hergestellt und so kann Portugal wieder in das übliche Muster verfallen – abwarten und den Gegner kommen lassen.

Jetzt haben wir kein Fußballspiel…. #POLPOR #EURO2016 #Ausgleich
@FrankBuschmann

Die letzte Aufwärmphase vor dem Elfmeterschießen hat jetzt also begonnen. #POLPOR
@Halbzeit3

Nur wenige Wochen vor dem 2.Liga-Auftakt des #betze wird man dank #POLPOR wieder an das Niveau „gewöhnt". Danke dafür.
@alex_berz

Die Vorrunde hat angerufen. Sie will ihr Fußballspiel zurück.
@sportschau

Ohne große Höhepunkte verlaufen der Rest der ersten Halbzeit und die gesamte zweiten Hälfte – kleine Offensivversuche von Ronaldo und Lewandowski finden keine Abnehmer und werden daher auch nach einiger Zeit komplett eingestellt.

Ich kann Ronaldo und Lewandowski schon verstehen. Da drehste durch, wenn du sonst mit Real oder dem FCB spielst. #POLPOR
@Surfin_Bird

Ronaldo ist so der Typ, auf dessen Bürokaffeetasse "Ich möchte einmal mit Profis arbeiten!" steht. #POLPOR
@GebbiGibson

Entweder haben hier beide Teams einfach nur Angst vor einem Fehler oder wir haben die Regeln nicht so ganz verstanden.

Scheinbar ist man aufgrund des neuen EM Modus auch bei einem Remis fürs Halbfinale qualifiziert?
#POLPOR #EURO2016
@ticr_official

Ich bin echt für diese neue Regel, nach der bei einem Unentschieden einfach beide Mannschaften rausfliegen. #POLPOR #POPO #EURO2016
@Schmidtlepp

Portugal wäre damit ohne Sieg in 90 Minuten im EM-Halbfinale. In der Bundesliga würden sie mit dem gleichen Schnitt absteigen. #POLPOR
@MSneijder

Ohne weitere Tore müssen sowohl Spieler als auch Zuschauer das Elend noch ein wenig länger ertragen.

Zweimal 15 Minuten Verärgerung.
#POLPOR
@NurEinePhase

Das nächste Spiel von Portugal sollte unter Ausschluss der Öffentlichkeit stattfinden. #POLPOR
@spox

Nach über 100 Minuten Spielzeit muss ich sagen, der gefährlichste Stürmer ist der Linienrichter.
#POLPOR
@Sonnenthunfisch

Dabei sah es doch zu Beginn noch so gut aus und jetzt versucht sich Portugal an einer Neuauflage ihres Klassikers #CROPOR.

Hatte echt Hoffnung auf Unterhaltung als das 1:0 nach nur 2 Minuten fällt. Hab wohl noch nichts aus dieser #EURO2016 gelernt...
#POLPOR
@schmiso

Das einzige Highlight der Verlängerung: ein Flitzer.

Endlich ein überraschender Laufweg. #POLPOR
@GNetzer

Flitzer auf dem Platz, hat vielleicht sieben Sekunden geschafft. Schwach - ich gebe ihm eine 5,5. @sportschau #POLPOR
@ChaledNahar

Das Selfie vom Flitzer mit den Ordnern gibt es dann morgen auf unserem Snapchat-Account. Nutzername: WolfsbergerAC #POLPOR
@WolfsbergerAC

Der engagierteste EM-Viertelfinalteilnehmer bei #POLPOR war der Flitzer - Dann doch lieber Zweitligafußball mit @Hannover96
@radioffn

So geht es ganz gemütlich in das Elfmeterschießen – anscheinend wollen beide Teams noch einmal ihr Können vom Punkt beweisen. Die Fans hadern derweil mit ihrer Programmauswahl.

Man hätte in 120 Minuten auch gut was anderes machen können. Mandalas. Oder in die Luft starren. Irgendwas. #POLPOR
@ok_annaw

Polen - Portugal wurde gesponsert vom Dänischen Bettenlager.
#POLPOR
@mosphare

Normalerweise heißt es die einen wollen und die anderen können nicht - heute wollen beide nicht #POLPOR #EURO2016 @Marco_ Hagemann @ZDFsport
@1_LPfannenstiel

Spätestens diese EM zeigt, dass es Quatsch ist, bei Halbfinalisten von den „besten Vier" von irgendwas zu sprechen. #POLPOR
@jensotto83

Jetzt nur noch wenige Minuten und das Spiel hat seinen Sieger - oder?

Und jetzt schiessen wir 2 Stunden lang am Tor vorbei #elfmeter
@bindermichi

Mir ist scheiß egal, wer weiterkommt. Hauptsache Cristiano Ronaldo verschiesst nicht. Twitter kann nicht noch mehr Häme vertragen.
@duygugzn

Cristiano Ronaldo trifft tatsächlich – fast alle anderen Spieler aber auch. Am Ende entscheidet der bisher so brillante Blaszczykowski das Spiel mit seinem schwach geschossenen Elfmeter. Rui Patricio hält seinen Schuss und Portugal steht tatsächlich im Halbfinale. Wie sieht die Bilanz nach 90 Minuten nochmal aus?

1:1 + 0:0 + 3:3 + 0:0 + 1:1 = Halbfinale.
Portugal bei der #EURO2016. Wahnsinn. #polpor
@riedeldavid

Das Motto der Portugiesen bei dieser EM: „Wir sitzen die Spiele aus, bis wir im Finale stehen." #POLPOR
@BenniZander

Die Dänen kamen damals aus dem Urlaub zur EM, die Portugiesen machen Urlaub während der EM. #POLPOR
@dalkowski

---

22 Millionäre laufen einem kleinen Ball hinterher, um dagegenzutreten.
Doch. So formuliert wird's auch für Zyniker reizvoll. #POLPOR

@LeKWiNK

Polen 4:6 Portugal (n.E.)

Aufstellung Polen: Fabianski – Piszczek, Glik, Pazdan, Jedrzejczyk – Krychowiak, Maczynski (98. Jodlowiec) – Blaszczykowski, Grosicki (82. Kapustka) – Lewandowski, Milik

Aufstellung Portugal: Patricio – Soares, Pepe, Fonte, Eliseu – W. Carvalho (96. Pereira), Sanches, A. Silva (73. Moutinho) – Nani, Mário (80. Ricardo Quaresma), Cristiano Ronaldo

Tore: 1:0 Lewandowski (2.), 1:1 Sanches (33.)
Gelbe Karten: Jedrzejcyk, Glik, Kapustka – A. Silva, W. Carvalho

Elfmeterschießen: 1:2 Christian Ronaldo; 2:2 Lewandowski; 2:3 Renato Sanches; 3:3 Milik; 3:4 Joao Moutinho; 4:4 Glik; 4:5 Nani; Patricio hält gegen Blaszczykowski; 4:6 Ricardo Quaresma

Stadion: Stade Vélodrome, Marseille
Anstoßzeit: 30.06.2016, 21:00 Uhr
Schiedsrichter: Dr. Felix Brych

#WALBEL

Der Geheimfavorit gegen die Überraschungsmannschaft – egal wer hier in das Halbfinale einzieht, hat einen historischen Erfolg für das eigene Land errungen. Kurz vor dem Anpfiff rückt aber die spannende Konstellation kurz aus dem Blickfeld. Nachdem die ersten Spieltage den Rasen schon zu einem Acker verwandelten, gibt es nun frisches Grün für die Spieler.

Moderator im ZDF: „Der Rasen ist neu verlegt worden. Gras aus Holland." Dann wird es im Spiel ganz schön high hergehen. #WALBEL #EURO2016
@Glatzenpark

Gras aus Holland in Lillie verlegt. Alle 22 zur Dopingprobe nachher. #WALBEL
@oliverwurm

Gerade die Belgier beweisen, dass sie mit dem frischen Gras besonders gut spielen können. Gleich zum Start hagelt es Großchancen im Sekundentakt.

Alle guten Dinge sind drei. Ach, das sagt man in Belgien nicht? #WALBEL
@ruhrpoet

Belgien hatte gerade innerhalb von 10 Sekunden eine größere Dreier Chance als ich in den kompletten Sechzigern. #WALBEL
@CohnWilliam

Die Bemühungen werden in der 13. Minute belohnt. Nainggolan knallt das Leder aus 20 Metern in die linke obere Ecke – ein schönes Tor.

Nein! Golan! Hmpf. #WALBEL
@Kristaldo1907

Naingcholant eingeschoben... #WALBEL #EURO2016
@Timo_Stroemer

Sigthorsson heißt auf flämisch Nainggolan. #WALBEL
@Spottirektor

Vom Siegtor können wir aber noch lange nicht sprechen. Da wollen die Waliser auch noch ein Wörtchen mitsprechen und legen nach dem Gegentor noch eine Schippe drauf.

Kerr, können die nicht beide weiterkommen? Tolles Spiel. Die einen sau-gut, die anderen sau-sympathisch! #WALBEL
@Matthias_aus_Do

Das mittlerweile ausgeglichene Spiel spiegelt sich nach einer halben Stunde auch im Spielstand wieder. Nach einer Ecke von Aaron Ramsey bekommt sich die belgische Hintermannschaft nicht geordnet und Williams köpft ein zum 1:1.

Licht am Ende des Eurotunnels. #WALBEL
@janssenmalte

Die Flamen haben 60 verschiedene Wörter für „Unordnung bei Standards", die Wallonen nur 40. #bonusfakt #WALBEL
@ChristianHelms

Der Ausgleich hat die Waliser endgültig aufgeweckt – jetzt machen sie das Spiel und die belgische Hintermannschaft guckt streckenweise nur staunend hinterher. Es bleibt bis zur Pause aber beim 1:1.

Der rote Dracher macht Rabatz! #WALBEL #EURO2016
@silbensalat

Kaum hat der Schiedsrichter die zweite Halbzeit angepfiffen, wechseln wieder die Spielanteile. Jetzt macht Belgien Tempo und wird gerade in seiner aktivsten Phase von Wales ganz kalt erwischt. Aus der Drehung schiebt Robson-Kanu ganz lässig ein – ein noch viel schöneres Tor, als Nainggolans 0:1.

Wow. Ein Zweitligastürmer. Jogi, hättest du mal Terodde mitgenommen. #WALBEL
@ruhrpoet

Robson-Kanu könnte auch´n Bootsverleih in Island heißen. #WAL-BEL #EURO2016
@Pilzeintopf

Nicht mal die Niagara-Fälle machen dich so nass wie Robson-Kanu. #WALBEL
(@GNetzer)

Alter, was ein geiles Tor. Gerd Müller - Style. #WALBEL
@breitnigge

Heute Internationaler Tag der geilen Buden oder was ist hier los?
#WALBEL
@spox

Belgien bekommt langsam Angst. Der Favorit liegt hinten und versucht jetzt mit wilden Angriffen die Waliser zu beeindrucken – stattdessen wirken die Belgier aber kopflos und ungeordnet. Da braucht Wales nur genüsslich abzuwarten.

Gegen diese Waliser werden es selbst die Isländer im Finale schwer haben. #WALBEL #BELWAL
@footagemagazin

Ich darf einen alten Italiener zitieren: Belgien spielt wie Flasche leer!
#WALBEL
@wochlop

Alle Bemühungen nützen nichts. Im richtigen Moment setzt Wales den Konter und Vokes markiert in der 86. Minute die Endscheidung per Kopfball.

Das belgische Abwehrverhalten lässt mich gerade sprachlos staunen. Das ist mehr als werderesk! #WALBEL
@Pepsen

Mit dem Abpfiff ist klar – der Geheimfavorit bleibt geheim und die Waliser machen England vor, wie man eine K.O-Runde zu spielen hat.

WALES! IM HALBFINALE! #WALBEL
@spox

Murmeltiertag: Sobald aus dem Geheimfavoriten #Bel ein Favorit wird, ist das Turnier für sie vorbei. Immer. #WALBEL
@Rafanelli

„Wieso ist Belgien raus?" „Wales eben so ist!" #WALBEL
@m_blocksberg

Geh heim, Tipp! #WALBEL #BEL #EURO2016
@OemenBerlin

Herz schlägt Talent. #WALBEL
@GNetzer

Schlechte Nachrichten für das Mutterland des Fußballs. Tochter Wales ist gestern mit einem Typ namens Teamgeist durchgebrannt. #WALBEL
@footagemagazin

Wie schön, dass es auch bei diesem Turnier Überraschungen gibt!

Warum gehen die Leute zum Fussball? Weil sie nicht wissen wie es ausgeht. Was ein geiles Spiel. #fussball #WALBEL
@Doktor_D

Fußball. Geiler Scheiß manchmal. #WALBEL
@fehlpass

Dory kann heute Abend mitfeiern. Sie kann schließlich walisch. #WALBEL #EURO2016
@Pilzeintopf

Ein Herz für Wales. <3 #WALBEL
@ZDFsport

„Das 2:1 ääh 3:1...Das Achtel äääh Viertel ääh Halbfinale"
Wales wird Europameister ääh? :D Hää?
Ein <3 für Wales!
#WALBEL #EURO2016
@WDR

Wales bleibt in der EM.
Belgien bleibt dafür in der EU.
#WALBEL
@LittleHorney

Und wenn die Waliser schon im Halbfinale sind - wieso nicht nach Größerem streben?

Zwei Teams haben bei dieser #EURO2016 in jedem Spiel getroffen, #Wal ist schon im Halbfinale, #ISL folgt dann Sonntag. #WALBEL
@tspsport

Kaum zu glauben, aber wahr: Wales ist mit zehn Treffern die offensivstärkste Mannschaft dieser #EURO2016 #WALBEL
@sportschau

1992 Dänemark, 2004 Griechenland, 2016 Wales oder Island. Ganz Liechtenstein freut sich jetzt schon auf 2028. #EURO2016 #WALBEL
@jens_nagler

Sorry, aber wer jetzt in Tippspielen noch vorne liegt ‚hat keine Ahnung von Fussball. #WALBEL
@74TomJ

> *Walisisch, die Sprache, die aussieht, als ob jemand betrunken auf der Tastatur eingeschlafen wäre. #WALBEL*
>
> *@Senfkutte*

Wales 3:1 Belgien

Aufstellung Wales: Hennessey – Chester, A. Williams, Davies – Gunter, Allen, Ledley (78. King), Taylor – Ramsey (90. Collins) – Bale, Robson-Kanu (80. Vokes)

Aufstellung Belgien: Courtois – Meunier, Alderweireld, Denayer, J. Lukaku (75. Mertens) – Witsel, Nainggolan – Carrasco (46. Fellaini), De Bruyne, Hazard – R. Lukaku (83. Batshuayi)

Tore: 0:1 Nainggolan (13.), 1:1 A. Williams (31.), 2:1 Robson-Kanu (55.), 3:1 Volkes (86.)
Gelbe Karten: Davies, Chester, Gunter, Ramsey – Fellaini, Alderweireld

Stadion: Stade Pierre-Mauroy, Lille
Anstoßzeit: 01.07.2016, 21:00 Uhr
Schiedsrichter: Damir Skomina

#GERITA

Crash der Generationen!

carlobuechner.com © Carlo Büchner

Es ist Zeit für den Angstgegner der Deutschen – Italien. Kein Vorbericht kam ohne die Info aus, dass man ja noch NIE(!) in einem Pflichtspiel gegen Italien gewinnen konnte und daher der Druck heute ja VIEL(!) größer ist als er sowieso schon in einem EM-Viertelfinale ist. In der Anfangsphase ist der Druck aber auf beiden Seiten zu spüren. Der Zug zum Tor will nicht so wirklich aufkommen.

Die Italiener überlassen Höwedes das Aufbauspiel. Fair-Play sieht anders aus! #GERITA
@11Freunde_de

Für den ersten Schockmoment beim deutschen Team sorgt Chellini – nicht etwa durch eine Großchance, sondern durch einen Zweikampf. Nachdem er mit Khedira leicht aneinandergeraten ist, muss der deutsche Sechser schon in der 16. Minute ausgewechselt werden. Für ihn kommt Schweinsteiger auf's Feld.

Ich denke sobald Müller-Wohlfart nicht mehr weiter macht, werden deutsche Spieler auf dem Spielfeld sterben. #GERITA
@toschcrs

Hier wird gerade die Frage diskutiert, ob Kimmich Schweinsteiger wohl siezt. #GERITA
@TorstenBeeck

Tatsächlich bringt Schweinsteiger sogar die erste große Offensivaktion. Sein Kopfballtor aus der 27. Minute wird allerdings wegen eines Stürmerfouls abgepfiffen.

Schiedsrichter Kassai kennt das Regelwerk wohl nicht. Schweinsteiger-Tore darf man per se nicht abpfeifen. #GERITA
@spox

Den Rest der ersten Halbzeit dürfen die Fans ein sehr üb-liches Bild bestaunen. Das deutsche Team versucht vor das Tor zu kommen, Boateng ist der Retter in Not, …

Boateng rettet Mitspieler, Folge 217 #GERITA of
@zeitonlinesport

… die Torhüter haben Pause …

34. Minute, Neuer hat mittlerweile ein Pixie-Buch geschrieben, Buf-fon sich selbst zum 103. Geburtstag eine Torte gebacken #GERITA
@abususu

… und die Fans schweifen ab.

Map data ©2016 Google

#GERITA ist eine Stadt in Indien. Google ein wenig, ist ja
sonst nicht viel los...
(@FlascheNitLeer)

Da hängt „am 8. Tag schuf Gott den 1. FC Köln" am Zaun. Macht Sinn. Zweite Liga ist ja auch am Montag. #GERITA
@clemensv

Folgerichtig steht es zur Halbzeit weiter 0:0.

Auf drei Handys im Raum eine Push.
„Hat Focus das 0:0 gemeldet?" #GERITA
@Mohrenpost

Während mit dem Wiederanpfiff die deutsche Mannschaft mehr und mehr an Spielanteilen gewinnt, hängen die Fans ganz konzentriert an Steffen Simons Lippen – wie immer sind da nicht alle mit seinen Aussagen zufrieden.

Deutschland hat 80 Millionen Fußballkommentatoren-Kommenta-
toren. #GERITA #EURO2016
@nicolediekmann

Spätestens als dann das erste Tor fällt, liegt die Aufmerksamkeit aber wieder ganz auf dem Spiel. Nachdem Gomez sich bis zur Torauslinie vorkämpft, steckt er den Ball weiter auf Hector, der schließlich Özils 1:0 vorbereitet.

Das hat er in Bremen gelernt! #Özil #gerita
@Pepsen

Özil ist wie IT Support. Sorgt dafür dass es läuft, machts manchmal
selbst, sonst nie sichtbar und schuld wenns nicht läuft. #GERITA
@Wiiler94

Endlich die deutsche Führung – Zeit zu feiern!

Ich höre die Hamburger Fanmeile aus 1500 Meter Entfernung ;)
@robvegas

Heute back' ich, morgen brau' ich, übermorgen zerstöre ich des
Nachbarns Vuvuzela. #GERITA
@Mett_Salat

Die Italiener sind mittlerweile klarer unterlegen und so ist die deutsche Führung absolut verdient. Anstatt diese nun einfach über die Zeit mitzunehmen, sorgt ein unglaublicher Patzer in der 78. Minute doch für den Ausgleich. Nach einer italienischen Ecke fliegt der Ball gegen Boatengs ausgestreckte Arme und Viktor Kassai pfeift den unausweichlichen Elfmeter.

Der beste Verteidiger der Welt mit der unnötigsten Armhaltung des Turniers. #Boateng #GERITA
@derSchahidi

309

Bonucci tritt an und verwandelt sicher – es ist das erste Gegentor der deutschen Nationalmannschaft in diesem Turnier.

Manuel Neuer fragt sich, was das für ein runder Gegenstand in seinem Tor ist. #GERITA
@GebbiGibson

Nach diesem unerwarteten Tor kommt keines der beiden Teams mehr in der regulären Spielzeit zu einer Chance – vor der Verlängerung holt sich nur noch Mats Hummels seine zweite gelbe Karte des Turniers ab.

.@matshummels zur "Misses next Match" gewählt. Ein Titel den Cathy auch gerne hätte. #GERITA
@JamieHatt

Die Verlängerung erinnert dann ganz stark an den Start der Partie – taktisch anspruchsvoll, aber nicht gerade spektakulär.

Positiv ist, dass die Italiener beim möglichen Elfmeterschießen nicht mehr verteidigen können... #GERITA #EURO2016
@OliverKahn

Darf ich vorstellen:
Tor, Thomas Müller.
Thomas Müller, Tor.
#erstesdate #gerita
@wortuose

Ich liebe diese ganzen deutschen Fans, die jetzt "Scheiß Italiener" rufen und morgen bei 'ner Pizza wieder um Bud Spencer trauern. #GERITA
@Cliophate

„Zeig der Welt, dass du was Besseres verdienst als Bayern." - Jogi so in 10 Minute zu Götze... #GERITA
@Rafanelli

Es kommt also tatsächlich zum Elfmeterschießen. Wer ist jetzt eigentlich Favorit?

Schrödinger hätte seine Freude: Deutschland verliert immer gegen Italien. Deutschland gewinnt immer das Elfmeterschießen. #GERITA
@kriegs_recht

Buffon hat in seiner Karriere mehr Elfer gehalten als Island Einwohner hat. #infotweet #GERITA
@ruhrpoet

Die ersten beiden Elfmeter von Insigne und Kroos landen sicher im Kasten, bevor Zaza als erster Spieler heute Abend verschießt. Mit seinem einzigartigen Trippel-Anlauf und dem Schuss in die Sterne bleibt der erst vor wenigen Minuten eingewechselte Spieler eines der Top-Themen des Abends!

„Zaza zaza zaza zaza" - das Geräusch tippelnder Stollen auf weichem Rasen.
#GERITA #EURO2016
@riedeldavid

der ball vom elfmeter von zaza ist hier grad voll in den blumenkasten geknallt. jetzt hab ich aber den kaffee auf! #GERITA
@hermsfarm

#Zaza - der erste Spieler, der während eines Elfmeterschießen mehr Schritte gemacht hat als im gesamten Spiel... #GERITA
@BILD_Marburg

Er ist aber nicht der letzte Spieler, der an diesem Abend verschießt. Erst nach unglaublichen 18 Elfmetern hat die Partie einen Sieger – und einen Helden!

Dass auf dem Weg zum ersten Sieg gegen Italien Müller, Özil und Schweinsteiger allesamt verschossen haben, ist am Ende dann auch total egal – Deutschland steht im Halbfinale und Italien ist nicht länger unbesiegbar!

Mit drei verschossenen Elfern das Elferschießen gewinnen.
Das darfste auch keinem erzählen.
#GERITA
@L_L_Andersson

Witzig, gestern schrieben alle Zeitungen, dass es kein Italientrauma gibt und heute, dass wir es besiegt haben. #GERITA #KopfTisch
@Blake_Haclemi

WDR⊙

Fünf Dinge, die erst beim fünften Mal klappen :

Helmut Kohl als Kanzler ablösen
Die SPD

Eine erfolgreiche Firma gründen
Max Levchin, Paypal

Schützenkönig werden
Björn Drexelius, Schützenverein Listerscheid

Hoffentlich die Richtige heiraten
Lothar Matthäus

Italien aus dem Turnier werfen
Die Mannschaft

#beimfünftenmal

Glückwunsch Jungs! #GERITA #beimfuenftenmal
(@WDR)

Nach dieser Partie würden die meisten Fans das Turnier am liebsten gleich abpfeifen – das kann ja nicht mehr besser werden.

Sie sahen soeben auf diesem Kanal: „Das eigentliche Finale der #EURO2016" #GERITA
@ARDde

Hut ab vor Italien. Das wäre ein würdiges Finale gewesen! #GERITA
@DerPoppe

Liebe Leute: Was war das für ein wahnsinnig guter Gegner. Was für ein Spiel. Beide mindestens Halbfinalisten. #GERITA
@GNetzer

Hey Italien, Island anfeuern ist auch geil. #GERITA
@zwwdf

Vielleicht kann man mit den nächsten Spielen aber auch einfach wieder etwas herunterkommen – gerade das Elfmeterschießen war dann doch etwas viel für das Fan-Nervenkostüm.

War ja klar, dass sich der Tod meine Jahre woanders abholt, wenn der #HSV dieses Jahr nicht Relegation spielen durfte. #GERITA
*@boedefeld_*

Twitter ist wie Public Viewing, einfach ohne Lärm und Gedränge. #ilike #GERITA

@kielhoelzli

Gibt es eigentlich zu jedem Profivertrag inzwischen auch ein Abo im Tattoostudio, bis beide Unterarme voll sind? #GERITA

@ErikMarquardt

„DEN BONUCCI WOLLTE ICH NICHT ZWEIMAL TREFFEN LASSEN. DESHALB HABE ICH IHN GEHALTEN."

(Manuel Neuer hat die einfachste Erklärung für den Sieg gegen Italien parat.)

Deutschland 7:6 Italien (n.E.)

Aufstellung Deutschland: Neuer – Höwedes, Boateng, Hummels – Kimmich, S. Khedira (16. Schweinsteiger), Kroos, Hector – T. Müller, Gomez (72. Draxler), Özil

Aufstellung Italien: Buffon – Barzagli, Bonucci, Chiellini (120. Zaza) – Florenzi (86. Darmian), Sturaro, Parolo, Giaccherini, De Sciglio – Pellè, Martins (108. Insigne)

Tore: 1:0 Özil (65.), 1:1 Bonucci (78./Handelfmeter)
Gelbe Karten: Hummels, Schweinsteiger – Sturaro, De Sciglio, Parolo, Pellè, Giaccherini

Elfmeterschießen: 1:2 Insigne; 2:2 T. Kroos; Zaza verschießt; Buffon hält gegen T. Müller; 2:3 Barzagli; Özil verschießt; Pellè verschießt; 3:3 Draxler; Neuer hält gegen Bonucci; Buffon hält gegen Schweinsteiger; 3:4 Giaccherini; 4:4 Hummels; 4:5 Parolo; 5:5 Kimmich; 5:6 De Sciglio; 6:6 Boateng; Neuer hält gegen Damian; 7:6 Hector

Stadion: Stade de Bordeaux, Bordeaux
Anstoßzeit: 02.07.2016, 21:00 Uhr
Schiedsrichter: Viktor Kassai

#FRAISL

Auch wenn Deutschland noch nicht aus dem Turnier aus-geschieden ist, sind die Sympathien der meisten Zuschauer längst zu einem anderen Team gewandert – mindestens genauso viel Spannung liegt vor dem Viertelfinale des krassen Außenseiters Island gegen den Gastgeber Frankreich.

Bin komischerweise jetzt nervöser als gestern beim Deutschlandspiel
Total verrückt!
#FRAISL
*@_Tigerlady86_*

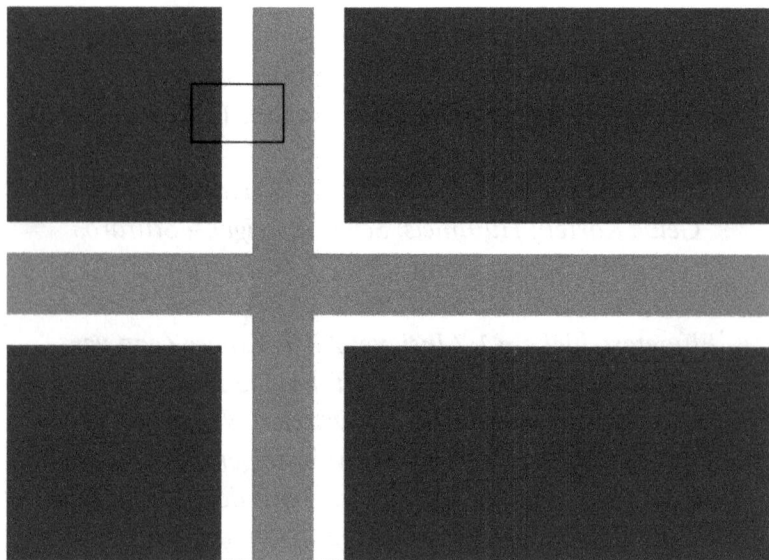

So dürften die Teams heute in der Gunst der Zuschauer
verteilt sein. Genau hinsehen! Danke an Markus Kroner.
(@sportschau)

Auch wenn die Isländer in den ersten Minuten den Franzosen auf Augenhöhe begegnen und gleich die erste gute Chance des Spiels markieren, geht Frankreich in der 12. Minute früh durch Giroud in Führung. Alles geplant!

Islands Matchplan geht auf. Lässt #FRA wie zuvor schon #ENG in Führung gehen. #FRAISL
@tspsport

Frankreich hat nichts aus Englands Niederlage gelernt und geht Island direkt in die „1zu0"-Falle. #FRAISL
@GideonBoess

Island lässt sich von dem Gegentor nicht kleinkriegen – die Tore macht aber doch das französische Nationalteam. Gleich in der 20. Minute trifft Pogba per Kopf zum 2:0.

These: Die Franzosen sind die erste Mannschaft, die Island nicht total unterschätzt. #FRAISL
@habichthorn

Während einige noch auf eine weitere Überraschung hoffen …

Taktik der Isländer: Frankreich führt, feiert in der Halbzeitpause schon mal mit Champagner und ist dann zu betüddelt. #FRAISL #EURO2016
@anneschuessler

Wer 19 h Dunkelheit am Tag aushält, kann auch ein 0:2 aufholen. Kinderkram. #FRAISL
@saskiaaleythe

… ist für andere das isländische Turnier schon Geschichte.

Es ist immer etwas traurig, wenn mitten im Märchen die Realität anruft und hallo sagt. #FRAISL
@ennomane

Egal. Island spielt Viertelfinale! Holland nicht, England nicht, Österreich nicht, Schweden nicht, usw. usw. #FRAISL #respekt
@DerHundertmark

Ich glaube uns allen war auch nicht vollumfänglich klar wie unsagbar schlecht England war. #FRAISL
@DonnerBella

Positiv: Egal wie #FRAISL ausgeht. Der Mannschaft aus #isl kann man nix mehr nehmen. Fantastisches Turnier der kleinen Mannschaft.
@chieff89

Aber auch nach dem zweiten Gegentor verfallen die Isländer nicht in Trübsal – sie versuchen gegen Frankreich mitzuhalten und über weite Strecken das Spiel zu machen!

Das sind keine Einwürfe, dass sind Kriegserklärungen! #FRAISL
@Doktor_FreakOut

*brechstange
*son
* #FRAISL
TweetKit / gut für 10-25 Favs.
@itsmeprime

Theorie der Tochter: „Die Isländer sind es gewohnt, auf engem Raum zu spielen. Die haben ja nur eine Insel." #FRAISL
@BendlerBlogger

Wilkinsson einwechseln und den Franzosen eine Rasur verpassen! #FRAISL
@VeitKlapp

Isländisches Ballbesitzspiel. Jetzt haben wir alles gesehen bei dieser EM. #FRAISL
@TobiasEscher

Aber alle Versuche nützen nichts – kurz vor der Halbzeit sorgt dann ein Doppelschlag für noch klarere Verhältnisse. Erst trifft Payet in der 43. Minute …

Langsam wird #FRAISL peinlich. Für #ENG.
@TSmithRV

Spätestens nach dem 3:0 wäre es ein guter Moment für Odins Sohn den Hammer auszupacken. #FRAISL
@HeikeGallery

Dann kann ich ja morgen nach Island-Trikots gucken, wenn ihr sie alle wieder verkauft, okay? #FRAISL
@ruhrpoet

… und Sekunden vor dem Pausenpfiff darf auch Griezmann sein Tor machen.

Es gucken Kinder zu, Frankreich!!! #FRAISL
@spox

Wenn man das Bedürfnis hat, einen Wikinger in den Arm zu nehmen. #ISL ist trotzdem Sieger der Herzen. #FRAISL
@clouds_walking

Frankreich hat die Islandisierung des Abendlandes erfolgreich beendet. #FRAISL
@philippsteuer

Zur Halbzeit steht es 4:0 für Frankreich und eigentlich wäre es schon längst Zeit über Frankreich als deutschen Halbfinalgegner nachzudenken – stünde hier nicht Island auf dem Platz.

Aber immerhin: In der Halbzeitpause wird Zlatan Ibrahimson bei #ISL eingewechselt und dann wird das noch gedreht. #FRAISL
@JamieHatt

Wer nachher bei den Isländern wohl die Elfmeter schießt? #FRAISL
@TorstenBeeck

„Bin ich froh, dass der Island-Hype vorbei ist"
vs.
„SO EIN KACKSON!!!!"
#FRAISL #EURO2016
@Pilzeintopf

Am Anfang der zweiten Hälfte kommt dann tatsächlich der Hauch eines Comebacks – während Frankreich kontrolliert einen Gang herausnimmt, trifft Sigthorsson in der 56. Minute zum Anschluss.

Ehrentreffer #ISL ! Und das sagt Alles über ihre Moral!
#FRAISL #EURO2016 @UEFAEURO #skyEM
@CMetzelder

Sigthorsson heute leider ohne Sigthor :(
#FRAISL
@ClemensAlive

Jetzt nur noch vier Tore und das Viertelfinale ist sicher. Zumindest können sich die Isländer das für drei Minuten denken, denn dann trifft Giroud und stellt den alten Vier-Tore-Abstand wieder her.

Dass #FRA besser ist, müssen sie aber jetzt nicht unbedingt dadurch zeigen, dass sie für jeden Einwohner Islands ein Tor schießen.
#FRAISL
@R_Age_D

Egal. Die Isländer feiern trotzdem ausgelassen! Das hat sich die kleine Nation auch redlich verdient.

Public Viewing in Reykjavik mit 30.000 Fans ist größte Menschenansammlung in der Geschichte Islands. #FRAISL
@tmichalsk

Geheimwaffe der Isländer: In der 81. Minute bricht im Mittelkreis ein mobiler Vulkan aus - und das Spiel muss wiederholt werden.
#FRAISL
@uniwave

Auch wenn es nicht mehr zum Weiterkommen reicht, wird diese Stimmung und dieser Kampfgeist zumindest mit einem letzten Tor belohnt – Bjarnason trifft und sorgt für den 5:2 Endstand.

Schön wie Island auch 10 Minuten vor Schluß bei einem 4 Tore

Rückstand gar nicht ans aufhören denkt. Belohnung dafür: Tor
Nummer 2 #FRAISL
@BenTheMan1980

Es bleibt die Frage, ob sich Twitter vom Verlust der ...son-Wortspiele
bis zum Finale erholen kann. #FRAISL
@Marvin_Ronsdorf

Wieviele Stunden insgesamt das Entfernen von „son" bei den Benut-
zernamen jetzt wohl wieder in Anspruch nehmen wird?
#FRAISL
@lanajilib

Bei solchen Spielen müsste eigentlich die alte Bolzplatz-Regel ange-
wendet werden: „Letztes Tor entscheidet" #FRAISL
@HeikHogan

Traurig muss hier keiner sein, denn …

Schön zu wissen, dass das Team #ISL zu Hause trotzdem wie Welt-
und Europameister zusammen empfangen werden wird. Zurecht!
#FRAISL #EURO2016
@Mpoluin

… und …

Island gewinnt zweite Hälfte gegen Frankreich. #FRAISL #infotweet
@goedcorner

Frankreich 5:2 Island

Aufstellung Frankreich: Lloris – Sagna, Umtiti, Koscielny (72. Mangala), Evra – Pogba, Matuidi – Sissoko, Griezmann, Payet (80. Coman) – Giroud (60. Gignac)

Aufstellung Island: Halldorsson – Saevarsson, Arnason (46. Ingason), R. Sigurdsson, Skulason – Gudmundsson, Gunnarsson, G. Sigurdsson, B. Bjarnason – Sigthorsson (83. Gudjohnsen), Bödvarsson (46. Finnbogason)

Tore: 1:0 Giroud (12.), 2:0 Pogba (20.), 3:0 Payet (43.), 4:0 Griezmann (45.), 4:1 Sigthorsson (56.), 5:1 Giroud (59.), 5:2 B. Bjarnason (84.)
Gelbe Karten: Umiti – B. Bjarnason

Stadion: Stade de France, Paris St. Denis
Anstoßzeit: 03.07.2016, 21:00 Uhr
Schiedsrichter: Björn Cuipers

„VIELLEICHT WÄRE ES EIN BISSCHEN VIEL GEWESEN, DIE EM GLEICH IM ERSTEN ANLAUF ZU GEWINNEN."

(Islands Kolbein Sigthórsson ist ein höflicher Neuankömmling und lässt den Platzhirschen den Vortritt.)

Einmal die Hände mit einem lauten „Hüh" zusammenklatschen:

der FUMS-Arbeitsnachweis ist da!

DER GROSSE #EM2016

FUMS
FUSSBALL.MACHT.SPASS.

BÉLA RÉTHY
ARBEITSNACHWEIS

SENN DENIS	HUH, HUH	HÜH, HÜH	OH, OH, OH	EIN GROSSES GALLISCHES LAND WILL SICH WICKIE UND DEN STARKEN MÄNNERN WIDERSETZEN.
EINEN SPRACHKURS FÜR ISLÄNDER HABEN WIR AUCH. IM TELETEXT UNTER 888.	KANN MAN ZU HAUSE GUT MITMACHEN. AUF DER COUCH. DIESE KLATSCHAKTIONEN.	ÖHMTITTI	GESTOLPERT ODER FREIWILLIG GEFALLEN – WIE MAN´S WILL.	EIN EINWURF WIE VON EINER KANONE ABGESCHOSSEN.
GUNNARSON KOMMT AUS EINER HANDBALLER-FAMILIE...	GROHN NASSION	SCHÖNES JUBELRITUAL MIT NASE ZUHALTEN.	SIGTHORSSON. NEIN ES WAR NICHT DAS SIEGTOR, ABER DAS 1:4.	GIGNAC, DER DEN EINDRUCK VERMITTELT ER SPIELT DEN FUSSBALL NUR AUS SPASS.
KINGSLEY COMAN DER 20-JÄHRIGE.	PAYETT	ALLE 4 FOULS VON POHL POGPAH BEGANGEN. DAS NENNT MAN ENGAGEMENT.	GIGNAC MUSS SEIN GEWICHT ERSTMAL UM DIE KURVE KRIEGEN.	BEI SEINEM ERSTEN LÄNDERSPIEL WURDE GUDJOHNSEN FÜR SEINEN EIGENEN VATER EINGEWECHSELT. DA WAR ER 17. ALSO ER, NICHT DER VATER.
DIE REISE DER WIKINGER IST HEUTE ZU ENDE.	SEHEN WIR GLEICH ZUM LETZTEN MAL DIESE WIKINGER-SZENE? DIESES RYTHMISCHE KLATSCHEN...	SCHIROU	GIGNAC, DER STÜRMER AUS MEXIKO.	JETZT TRIFFT DEUTSCHLAND AUF FRANKREICH. EINE MISCHUNG AUS JUNG UND ALT. EINE GUTE MÉLANGE.

WWW.FUSSBALLMACHTSPASS.DE

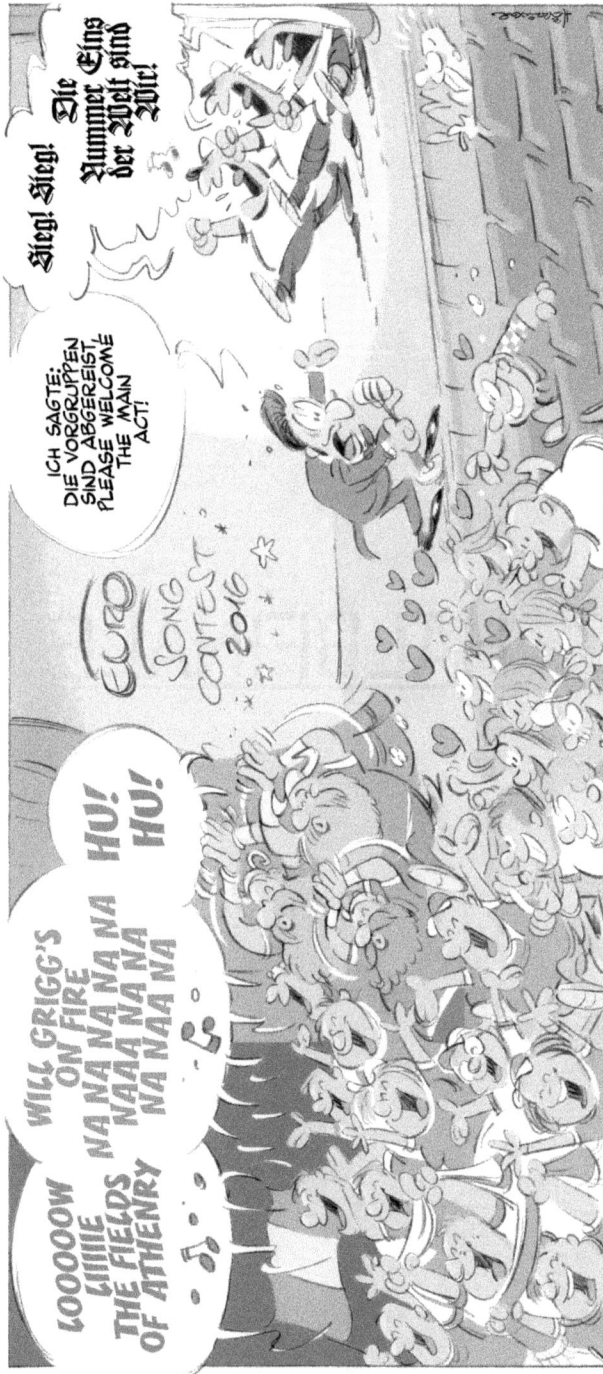

HALBFINALE

#PORWAL

In der Vorberichterstattung lag der Fokus auf drei Themen – Bale, Ronaldo und den Kindern. Nein, nicht die Kinder der beiden Superstars waren im Gespräch, sondern eine UEFA-Regelung, die ab sofort das Betreten des Spielfeldes für Kinder untersagt. Nachdem beim letzten Wales-Triumph die Sieger mit ihren Kleinen noch auf dem Rasen unter dem Jubel der Fans kickten, ist die EM nun eine kinder-befreite Zone. Naja fast – Auflaufkinder gibt es immer noch.

Ich sehe Kinder auf dem Platz. Die armen Kinder. Sind sie in Sicherheit? #PORWAL
@fletcher

Die UEFA-kritischen Ultra-Bewegungen „Inferno Spielende Kinder" und „Eichhörnchengruppe" planen einen Platzsturm nach Spielende. #PORWAL
@ChristianHelms

Nach dem Anpfiff entwickelt sich das Spiel zum typischen portugiesischen Dreikampf. Diskutiert wurden der obligatorische Flitzer – dieses Mal gleich zum Mannschaftsfoto der Portugiesen, …

Vermutlich wird das erste Tor des Abends durch einen Flitzer erzielt. #PORWAL
@Mett_Salat

Christiano #Ronaldo. Der Schutzpatron der Flitzer. #CR7
(@kluettermann)

… die Trikots der beiden Teams …

Beide Teams nicht in Rot, da Schiedsrichter Eriksson sein neues rotes Heimtrikot präsentieren möchte. #PORWAL
@Halbzeit3

Wieso spielen beide Mannschaften im Auswärtsdress? #PORWAL #followerpower
@paralessi

Weil beide auswärts spielen. In Frankreich. #PORWAL
@phil_aich

Neongrüne Kragen gegen minzpastellige Trikots - meine Augen wollen zur Entspannung die verdreckte Trainingshose von Király zurück #PORWAL
@spieltagslyrik

… und Fokussierung auf den allzu großen Superstar.

Sind da außer Bale und Ronaldo noch andere Spieler auf dem Platz?
Ich frage für einen Kommentator
#PORWAL
@TineMaschine

Wieso die immer gleichen Themen? Weil das Spiel nun einmal genauso leblos und langweilig war wie (fast) alle Partien mit den Iberern.

Ich will ja nicht sagen, dass das Spiel langweilig ist, aber alle Trikotnummern zusammengerechnet ergibt 206.
#PORWAL
@NicCutter

Ich übersetze gerade die walisischen Spielernamen ins Elbische.
@Nacktmagazin

Portugal, das schwarze Loch dieser EM. Es zieht jegliche Energie aus allen Fußballspielen. #PORWAL
@sport_thies

Ich gucke das Spiel nur, weil ich hoffe, dass ich morgen irgendwo in „So lacht das Netz über #PORWAL" vorkomme.
@TorstenBeeck

Aber zu einer öden Partie gehören immer zwei Mannschaften. Da auch Wales auf Nummer sicher gehen möchte, kommt es weder bei den Walisern noch den Portugiesen zu ansehnlichen Strafraumaktionen.

Schönes Testspiel, wann beginnt denn das Halbfinale? #PORWAL
@yousitonmyspot

Während GER morgen das zweite vorweggenommene Finale hinter-

einander spielt, kicken die noch auf Vorrundenniveau. Aber nützt ja
nix. #PORWAL
@markuskavka

Die beiden Torhüter können froh sein, dass es in Lyon noch gemüt-
lich warm ist. #EURO2016 #PORWAL
@sportschau

Zur Halbzeit steht es fast schon selbstverständlich 0:0 – ob
das hier heute noch etwas wird?

Im Moment sieht es nicht so aus, als wäre die Partie Portugal - Wales
bis zum Endspiel am Sonntag um 21 Uhr entschieden. #PORWAL /
st
@sternde

Satzbausteine für den nächsten #PORWAL-Tweet:
– Tor
– Spiel
– gut tun
@ZDF

Eltern, deren Kinder nicht einschlafen wollen, haben heute eine Lö-
sung: #PORWAL. #EURO2016
@Kleinekoenen

Aber was hätte man auch anderes erwarten können…

Zur Einordnung:
Portugal im Turnierverlauf nach 90 Minuten noch sieglos.
Wales in der Gruppenphase noch England (!!!) unterlegen.
#PORWAL
@Schmmmiddelinho

Nach der Pause sorgt dann der Superstar für ein Supertor
– Cristiano Ronaldo steht nach einer Flanke von Guerreiro

regelrecht in der Luft und köpft den Ball kraftvoll und unhaltbar in die Maschen. Was für ein Tor in der 49. Minute!

Cristiano Ronaldo. Unfassbarer Typ. #PORWAL
@spox

> ## „ES GIBT DREI DINGE, DIE SO IN DER LUFT STEHEN: HUBSCHRAUBER, KOLIBRIS UND RONALDO"
>
> *(Mehmet Scholl in der ARD zu Cristiano Ronaldos Tor)*

Der Tor-Push von @SPIEGELONLINE kommt übrigens so früh, dass ich in der Zwischenzeit noch locker mein Entertain-Abo kündigen kann.
@TorstenBeeck

Witzig. Mich hat jmd angerufen, mir erzählt, dass ein Tor gefallen ist, aufgelegt und DANN ist das Tor im Stream gefallen #porwal
@fearhundert

Als hätte man drei Wochen auf diese Minuten gewartet, legt Portugal schlagartig nach! Dieses Mal ist es eine Flanke von Ronaldo, die über Nani den Weg ins Tor findet und die 2:0 Führung markiert.

Nicht zu fassen! 50 Minuten Schlafwagenfußball - und dann schlagen sie in zwei Minuten zweimal zu! #EURO2016 #PORWAL
@sportschau

Bei der WM18 will ich die Push-Einstellung Sat/Kabel/Nachbarn/ DVB-T/Mediathek/Brieftaube/Entertain. #PORWAL cc: @StreitzM
@TorstenBeeck

*Portugal spielt auf Sieg?!? Halbfinale guter Zeitpunkt, um den Geg-
ner mit was ganz Neuem zu überraschen #PORWAL*
@Schmiso

Nachdem Cristiano Ronaldo das Spiel in kürzester Zeit und
quasi im Alleingang entschieden hat, müssen nun die Waliser mit viel Kraft den Rückstand drehen.

Kann Bale noch was aus seinem Dutt zaubern?
#PORWAL
@LittleHorney

Gähne vor dem Bildschirm.
Sohn (8): „Mama, du kannst ins Bett gehen. Ich schaffe das alleine."
#PORWAL #80steMinute
@froumeier

Ihre Offensive verpufft aber. Die Portugiesen spielen den
Rest der Partie souverän runter und sind dem 3:0 näher als
Wales einem Ausgleichstreffer. Nach 90 Minuten ist er dann
da – der erste portugiesische Sieg in der regulären Spielzeit
und gleichzeitig der Finaleinzug.

„Um ins Finale zu kommen, mußt du 6 gute Spiele abliefern."
„Nein. Nicht mal eins."
#POR
#PORWAL
#EURO2016
@padde_04

*Portugal im #EURO2016 Finale...jetzt ist für uns alles möglich!
Auch die Champions League! #PORWAL*
@RWO_offiziell

Gucke ein Island-Spiel: Island verliert.

Gucke ein Wales-Spiel: Wales verliert.
Es tut mir so leid :'(#PORWAL
@kindimmanne

Portugal steht tatsächlich im Finale? So ganz können das noch nicht alle glauben.

Wir beanspruchen schon jetzt Gagschutz für:
- „Spiel um Platz zwei"
- „Vizeeuropameister steht fest"
#EURO2016 #PORWAL
@sportschau

Glückwunsch an Portugal. Sich allem ewig verweigern und dann am Ende übertrieben Gas geben - genau so hab ich das Abi geschafft!
#PORWAL
@DerPoppe

Und da wir gegen Portugal Remis gespielt haben, also gleich gut sind, stehen wir auch im Finale. Super, Burschen! #AUT #PORWAL
#EURO2016
@phil_aich

Auf Twitter ist es übrigens die beste Europameisterschaft ever. Ich sag ja immer: ist die Show schlecht, ist Twitter der Primärkanal #porwal
@flueke

Jetzt freut sich Portugal noch und dann taucht, durch den neuen Modus, am Sonntag plötzlich Griechenland im Finale auf! #POR-
WAL #EURO2016
@BenTheMan1980

Und die Wales Spieler dürfen nicht mal von den Kindern getröstet werden. #PORWAL
@a_najim

Wenn Sie heute bis 14 Uhr jemand hupend durch die Stadt fahren sehen - hat bestimmt über Webstream geschaut und das Spiel ist gerade vorbei.

@DerPoppe

Portugal 2:0 Wales

Aufstellung Portugal: Patricio – Soares, Fonte, Bruno Alves, Guerreiro – Pereira – Sanches (74. Gomes), A. Silva (79. Moutinho), Mário – Nani (86. Ricardo Quaresma), Cristiano Ronaldo

Aufstellung Wales: Hennessey – Gunter, Collins (66. J. Williams), A. Williams, Chester, Taylor – King, Allen, Ledley (58. Vokes) – Robson-Kanu (63. Church), Bale

Tore: 1:0 Cristiano Ronaldo (50.), 2:0 Nani (53.)
Gelbe Karten: Bruno Alves, Cristiano Ronaldo – Allen, Chester, Bale

Stadion: Stade de Lyon, Lyon
Anstoßzeit: 06.07.2016, 21:00 Uhr
Schiedsrichter: Jonas Eriksson

#FRAGER

Mal wieder steht das deutsche Team in einem Turnierhalb-finale und mal wieder heißt der Kommentator Béla Réthy. In weiser Voraussicht hat das ZDF uns da etwas vorbereitet:

ZDF

DAS GROSSE #EURO2016
BÉLA-BASHING-BINGO

und das von meinen **Gebühren**	Der Kommentator ist für **Frankreich**	Der Kommentator ist für **Deutschland**	Ich bin für den REXIT! Rethy raus!	Wo ist **Werner Hansch,** wenn man ihn mal braucht?
Wann geht Béla Réthy endlich in **Rente?**	**inkompetent**	Das "T" bei Payet ist stumm	Der Mann hat einfach keine Ahnung	Die ÖR sollten **gar kein Fußball** übertragen
Ey ZDF, zieht endlich **Konsequenzen!**	Warum darf der kommentieren???	Das kann ich ja **besser!!!**	Liebes ZDF, hiermit berwerbe ich mich ...	Sieht der ein anderes Spiel?
Liked bitte "Bela Rethy gefällt mir nicht"!	Habt Ihr keinen anderen?	Besser als die **Frau**	Er verwechselt ständig die Spieler	Der Reporter labert viel zu viel
Wo ist die Tonspur ohne Kommentar	Béla kommentiert? Ich schalte ab!	Es hätte so ein schöner Abend werden können ...	Kennt Ihr das Béla-Bingo von FUMS?	Nehmt ihm endlich das Mikro weg!

EM2016²
UEFA EURO 2016

Ihr wart fleißig! Das verdient einen FUMSschen Arbeits-nachweis. Wir spielen „Béla-Bashing-Bingo".
(@ZDFsport)

Anscheinend noch so vertieft in ihre Facebook-Seite und ihr eigenes Bingo hat das Team des ZDFs tatsächlich vergessen den Anstoß zu zeigen – ein böses Vorzeichen für die deutsche Elf?

Das DFB-Team zeigt sich sichtlich geschockt wegen des nicht gezeigten Anstoßes. #GERFRA
@spox

In der Anfangsphase kommen die Deutschen tatsächlich nur schwer ins Spiel und die ersten Chancen gehören Griezmann und seinem Team.

Dass man heutzutage bei Frankreichreisen keinen Pass braucht, scheinen Jogis Jungs falsch zu verstehen.
#GERFRA
@ORasche

Dieser kleine Kimmich darf heute auch nur deshalb so lange aufbleiben, weil Deutschland spielt. #GERFRA
@fraudiener

Es dauert allerdings nur wenige Minuten, bis sich die Verhältnisse komplett umkehren. Fast schlagartig ist die französische Offensive abgemeldet und das Spiel findet nur noch in ihrer Hälfte statt.

Da kann natürlich noch viel schief gehen. Aber was die deutsche Mannschaft seit der 5. Min. bis hierhin spielt, ist großer Sport. #gerfra
@Reporter_vorOrt

Jetzt verläuft das Spiel wieder wie gewohnt. Neuer ist hinten beruhigt. Sein Netflix-Abo lohnt sich doch. #GERFRA
@GebbiGibson

Die andere Hälfte des Spielfeldes könnte man ja eigentlich so lange anderweitig vermieten...
#GERFRA
@DaniSebaldine

Stark. SO muss man als amtierender Weltmeister gegen euphorisierte EM-Gastgeber spielen. #GERFRA
@breitnigge

Überlegenheit in Zahlen:
9:3 Torschüsse
65% Ballbesitz
91% Passquote
Weiter so, @DFB_Team! #GERFRA #ViveLaMannschaft
@mbfussball

Der größte Erfolgsgarant ist wie so häufig Jérome Boateng!

Hummels, Gomez, Khedira und Götze nicht da, an deren Stelle spielen heute Boateng, Boateng, Boateng und Boateng. #GERFRA
@drosophila

„Jerome und Boateng sind dieselbe Person, oder?". Fußball mit meiner Schwester, es ist so schön. #GERFRA
@aruetzel

Fast die gesamte erste Halbzeit demonstrieren die deutschen Spieler so, wieso ihr Team amtierender Weltmeister ist und wieso sie definitiv einen Platz im Finale verdient haben. Erst kurz vor der Pause kommt es zu einer hochgradig brenzligen Szene. Als Boateng ausnahmsweise einen Zweikampf verliert und Giroud mit Vollgas auf das deutsche Tor zurennt, kann Höwedes aber mit einer perfekt gesetzten Grätsche den Stürmer stoppen.

Die Franzosen beginnen schon fast sich über ihr etwas glückliches 0:0 zur Pause zu freuen, da fällt in letzter Sekunde doch noch ein Tor – wie aus dem Nichts aber FÜR Frankreich. Nach einer Ecke von Payet bekommt Schweinsteiger den Ball unglücklich an die Hand und es kommt zum Elfmeter für Frankreich – schon wieder…

Griezmann läuft an und trifft tatsächlich in der Nachspielzeit der ersten Halbzeit zur französischen Führung.

Funfact: Neuer hat bislang nur durch Elfmeter Gegentore bekommen. #GERFRA
@MrTaros

Was Löw wohl und der Kabine gesagt hat? „Einfach genauso weitermachen, nur nicht mehr mit der Hand"? #GERFRA
@echtallwissend

Was ist da los?! Deutschland verursachte in den letzten 10 Jahren nur 1 Handelfmeter. Jetzt 2 in 2 Spielen! #GERFRA #EURO2016
@BILD_Sport

Nach der Pause wieder dasselbe Bild wie in der ersten Hälfte – erst kommt Frankreich gut ins Spiel, bevor Deutschland wieder die Oberhand gewinnt. Da man dieses Spiel schon kennt, kann man sich ja auch anderen Dingen widmen.

Mindestens sieben unserer Redakteure schaffen es nicht, #GERFRA zu gucken, ohne zu twittern. Gut so! #keinenamen
@zeitonline

Is dat Deutschlandspiel heute? Das Signal, dass niemand mehr auf der Straße ist funktioniert hier aufm Dorf nicht richtig... #GERFRA
@ReinhardRemfort

Ich bringe ihn hier nochmal: Schlechter Rasen auf Französisch? Merdesacker. #GERFRA
@anjabandermann

Ein bisschen anders ist der Spielverlauf dieser Halbzeit dann aber doch. Der Schiedsrichter hat mittlerweile seinen Spaß an Verwarnungen gefunden …

Dem Schiri ist wohl eher nach Kartenzahlung.
#GERFRA #JeTeam
@REWE_Supermarkt

… und es kommt zum nächsten Ausfall eines deutschen Topspielers! Ausgerechnet Jérome Boatengs Oberschenkel macht zu und so muss der Verteidiger für seinen Kollegen Mustafi Platz machen.

Vollkatastrophe. Aber jetzt erst recht. Allez les blancs. @JB17Official #GERFRA
@markuskavka

Wenn Mustafi den Ausgleich für Deutschland schießt, nennt Jogi sein Kind Shkodran. #GERFRA
@exprofis

Es fehlt dem deutschen Team trotz des Rückstand weiter an guten Offensivaktionen. Vielleicht kann da ja ein oft unterschätzen Offensivmann etwas dran ändern?

Löw: „Zeig uns allen, dass du besser bist, als wir alle denken."
#Götze #GERFRA
@cordsauer

Leider nein. In der 72. Minute gibt ein Ballverlust von Kimmich Pogba die Chance für das zweite Tor – er geht an Mustafi vorbei, spielt Neuer aus und Griezmann schiebt den Ball nur noch ins Netz.

Da fällt uns kein guter, lustiger oder blöder Spruch für ein #GERFRA 0:2 für Frankreich…
@Polizei_Ffm

Das Tor war verdient und sollte Frankreich damit jetzt gewinnen ist das absolut okay. Trotzdem ein geiles Turnier von Deutschland :) #GERFRA
@wuschelcore

#Griezmann tanzt als sei er ein Gif #GERFRA
@frheinrich

Jetzt ist Deutschland noch mehr gefordert, aber auch die nun kommenden Chancen, wollen einfach nicht ins Tor gehen – so wird das schwer mit dem Finaleinzug.

Mal ehrlich:
In letzter Konsequenz eben nicht wirklich konsequent...
Unser Team heute.
Schade.
#GERFRA
@Patrick_Kunkel

An alle Verschwörungstheoretiker:
Manchmal verliert man Fußballspiele, weil man sich einfach zu dämlich anstellt.
#GERFRA
#EURO2016
@padde_04

Ohne Gomez, Hummels, Boateng, Khedira und einem unterirdischen Müller scheidest Du auch als WM in so einem Spiel aus. Let's face it. #GERFRA
@breitnigge

Thomas #Müller muss irgendeinen anderen der geschätzt 2,77 Millionen Thomas Müller im Land zur #EURO2016 geschickt haben.
#GERFRA
@Matthias_aus_Do

Wenn man kein Tor schießt, fährt man halt nach Haus… Außer man heißt Portugal ;) #GERFRA
@heikoherberg

Die drohende Niederlage vor Augen, spaltet sich das Fanglager langsam auf. Manche legen sich auf ihren Lieblingssündenbock fest...

Götze war vor seiner Einwechslung öfter im Bild als danach.
@rock_galore

Statistik Mario Götze seit seiner Einwechslung in der 67. Minute: Torchancen: 0, Ballkontakte: 2 #GERFRA #EURO2016
@welt

Is Götze schon im Spiel? #GERFRA #EURO2016
@koeppenjan

... andere beginnen zu Pöbeln ...

Die Decke der Zivilisation ist schon sehr dünn an vielen Stellen. Gut zu sehen an Tagen wie diesen. #GERFRA
@fehlpass

Was viele Deutsche im Netz bisher ja nicht wussten: Man kann auch mit Anstand verlieren. #GERFRA
@DerPoppe

So viel Driss wie nach so einem Spiel hat Twitter noch nicht gesehen... Nacht! #GERFRA #EURO2016
@FrankBuschmann

... und wiederum andere ziehen einfach den Hut vor der deutschen Leistung. Auch wenn man sich nun aus dem Turnier verabschiedet – Deutschland war definitiv eine der besten Mannschaften in Frankreich.

Vor dem Tor stets bemüht, aber immer knapp daneben. Wie viele Twitterpointen. #gerfra
@Garpswelt

Auf den Punkt: Sehr ordentliches Spiel bis zum letzten Pass, viele Ausfälle und etwas Pech. Frankreich hat es verdient! #GERFRA #EURO2016
@FrankBuschmann

MIt mehr Klasse kann man sich kaum aus einem Turnier verabschieden. Großartige erste Halbzeit, tolles Fußballspiel. #gerfra @DFB_Team
@helmi

Es fällt mir schwer zu akzeptieren, dass diese Mannschaft nicht Europameister wird!
#GER #GERFRA #EURO2016 @UEFAEURO #skyEM
@CMetzelder

Am Ende ist wahrscheinlich Respekt vor Frankreich und ein wenig Realismus der richtige Weg um mit dieser Niederlage umzugehen, oder?

Keine Sorge: Ich hatte bei Facebook vorsorglich gegen eine Niederlage Widerspruch eingelegt! #GERFRA
@tastenzeux

Die „bessere Mannschaft" ist übrigens nie die, die null Tore geschossen hat und nicht im Finale ist. #GERFRA #Protipp
@TorstenBeeck

Das deutsche System war dem französischen überlegen. Für individuelle Patzer kann Trainer nichts, für Chancenverwertung wenig. #GERFRA
@fluestertweets

Die Statistik spricht leider gegen uns: Nach einer Niederlage im Halbfinale konnte Deutschland noch nie den Titel gewinnen. #GERFRA #HUH
@DieserHannes

Man kann natürlich stattdessen auch einfach das Fanlager wechseln!

Lasst mich durch, ich bin gebürtiger Saarländer! Ich darf auch mit #FRA feiern! #GERFRA
@koerber

Jetzt noch schnell heimlich in die Garage, die Deutschland-Fahnen vom Auto montieren und morgen so tun, als wäre nichts. #EURO2016 #GERFRA
@Grolmori

Während auf Twitter die Stimmen gemischt sind, bleibt die Nachberichterstattung im ZDF sehr freundlich – zugegeben hat das Team ja auch Großes geleistet.

Armes @DFB_Team: Schlimmer als so eine unglückliche Niederlage sind nur die Fragen der Reporter nach dem Spiel. #GERFRA
@extra3

Heute zollen sich alle gegenseitig Respekt bei der Niederlage. Da vermisst man fast ein einfaches „Ist scheiße!" von Rudi Völler.
@robvegas

„Woran lags?"
„Frankreich hat 2 Tore geschossen, Deutschland keins."
#GERFRA
@Mohrenpost

Die größte Kritik bekommen sogar die Franzosen ab, die sich einfach den Huh-Jubel des isländischen Teams angeeignet haben.

Wie jetzt JEDER die Island Feier Methode verwendet!
*Island die WAHREN GEWINNER dieser EM #ISL #GERFRA ^^*
@MythenAkte

Sorry #FRA, aber dieses „Huh!" zieht nur bei echten Wikingern.
#GERFRA
@HatinJuce

Bin ich die Einzige, die das französische „Huh!" als Hommage an die
Leistung der Isländer sieht?! #gerfra
@HilliKnixbix

Was von EMs oder WMs übrig bleibt. Gut, dass es HUH! sein wird
und nicht die Vuvuzelas. #GERFRA
@koerber

Am nächsten Tag ist der Umgang mit dem Ausscheiden
ganz unterschiedlich – mittlerweile haben die Fans auch den
Schiedsrichter mit seinem Elfmeterpfiff ins Visier genommen.

Tag danach:
1. Rassistische Kommentare zu #GERFRA
2. Leute, die sich über den Schiri aufregen
3. Leute, die sich über diese Leute aufregen
@diesererik

Erstaunlich, dass noch niemand „Merci, Schiri" getitelt hat! #GER-
FRA #EURO2016
@anjaminusk

2 Tickets für #GERPOR zum halben Preis abzugeben.
#GERFRA
@NielsRuf

Es bleibt am Ende bleibt aber eigentlich nur ein Fazit:

Man kann sagen: Ein Handjob hat uns das Happy End bei den Pa-
risern gekostet. #GERFRA
@koerber

Deutschland 0:2 Frankreich

Aufstellung Deutschland: Neuer – Kimmich, Boateng (61. Mustafi), Höwedes, Hector – Schweinsteiger (79. Sané) – Can (67. Götze), Kroos – Özil, T. Müller, Draxler

Aufstellung Frankreich: Lloris – Sagna, Umtiti, Koscielny, Evra – Pogba, Matuidi – Sissoko, Griezmann (90. Cabaye), Payet (71. Kanté) – Giroud (78. Gignac)

Tore: 0:1 Griezmann (45.+2, Handelfmeter), 0:2 Griezmann (72.)
Gelbe Karten: Can, Schweinsteiger, Özil, Draxler – Evra, Kanté

Stadion: Stade Vélodrome, Marseille
Anstoßzeit: 07.07.2016, 21:00 Uhr
Schiedsrichter: Niccola Rizzoli

© Carlo Büchner

Au revoir, EM 2016...
Gratulation an Frankreich!

SPIEL UM PLATZ 3?

#WALGER

Braucht man wirklich ein Spiel um den dritten Platz? Wieso die Verlierer noch in ein weiteres Spiel drängen? Bisher waren solche Spiele nur bei Weltmeisterschaften üblich, aber bei einer aufgeblähten Europameisterschaft fällt so ein Spiel mehr kaum ins Gewicht. Wirklich viel Rummel hat man um das Duell zwischen Wales und Deutschland allerdings nicht gemacht – nicht einmal Fernsehrechte wurden vergeben. Dementsprechend schlecht ist leider auch die Nachrichtenlage über die Partie hinweg. Immerhin: die Startaufstellung ist durchgesickert.

Ter Stegen - Kimmich, Mustafi, Tah, Hector - Weigl, Can - Draxler, Götze, Podolski - Sane. #GERWAL
@guek62

Die erste Aktion des Spiels gehört anscheinend dem deutschen Keeper Neuer. Dabei steht der doch gar nicht auf dem Feld…

Starkes Solo von Neuer #WALGER
@FloPSchmidt

Vielleicht war es ja ein Solo auf der Bank?

Pfeif ab!!! Das hab ich getippt!! \o/ #WALGER #WAL #GER
@hahallejulia

Ein Dribbling von Neuer? Ein 0:0? Ja so ganz sicher sind wir uns da nicht – jedenfalls gab es noch keine Jubelschreie zu hören. Normalerweise funktioniert der Nachbarschafts-Torfunk ja bestens. Während wir leicht verwirrt in die Partie starten, scheint das deutsche Spiel nicht rund zu laufen.

Der Jogi ist fuchsteufelswild. „Den Geresch darf man do net so allei lasse!" #WALGER
@BirgitRie

Nicht schon wieder... Handspiel. Diesmal von Can. Elfmeter für Wales. Bale scheint zu schießen. #WALGER
@herr_baal

Ob er getroffen hat hören wir allerdings nicht mehr. Wieso jubelt oder stöhnt hier keiner? Es scheint doch eine großartige Partie zu sein!

Dieses kleine Finale hätte sich mehr Zuseher verdient.
#EURO2016
@phil_aich

Das Spiel um Platz 3 gehört nicht abgeschafft. Sieht man heute wieder. #WALGER
@gegisa

Der Anschlusstreffer vor der Halbzeit wäre jetzt psychologisch wichtig. Sonst wird's gleich langweilig. #WALGER #GERWAL
@meisterperson

Ah, da ist doch einmal wieder ein Anhaltspunkt – wenn man von einem Anschlusstreffer spricht, muss es ja mindestens zwei Tore Vorsprung für ein Team (wahrscheinlich die Waliser) geben! Vielleicht ist ja Bales Elfmeter in Ter Stegens (oder Neuers?) Netz gelandet.

Das erste Spiel der EM,welches wirklich fasziniert.Vollkommen unterschiedliche Bewertungen.Ja,mehr noch:Unterschiedliche Ergebnisse.#WALGER
@gegisa

Hört auf, #WALGER zu spoilern, mein Stream hängt um zwei Minuten nach! #EURO2016
@phil_aich

Zur Pause können wir leider kein Ergebnis durchgeben – irgendwer hat hier aber definitiv getroffen. Die zweite Hälfte beginnt dann wieder mit einem Aufreger und schon wieder mit einem Handspiel!

War ja klar, dass der französische Schiri heute gegen uns ist. Aber was hat Höwedes' Hand auch so weit oben verloren?! #WALGER #EURO2016
@TobiasKimmel

Vielleicht gab es danach Elfmeter und vielleicht ging er auch rein – da schwiegen die Twitterer wieder. Sicher ist, dass es in der zweiten Hälfte zwei Wechsel gab.

Es kommt zum EM Debüt! Julian Weigl wird in der 75. Minute für Bastian Schweinsteiger eingewechselt. #WALGER
@timolammert

Moment einmal… Stand der nicht bereits in der Startelf?

Kurz vor der Verlängerung wird Poldi eingewechselt.
Aber wieso nimmt der sein Smartphone mit aufs Feld??
#WALGER
@VollVIP

Poldi kommt für Draxler. Poldi erzählt dem Schuri einen Flachwitz. Poldi sieht gelb-rot. #GERWAL #WALGER
@Desaversum

Podolski war doch auch schon vom Start an auf dem Feld... Wir geben es langsam auf einen Spielbericht zu erstellen. Wales gegen Deutschland bleibt ein verwirrendes Spiel.

Und Schlusspfiff. Deutschland ist verdient auf Platz 3 dieser EM. Mehr war nicht drin. #WALGER
@herr_baal

Völlige verwirrung auf dem rasen nach dem schlusspfiff. Keiner weiß mehr, wer wieviele Tore geschossen hat #WALGER
@BirgitRie

Vorbildlich, dass Trainer Löw den entscheidenden Elfmeter selbst schießt. Verdientes 5:3. #WALGER
@rolf_belmondo

#gerwal geht doch: Gauland entschuldigt sich bei #Boateng nach dessen Hattrick gestern im Spiel um 3. Platz für den Nachbar-Spruch.
@dietrichswelt

Zumindest hat Wales gegen Deutschland einen klaren Sieger! Deutschland holt Bronze und die Fans auf den Rängen haben mindestens Gold verdient.

Also liebe #UEFA, #WALGER war Werbung für den Fußball. Das vielleicht beste Ereignis der #EURO2016
@mirkuss

Was ist das jetzt? Unfassbare Szenen im Parc des Princes. Kinder stürmen den Platz. Die Sicherheitsleute sind komplett überfordert. #WALGER
@bierguru_85

Highlight dieser EM: Die isländische Kurve bei #WALGER. <3
@NatheaRayne

Das nenn' ich mutig: #WALGER ausschließlich auf Twitter ... TV-Stationen sicher Bale-eidigt ...
@FischerKurt

Ohne Fernsehübertragung und ohne ReporterIn im Stadion war die Berichterstattung tatsächlich eine Herausforderung – wir haben euch trotzdem einen Spielbericht erstellt (alle Angaben ohne Gewähr). Wobei wir uns bis zum Schluss nicht so ganz sicher sind, ob das Spiel wirklich stattgefunden hat…

Ihr twittert ernsthaft zu #WALGER? Seid ihr blöd? Das Spiel wurde abgesagt, weil über Lyon ein gigantischer Sharknado aufgezogen ist.
@T_Westside95

Bei all der Kritik an die #EURO2016 , ich glaube wir bei Twitter hatten ne geile Zeit. Es hat großen Spaß hier gemacht!

@Burkhard_Asmuth

<u>Wales 3:5 Deutschland</u>

Aufstellung Deutschland: Ter Stegen - Kimmich, Mustafi, Tah, Hector - Weigl (>75. Schweinsteiger, 75. Weigl), Can - Draxler (85. Podolski) , Götze, Podolski (85. Draxler) - Sane

Aufstellung Wales: Tor – Abwehr, Abwehr, Abwehr, Abwehr, Abwehr– Mittelfeld, Mittelfeld, Mittelfeld – Bale, Sturm

Tore: 0:1 ein Waliser (Anfang erste Halbzeit), 0:2 Bale (37., Handelfmeter), 1:2 ein Deutscher (noch kurz vor der Halbzeit), 1:3 Bale (47., Handelfmeter), 2:3 Boateng (etwas später), 3:3 Boateng (noch später), 3:4 Boateng (gen Ende), 3:5 Löw (kurz vor dem Abpfiff, Elfmeter) Gelb-Rot: Podolski (88.)

Besondere Vorkommnisse: Neuer sieht auf der Bank die gelbe Karte, nachdem er in das Spiel eingreift (3.); nach dem Spiel kommt es zu einem Platzsturm (Kinder)

Stadion: Frankreich
Anstoßzeit: 09.07.2016, 21:00 Uhr
Schiedsrichter: Clement Turpin

FINALE

© Carlo Büchner

Wer hat Angst vor dem kleinen Grietmann..?

#PORFRA

Motten. Überall Motten! Schon Stunden vor dem Anpfiff des Finales der diesjährigen Europameisterschaft gibt es nur ein großes Thema. Die Organisatoren haben über Nacht die Flutlichtanlagen im Stadion angelassen. Während man Terroristen so zwar vielleicht etwas mehr abschrecken konnte, haben sich unzählige Motten im Stadion eingenistet – und bleiben den Fans und Spielern bis zum Abpfiff erhalten.

Unzählige Motten auf dem Spielfeld? Da können die Schweizer froh sein, heute nicht mit ihren Trikots im Finale zu sein. #PORFRA
@anredo

Die Motten sind ein Trick der UEFA, um die beiden, bisher eher zurückhaltend spielenden, Teams im Bewegung zu halten. #PORFRA
@GebbiGibson

Zum Start der Partie steht ein Großteil der Fans auf der Seite der Franzosen – eine schwere Zeit, sie haben gegen Deutschland gewonnen und sind auch noch der Gastgeber. Aber es gibt auch Gründe, Sympathien für Portugal zu haben.

Bis zu dem Moment, als David Guetta auf den Platz kam, war ich wirklich für Frankreich #PORFRA #Euro2016Final
@ch_amend

Wir sind klar für #POR Das würde uns ermutigen- auch wer schlecht Fußball spielt, kann Titel holen..! #Euro2016Final #PORFRA
@RWO_offiziell

Auch die französischen Fans sorgen dafür, dass die Sympathien langsam kippen. Anstatt mit eigenen Gesängen fallen sie nämlich mal wieder mit den isländischen Huh-Rufen auf. Vielleicht kommen ja auch daher die Motten…

Als Strafe zum Isländer-Jubel-Klau leidet Frankreich jetzt unter einer Mottenplage. Und Morgen sterben dann die Erstgeborenen Söhne. #PORFRA
@Jasmietzi

Motten sind ja noch okay. Aber sobald Heuschrecken kommen und sich die Seine rot färbt, mache ich mir große Sorgen. #PORFRA #Euro2016
@vertikalpass

HUNDERTE VON MOTTEN STERBEN BEIM EM FINALE …

Und eventuell werfe ich beim ersten Island-"Huh" von französischen Fans einen Stuhl in den Fernseher! #PORFRA
@SE7ENBEN

"Immer, wenn ein Franzose „Huh" schreit, transformiert in #Island ne Elfe zur Motte." (Zitat einer Zuschauerin) #PORFRA
@aktuelle_stunde

Apropos Motten. Was auf dem Platz eher eine Plage ist, gestaltet sich für die Fans auf Twitter zu einem echten Segen – so viele Steilvorlagen für flache Witze und Wortspiele!

Immer noch 0:0
Da kriegt man ja echt die Motten.
#PORFRA
@LittleHorney

Die Packing-Rate für überspielte Motten liegt aktuell bei 3.871. #EURO2016 #PORFRA
@sportschau

Halbzeitact übrigens Dr. Motte! #PORFRA
@DerPoppe

Motten dürfen aufs Feld, aber Spielerkinder nich. Toll. #PORFRA
@dasnuf

In der achten Minute sind die meisten Zuschauer dann endgültig auf der Seite der Franzosen. Ein ruppiges Foul von Payet an Cristiano Ronaldo wird nicht vom Schiedsrichter geahndet. Stattdessen darf sich der verletzte und humpelnde Ronaldo die Pfiffe der französischen Fans anhören.

Wenn das französische Publikum nicht bald mit dem Gepfeife aufhört, gehen meine Sympathien auf Wanderschaft.#PORFRA
@ORasche

Wer hat dieses #Euro2016Final eigentlich weniger verdient? #POR oder große teile dieser Zuschauer da in Paris? Unsportlich! #POR-FRA
@c_stra

Er versucht noch weiterzukämpfen, aber nach 25 Minuten geht Nichts mehr – Ronaldo verlässt im wohl größten Spiel seiner Karriere das Feld und weint bitterlich.

Der Fußballfan leidet mit, der Eventfan lacht über Ronaldos Tränen.
#porfra
@FensterRentner (Otto Redenkämpfer)

Die Pappnasen, die stets Leidenschaft im Fußball wollen, sich aber über Ronaldos Tränen lustig machen, sind auch genau mein Humor.
#PORFRA
@FJ_Murau

Pepe bricht Payet heute noch was.
Einfach so. #PORFRA #Euro2016Final
@cordsauer

Das schlimmste Foul eines Franzosen bei der #EURO2016 bleibt trotz allem David Guettas Auftritt bei der Eröffnungsfeier.
#PORFRA
@tmsklein

Wie Cristiano Ronaldo mit sich gekämpft hat, um weiterzumachen und seiner Mannschaft zu helfen, verdient Respekt. Szene des Spiels.
#PORFRA
@Fauteck

Die vielen Verletzungen zeigen: Gebt endlich jedem Spieler einen eigenen Ball! Die aggressiven Spieltechniken sind menschenunwürdig.
#PORFRA
@anredo

Einer der Hauptdarsteller ist schon nach ein paar Minuten raus?
Das ist ja wie bei Game of Thrones!
#PORFRA
@NicCutter

Muss man erwähnen, dass man kein #CR7 Fan ist, weil man Mitge-
fühl hat wenn sich jemand bei einem Sportkarrierehöhepunkt ver-
letzt? #PORFRA
@switch2mac

Klar, dass jetzt die Fans für den nun noch krasseren Außenseiter Portugal jubeln!

Nach dem Foul ist, egal wie das Spiel ausgeht, Frankreich der Verlie-
rer. #ronaldo #PORFRA
@megakrapfen

Wäre #PORFRA ein Hollywood-Film,würde #POR durch ein Eigen-
tor von #Payet gewinnen und #CR7 nach dem Spiel auf Krücken mit
dem Team feiern...
@DerJulian

Wenn die Franzosen fair wären, würden sie jetzt Griezmann raus-
nehmen, nachdem Ronaldo gehen musste.
#PORFRA
@Kittypunk16

Während das Spiel zusehend verflacht, werden auch die Themen der Tweets zum Spiel immer vorhersehbarer.

Zusammenfassung der TL:
1. „Armer Ronaldo"
2. „Jetzt bin ich für #POR"
3. „Scheiss Schiri"
4. Tweet über die Motten
@Lillypunch

Besonders schön ist es da natürlich, wenn man gleich mehrere dieser Themen in einem Tweet verbinden kann. Perfekt, dass nach Ronaldos Auswechselung ein Bild durch das Netz geht, bei dem sich eine Motte auf die Nase des portugiesischen Superstars gesetzt hat.

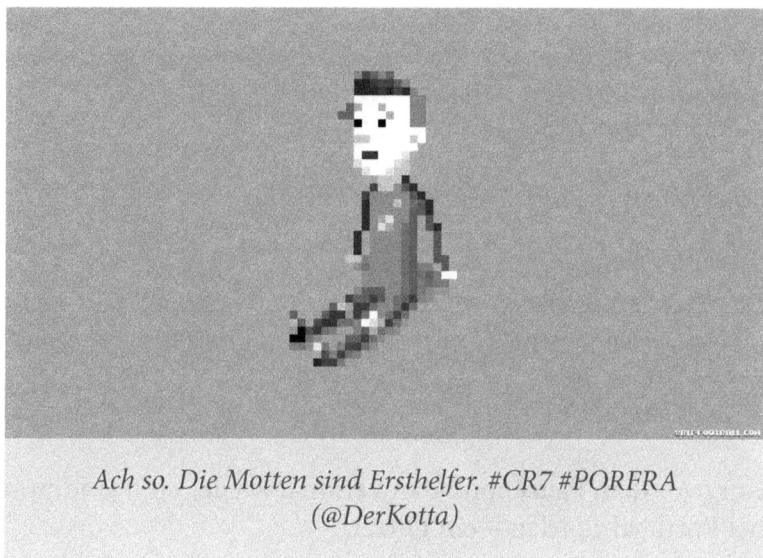

Ach so. Die Motten sind Ersthelfer. #CR7 #PORFRA
(@DerKotta)

Der eigene Twitter-Account dieser Motte erreicht innerhalb weniger Minuten unglaubliche Follower-Zahlen. Wo sie wohl als nächstes auftritt? Es ist wohl eine der wichtigsten Fragen der Endphase dieser Halbzeit – auf dem Platz herrscht mittlerweile absolute Langeweile. Die Franzosen wissen nicht, was sie machen sollen, außer Ronaldo aus dem Spiel zu nehmen und die Portugiesen wissen nicht, was sie ohne Ronaldo machen sollen.

Manuel neuer hätte längst einen Sammelkasten voller Motten zusammen. #porfra
@lifereport

Dieses Spiel ist bisher so spannend wie Farbe beim Trocknen zuzu-
sehen.
Und dabei merken, dass sie gar nicht feucht ist.
#PORFRA
@Grantscheam

Wenn man Tore schießen will, hilft es, mit mehr als drei Spielern das
gegnerische Drittel zu betreten. #PORFRA
@TobiasEscher

Gibt's heute eigentlich noch Fußball? #PORFRA
@spox

Das Problem, wenn du hinten rein stehst, vorne auf Gott hoffst
und feststellen musst: Der spielt seit der 25. Minute nicht mehr mit.
#PORFRA
@Sandman_Zurich

Kurz vor dem Pausenpfiff dann einmal wieder eine Tradition
bei Portugal-Spielen – ein Flitzer.

Flitzer. Natürlich.
DAS WAR DER KAMMERJÄGER!
@Mett_Salat

In der Taktik-Cam war der Flitzer zu sehen. Bisschen überorgani-
siert und unfair, 5 gegen 1. #PORFRA
@eingenetz_ma

Der Flitzer läuft mit seinem Selfie-Stick orientierungslos über den
Rasen und sucht Ronaldo. #PORFRA
@BenniZander

Flitzer, die Flickflacks machen; Kinder, die mit ihren Papas auf dem Platz spielen – schlimme Bilder, die die UEFA nicht sehen will.
@christianmutter

Mit diesem Highlight der ersten Halbzeit geht es in die Pause – vielleicht kann uns ja eines der beiden Teams im zweiten Durchgang überraschen.

Jedes Turnier kriegt das Finale, das es verdient. Oder so ähnlich.
#PORFRA
@eingenetzt_ma

Bis jetzt ist #PORFRA eher so'n Chris Kramer Finale. Wir sind zwar dabei, können uns aber schon in Kürze an nixmehr erinnern! #Euro2016Final
@RWO_offiziell

Bislang hätten die Motten den EM-Titel am meisten verdient. Ständig in Bewegung, nah am Mann und immer wieder in Überzahlsituationen.#PORFRA
@GideonBoess

Fazit der #Euro2016: Holland hat alles richtig gemacht. #PORFRA
@Bundesschal

Ohne Ronaldo und mit neuer Ordnung stehen die Portugiesen nun noch tiefer – hier soll nichts mehr anbrennen und der Gegner am besten einfach müde geblockt werden. Effektiv, aber nicht gerade spannend!

Vorschlag: wenns nach 90 Minuten noch 0:0 steht, dürfen die Spanier den Pokal wieder mitnehmen. #PORFRA
@mainwasser

Was von der #EURO2016 bleibt: Ich würde meinen Strom gerne aus Azerbaijan beziehen... #PORFRA
@Herr_Marx

Bei @RWO_offiziell dürften die Dauerkarten langsam ausverkauft sein! #POR
@TSVWinsen

Was geht derweil beim Social-Media-Team von Hertha BSC?

.@RWO_offiziell Nicht viel. Das Spiel ist so spannend wie unsere Transfers bisher. Läuft bei euch schon Eisenbahnromantik vom @ mdrde?!
@HerthaBSC

Nein, sowohl die Kollegen von @RWO_offiziell als auch wir gucken uns weiter das EM-FInale an – auch wenn wir sicherlich schon schönere Partien gesehen haben.

Die ersten Motten verlassen enttäuscht das Stadion. #PORFRA
@Borussia_Ars

Natürlich. Wieso frag ich überhaupt? #PORFRA
@Mohrenpost

Portugal steht auf dem Feld – also geht es selbstverständlich auch in die Verlängerung. Weil es so schön war…

Und weil wir alle vier Wochen so tapfer zugeschaut haben, gibt es als Dankeschön der UEFA gleich 30 Minuten Zugabe. #PORFRA
@ThomasHennecke

Wow, Portugal spielt nach 90 Minuten Remis, wer hätte das bei dieser EM gedacht? #euro2016 #PORFRA
@phil_aich

Die längste EM aller Zeiten zieht sich noch etwas hin
#PORFRA #EURO2016 #Euro2016Final @UEFAEURO
@CMetzelder

So. Die ersten 10 #Euro2016Final Karteninhaber bekommen ne
#RWO Dauerkarte GRATIS! Das MUSS einfach entschädigt wer-
den! #PORFRA
@RWO_offiziell

Freaks. :P Unsere Ticketabteilung schläft leider schon. :(#Euro2016
#PORFRA #Euro2016Final #hahohe
@HerthaBSC

Ich nehme an, es gab in meiner Abwesenheit das eine oder andere
Wortspiel aus der Mottenkiste. #porfra
@ErzaehlerMartin

Aber bei allem Gemecker sollte man das Gesehene auch ein
bisschen relativieren.

Weil hier ja viele noch sehr jung sind: 2004 und auch 1980 war's
genau so Scheisse. Nur ohne Twitter. #EM #PORFRA
@oliverwurm

Hört mal auf zu heulen. Ich schaue 34 Spiele in der Saison den #eff-
zeh, so schlimm kann es auch nicht sein. #PORFRA
@Bucksen

Ein Spiel wie ein schlechtes Date: Keiner kommt zum Abschluss, je-
mand ist verletzt & man findet keinen Weg es vorzeitig zu beenden.
@sonroklas

Vielleicht haben die Portugiesen die Franzosen tatsächlich
müde gespielt – vielleicht hatte der Gastgeber auch schon gedanklich die Elfmeterschütze zurechtgelegt. Mit letzter Kraft
kommt Portugal dann aber doch noch einmal gefährlich vor

das Tor. UND TRIFFT! Eder zieht aus dem Halbfeld einen strammen Schuss auf das Tor von Lloris und überwindet damit den französischen Keeper.

Meister Eder. Twitter explodiert. #PORFRA
@ruhrpoet

Eder... Keine einzige gute Aktion während der gesamten EM und dann packt er so ein Ding aus #PORFRA
@TobiasEscher

> „EDER HAT ZU MIR BEI DER EINWECHSELUNG GESAGT: TRAINER, ICH WERDE TREFFEN. UND DAS HÄSSLICHE ENTLEIN IST REINGEKOMMEN UND HAT GETROFFEN. JETZT IST ER EIN WUNDERSCHÖNER SCHWAN!"
>
> *(Portugals Trainer Fernando Santos bastelt an der Legende des Finales)*

Eder. Ein Einwechselspieler. Hätte man irgendwie auch kommen sehen können.

Zeig der Welt, dass du genauso bist wie Götze.
@GNetzer

Portugal ist die erste Mannschaft der Geschichte, die ein Turnier gewinnt, nur weil sie einfach nicht ausgeschieden ist.
@MSneijder

6 Unentschieden für den EM Titel: Peter Stöger MUSS jetzt Bundestrainer werden! #PORFRA #fckoeln #DieMannschaft
@RascalMuss

Während die Spieler sich mit aller Kraft noch zehn Minuten gegen die französische Schlussoffensive stemmen, geht ein verletzter auf der Bank total ab. Cristiano Ronaldo war pünktlich zu Verlängerung aus den Katakomben wiedergekommen und löst nun humpelnd Santos als Trainer ab – zumindest gibt er die euphorischeren Kommentare und Anweisungen!

Den größten Titel seiner Karriere holt @Cristiano als „Co-Trainer"!
#POR #PORFRA #EURO2016 #Euro2016Final @UEFAEURO
@CMetzelder

Eder zu bringen und auf 4-3-3 umzustellen, war großer Sport von Santos, der gerade Assistent von Ronaldo ist. #porfra
@Reporter_vorOrt

#Ronaldo ist der erste, der die #EURO als Spieler und Trainer im selben Jahr gewinnt #CR7 #PORFRA #FRAPOR #FRA #POR #Euro2016Final
@Hossaar

Wann bringt er denn endlich den Charisteas? #PORFRA
@Konni

Portugal schafft es tatsächlich und holt zum ersten Mal den Europameistertitel ins eigene Land. Sie haben selten Hochglanzfußball gezeigt, aber alleine für die Geschichte um Ronaldo gönnen es fast alle den Portugiesen.

Wer ohne #Ronaldo Europameister wird, der hat es dann doch irgendwie verdient. #PORFRA #Euro2016Final
@tspsport

Wie sagte Otto Rehagel 2004: „Modern ist, was gewinnt." #PORFRA
@siegstyle

Genialer Schachzug. Nachdem Ronaldo weg war wussten die Franzosen nicht mehr was sie tun sollen.
#Euro2016Final #PORFRA
@derLehnsherr

War doch klar, dass eine Mannschaft aus dem linken Turnierbaum den Titel gewinnt. #porfra
@Reporter_vorOrt

Er hat sie bis ins Finale getragen. Die Mannschaft ihn zum Titel. Cristiano Ronaldo. #PORFRA
@GNetzer

Portugal 1:0 Frankreich (n.V.)

Aufstellung Portugal: Patricio – Soares, Pepe, Fonte, Guerreiro – W. Carvalho – Sanches (79. Éder), A. Silva (66. Moutinho), Mário – Nani, Cristiano Ronaldo (25. Ricardo Quaresma)

Aufstellung Frankreich: Lloris – Sagna, Koscielny, Umtiti, Evra – Pogba, Matuidi – Sissoko (110. Martial), Griezmann, Payet (58. Coman) – Giroud (78. Gignac)

Tor: 1:0 Éder (109.)
Gelbe Karten: Rui Patricio, Cedric, José Fonte, Guerreiro, William Carvalho, Joao Mario – Koscielny, Umiti, Pogba, Matuidi

Stadion: Stade de France, Paris St. Denis
Anstoßzeit: 10.06.2016, 21:00 Uhr
Schiedsrichter: Mark Clattenburg

© Carlo Büchner

Glückwunsch, Portugal!
Ab der 8. Minute war
ich für euch.

carlobuechner.com

WAS VOM TURNIER BLEIBT:

MICKY BEISENHERZS 33 1/3 HIGHLIGHTS DIESES DENKWÜRDIGEN TURNIERS

1. Boateng im Tornetz gibt den fliegenden Deutschländer
2. Die Grätsche von Höwedes
3. Will Grigg's on Fire
4. Elfmeterschießen gegen Italien (hier bitte Benny Hill- Musik einspielen)
5. Pellè deutet Panenka an. Und schlenzt den Ball Richtung Zaza, der bereits am Würstchenstand erklärt, wie das mit dem Riverdance gedacht war.
6. Sissoko imitiert im Finale irgendwas zwischen Linford Christie, dem TGV Charles de Gaulle, der durch die portugiesische Mannschaft entgleist und Reiner Calmund auf dem Weg zum Hack- Outlet.
7. "Stange!!!!!"
8. Die Motten im Finale sind enger am Mann als Skodran Mustafi.
9. David Guetta entfernt seinen USB Stick.
10. Griezmann schießt ein Tor und ruft E.T. an. Oder ALFs Freundin Rhonda. Vielleicht greifen uns jetzt auch Aliens an. Hauptsache, das mit David Guetta hört auf.
11. Paul Pogba und Quaresma tauschen die Telefonnummern ihrer Friseure.
12. Joe Hart
13. England. Oder kurz: "Hodgson hört ein Huh."
14. Jogi Löw imitiert in der Coaching Zone einen Greifarmautomaten an der Raststätte Dammer Berge und nestelt ungelenkt am Bruzzler herum.
15. Der Seitfallzieher von Xherdan Shaqiri. Millionen Fans jubeln. Hunderte Glückwunsch-SMS aus dem McFit Basel gehen beim Schützen ein.
16. Die Schweizer Trikots reißen in so schöner Regelmäßigkeit, dass viele Frauen spontan befriedigt rauchend ihre Tickets für die Chippendales abbestellen.
17. Deutschlands Angstgegner Italien
Frankreichs Angstgegner Deutschland.
Die Serien reißen wie...nun ja...Schweizer Trikots.

18. Der große alte Buffon freut sich wie ein kleines Kind über den ersten Gruppensieg der Italiener.
19. Cathy Hummels Schminktipps. Wie hält Mats das bloß aus.
20. Beatrix von Storchs Twitter- Tourette de France
21. Beckmanns Sporthochschule. Tim Wiese. Beckmann. Alles eigentlich. Plötzlich wünscht Du Dir Waldi Hartmann zurück.
22. Waldi Hartmann bei Lanz. Beckmann...geiler Typ eigentlich.
22. Die italienische Hymne. Die würde jeder mitsingen.
23. Die Tschechen haben mitgespielt? Ernsthaft?!
24. Jan Böhmermann schleust Fake- Thomas Müller in DFB Team ein. Zum Piepen!
25. Die Errechnung des Achtelfinalmodus via da Vinci Code
26. der Pass von Gomez auf Hector gegen Italien
27. Albanien schlägt im "Clasicu" Rumänien 1:0. In sämtlichen Pizzerien knallen die Korken.
28. Ronaldo- Ungarn. 3:3
29. Die irischen Fans
30. Wales macht Belgien zum geheimsten Geheimtipp ever.
31. Zaza!
32. Portugals goldene Generation wird Vize-#Europameister 2004. Die blecherne gewinnt das Turnier 2016.
33. Europa- Meister Eder zeigt Eier, dicker als das Knie von Ronaldo. Dem ich den Titel gönne. Seit 12 Jahren muss der arme Kerl mit diesen Pfeifen zusammen spielen.
Die Verletzung ist übrigens schlimmer, als erwartet: Der Körper stößt das Trikot ab.
33 1/3. Der klassische 9er Pierre Michel Lasogga erkundigt sich nach Jogi Löws Nummer.

SPIELVERZEICHNIS

Vorrunde:

Achtelfinale:

Schweiz - Polen (S. 230)
Wales - Nordirland (S. 236)
Kroatien - Portugal (S. 244)
Frankreich - Irland (S. 254)
Deutschland - Slowakei (S. 258)
Ungarn - Belgien (S. 268)
Italien - Spanien (S. 273)
Engalnd - Island (S. 279)

Viertelfinale:

Polen - Portugal (S. 290)
Wales - Belgien (S. 298)
Deutschland - Italien (S. 305)
Frankreich - Island (S. 316)

Halbfinale:

Portugal - Wales (S. 327)
Deutschland - Frankreich (S. 335)

Spiel um Platz 3:

Wales - Deutschland (S. 349)

Finale:

Portugal - Frankreich (S. 355)

#WM2014

DIE FUSSBALL-WM AUF TWITTER

Ihr wollt etwas in Erinnerungen schwelgen und gleich nach dem EM- auch ein WM-Buch haben? Wir haben da mal was vorbereitet!

Luis Suárez knabbert an Chiellinis Schulter, Neuer schult zum Libero um, eine Spraydose wird zum Star. Am Ende einer Weltmeisterschaft stehen nicht nur frisch gebackene Weltmeister, sondern auch viele kuriose Geschichten.

"WM2014 – Die Fußball-WM auf Twitter" fasst alle 64 Spiele in knapp 1000 Tweets zusammen – garantiert subjektiv, witzig und anders.

* 244 Seiten
* 9,90 €
* Im Buchhandel, auf amazon.de oder unter
  wm2014.bjoernrohwer.de